LA LOUANGE DES DAMES

MACHAUT AT WORK

Paris, B.N., f.fr. 1587, f. 1r

LA LOUANGE DES DAMES

by

GUILLAUME DE MACHAUT

EDITED BY

NIGEL WILKINS

Lecturer in French
University of St. Andrews

BARNES & NOBLE
BOOKS
10 East 53d St., New York 10022
(a division of Harper & Row Publishers, Inc.)

Published in the U.S.A. 1973 by
Harper & Row Publishers, Inc.
Barnes & Noble Import Division

ISBN 06-494455-7

PRINTED IN GREAT BRITAIN BY R. & R. CLARK LTD, EDINBURGH

PREFACE

OF THE importance of Guillaume de Machaut's work there can be no doubt, whether in poetry or in music. His influence set the patterns which were to persist long after his time. *La Louange des Dames* is of particular significance: it is the first substantial collection of the poetic types which were to be dominant in French verse until the sixteenth century; the work of a master who took the art of music and musical setting of verse to new peaks of perfection, it nevertheless represents in large part the point of divorce between the traditionally linked literary and musical arts.

I first came to Machaut in an academic way, through the transcription of a few poems for a thesis. It was later, when I had the enormous pleasure of taking part in performances of his musical works, of browsing through the superb colours and designs of the illuminations in his manuscripts, of reading some of his longer narrative pieces, that the full realisation of his stature came home to me. The better one's acquaintance with the larger context, including the background of court life in Machaut's day, the better one is able to appreciate his rare qualities. I very much hope that the publication of this new edition of the bulk of his lyric poetry will encourage students of literature in particular to know Machaut at first hand and no longer pay his influence mere lip-service.

The production of this volume has been made possible by generous financial assistance from the Carnegie Trust for the Universities of Scotland and from the University of St. Andrews; to these I express my gratitude. In addition I particularly wish to thank David Dorward of St. Andrews, Secretary of the Scottish Academic Press, for his invaluable practical assistance, likewise Douglas Grant, of the Scottish Academic Press and R. & R. Clark Ltd., our painstaking printers.

NIGEL WILKINS

St. Andrews

June 1971

CONTENTS

ILLUSTRATIONS

Puisque Nature Retorique
Me presente, Scens et Musique,
Et li dieus d'Amours, qui mes sires
Est, et des maus amoureus mires,
Vuet que j'aie bonne Esperance,
Dous Penser et douce Plaisance
En faisant son tres dous service
Bonnement, sans penser à vice,
Et leur commande travillier
Pour moy aidier et consillier
A faire dis et chansonnettes
Pleinnes d'onneur et d'amourettes,
Doubles hoquès et plaisans lais,
Motès, rondiaus et virelais
Qu'on claimme chansons baladées,
Complaintes, balades entées,
A l'onneur et à la loange
De toutes dames sans losange,
Et ne doy mie desvoloir
Leur plaisant gracieus voloir,
Einsois y doy mon sentement
Mettre et tout mon entendement,
Cuer, corps, pooir et quanque j'ay.

(Guillaume de Machaut, *Prologue*, V, 1–23)

I

GUILLAUME DE MACHAUT

GUILLAUME DE MACHAUT is a figure of the greatest importance in the history both of poetry and of music. He was born about 1300, possibly in the village of Machault in Champagne (forty kilometres N.E. of Reims), possibly in Reims itself. His family was not of any special distinction and nothing is known of his childhood and adolescence. However, by about 1323 he was secretary to Jean l'Aveugle (Jean de Luxembourg), roi de Bohème, probably as a result of contacts between that nobleman (whose favourite residence was the château de Durbuy in Luxembourg) and the near-by chapter of Reims. Guillaume de Machaut had clearly received an exceptionally thorough education, maybe in Paris or, more likely, in Reims itself, living on the fringe of cathedral life there. We find him referred to later on as "maître", and it seems that he studied up to master's level. Machaut did not take orders, though, and remained a "lay cleric". In 1324 he was almost certainly with Jean de Luxembourg in France and composed a Latin motet to celebrate the enthronement of a new archbishop of Reims. His life became, in fact, a constant to-and-fro in his patron's suite, from France to Luxembourg and, periodically, to Prague, to replenish the royal finances. This was a gay and adventurous life; Jean de Luxembourg was a romantic figure, galloping wildly across Europe, lavish in his entertaining and feasting. There was fighting too, and Machaut witnessed campaigns in Bohemia, Silesia, Poland, Prussia and Lithuania. In 1330 he appears in a Bull of the Avignon Pope John XXII, which named him a canon at Verdun; this probably implied a small income with no attached duties, and was granted through the intercession of Jean de Luxembourg. A little later the expectation of a canonry at Arras was added. However, Jean de Luxembourg's military glory was beginning to fade and, although Machaut referred to his travels and exploits in a number of works, from 1331 onwards there is no further mention of his dashing patron. Nevertheless, in 1333 Guillaume was promised a canonry in Reims itself, still on the recommendation of Jean de Luxembourg, and was actually admitted to the benefice by proxy in 1337 when he was out of the country, probably with Jean de Luxembourg, in Lithuania. It seems likely that, soon after, he took up residence in Reims, leaving only when his master required his services. By 1340 Jean de Luxembourg had become blind; he was nevertheless involved in the One Hundred Years War as an ally and close relative of Philippe VI of France and brought his stormy career to an end by his heroic suicide at Crécy in 1346; hardly a chronicler misses this moment of glory and yet Guillaume de Machaut, his faithful secretary and one who owed him so much, passed it over with never a mention.

Machaut's days of hectic travelling were over and he was able to devote himself more fully to poetry and music. Canons at Reims cathedral could be simply tonsured clerics, like Machaut, or priests in holy orders; their function was to sing in the services. These choristers seem to have been subjected to a great number of rules and regulations: they must sing correctly, observing the proper pauses; they must not speak, laugh or move from one stall to another during the service; they must not form a union, nor wear long hair. By the time Machaut had joined them, the Bishop had decreed that they should all eat together on certain days in the refectory by virtue of an ancient regulation which had not been annulled – since each canon had his own house, this was not entirely convenient. They must reside in Reims and not leave for periods longer than three days; each canon must sing a minimum number of masses (thirty-two, for instance) during the year; a strict attendance register was kept. Altogether this was a very different type of life from the brilliant, adventurous existence in the train of Jean de Luxembourg; but a peaceful and reasonabl ycomfortable life, with plenty of leisure for writing poems and songs, and Machaut seems to have accepted the change with equanimity.

Not that he had completely severed all contact with elevated circles. Jean de Luxembourg's daughter, Bonne, had in 1332 married Jean, son of Philippe VI and future King Jean II le Bon de France. Guillaume was certainly attached to the household of Bonne of Luxembourg (and therefore really to the royal house of France) until her death in 1349, apparently of plague but probably by poison. In the difficult circumstances, Machaut no doubt hesitated to ask Jean II for patronage, but he praised him or lamented him in a number of poems and certainly maintained a fairly close contact with the royal family, especially with two of Bonne's sons, the future Charles V and Jean, duc de Berry. In this same year though, 1349, Machaut also acquired the support of Charles II, King of Navarre, a powerful if dangerous protector. Earlier he had written a *Jugement du Roy de Bohème*, now he composed a *Jugement du Roy de Navarre*; the first part of this relates all the calamities afflicting Europe, France and Reims in 1348–49, especially the terrible plague. All winter long he stayed indoors to escape the epidemic; in Reims alone twenty thousand perished, including many of his friends.

Although Charles, roi de Navarre, had married Jeanne, daughter of Jean le Bon of France, he began to emerge as a rival claimant to the French throne and negotiated secretly and treacherously with the English. Machaut showed his gratitude for his protection by composing a long poem *Confort d'Ami* for him when he was imprisoned by the French from 1356 to 1357, but took the wiser course in severing his connection with him on his release. It was as well for Machaut that he had maintained friendly relations with the future Charles V and especially with Jean, duc de Berry, who was, of course, to become one of the most lavish patrons of the arts of his lavish age. By this time, too, Machaut had composed his *Remède de Fortune*, really a sort of Art Poétique, for it contains practical examples of the poetic forms Machaut himself exploited, some of them set to music; it may have been composed especially as a model for Eustache Deschamps, who also came from Reims and was possibly a nephew (and certainly a protégé) of Machaut. In 1360 we have proof of Machaut's attachment to Jean, duc de Berry, then twenty years old; this prince was obliged to go to England as a hostage after the Treaty of Bretigny, leaving behind his newly wedded wife, Jeanne d'Armagnac. Machaut comforted him with his *Dit de la fonteinne amoureuse* and even accompanied him as far as Calais.

In 1364 Jean II died (embarrassingly, while visiting England) and Charles V was crowned at Reims (19 May 1364). It is possible, though not proven, that Machaut's setting of the Mass, known as the *Messe de Nostre Dame*, was composed specially for this occasion. This superb composition, which is vitally important in music history as the first complete surviving polyphonic setting of the Mass, certainly conveys much of the gothic splendour and atmosphere of such a ceremonial occasion in the cathedral of Reims.

In complete contrast to the austere grandeur of this composition, is another large work written by Machaut about this time, *Le Voir Dit*. This has been described as a "vaste roman d'amour" and is curious both for its original form and for the question of the sincerity of its sixty-year old author. *Le Voir Dit* tells of the love affair between Machaut and a young girl gifted with poetic talents, Péronne d'Armentières. It consists of forty-six letters in prose, exchanged by the lovers, together with lyric poems, some set to music, and all enveloped in about 9,000 lines of octosyllabic narrative. This work provides us with a great deal of biographical information on the poet's moods and movements. Much of Machaut's lyric poetry is love poetry couched in terms of idealized abstraction, the very essence of courtly but detached refinement. In *Le Voir Dit* the poet's personal emotions and experiences come to the fore and this is a notable and significant event in the development of the lyric genres, pointing the way directly to, say, the personal poetry of Eustache Deschamps, Christine de Pisan, Charles d'Orléans and, of course, the extreme case, François Villon.

To bring Machaut's story to a rapid conclusion, he seems to have spent his last years in peace in Reims, probably assembling, ordering and supervising the copying of his complete works, which survive in several very costly and beautiful illuminated manuscripts. He died sometime in 1377.

Altogether he left numerous *Dits* and long poems; a verse chronicle, *La Prise d'Alexandrie*, dedicated to the King of Cyprus; his Mass and other church music; forty-two ballades, twenty-two rondeaux, thirty-three virelais, lais and motets all set to music; many further lyric pieces incorporated in his larger works and collections such as *Le Livre du Voir Dit*, *Le Remède de Fortune* and, above all, *La Louange des Dames*: in the present edition this comprises two hundred and eighty-two poems (seven Chants Royaux; two hundred and six ballades; one "ballade double"; sixty rondeaux; seven virelais; one "dit"). Of these twenty-two items are also found in musical settings (sixteen ballades; five rondeaux; one virelai).

The grief generally felt at Machaut's death is nowhere better expressed than in Deschamps double ballade *Armes, Amours, Dames, Chevalerie* which was set to music by a composer of the following generation:

> Après vos fais, qui obtendra le chois
> Sur tous fayseurs? Certes, ne le congnoys.
> Vo nom sera precieuse relique,
> Car l'on ploura en France et en Artois
> *La mort Machaut le noble rethouryque.*

LIST OF MANUSCRIPT SOURCES OF THE *LOUANGE DES DAMES*

(*a*) Manuscripts containing the text of poems from the *Louange des Dames*:

C	Paris, B.N., f.fr.1586.
Vg	Gallery Wildenstein, New York.
B	Paris, B.N., f.fr.1585.
D	Paris, B.N., f.fr.1587.
E	Paris, B.N., f.fr.9221.
M	Paris, B.N., f.fr.843.
A	Paris, B.N., f.fr.1584.
G	Paris, B.N., f.fr.22546 (2nd of two volumes: *F/G*, f.fr.22545–6).
J	Paris, Bibl. de l'Arsenal, ms.5203.
K	Bern, Burgerbibliothek, ms.218.
H	Paris, B.N., f.fr.881.
Pen	Philadelphia, Library of the University of Pennsylvania, ms.fr.15.
Westm	London, Westminster Abbey Library, ms.21.
Neuchâtel	(bibliothèque Arthur Piaget). (Contains the *Livre des Cent Ballades* with *Responces* and various poems especially by Oton de Granson, among which are ten ballades by Machaut.)
I	Paris, B.N., f.fr., n.a.6221.

(*b*) Manuscripts containing musical settings of poems from the *Louange des Dames*:

(i) *Machaut Musical Manuscripts*:

C	
Vg	
B	
E	
A	
G	
Morg	Pierpoint Morgan Library, New York, ms.*M*.396.

(ii) *General repertory manuscripts complete with music and containing certain of the* Louange des Dames *settings*:

CaB	Cambrai, Bibliothèque communale, ms.1328 (1176).
Ch	Chantilly, Musée Condé, ms.1047.
[Fa	Faenza, Bibl. comunale, ms.117 (Cod. Bonadies); keyboard transcriptions only.]
FP	Florence, Bibl. nazionale centrale, Panciatichi 26.
Mod	Modena, Bibl. Estense, *M*5.24 (*olim* lat.568).
PadA	Oxford, Bodleian Library, Canonici Pat. lat.229.
Pep	Cambridge, Magdalene College, Pepysian Library, ms.1594.
Pit	Paris, B.N., Ital.568.
PR	Paris, B.N., f.fr., n.a.6771.
Pr	Prague, University Library, ms.xi.*E*.9.
[Str	Strasbourg, Bibl. de la Ville, m.222.c.22 (destroyed 1870).]
[Trém	Château de Serrant (Maine-et-Loire), ms. of the duchesse de la Trémoïlle (index only).]
Uu 37	Utrecht, Universiteitsbibliotheek, 6*E*37.

(*c*) Manuscripts entirely or in part derived from musical sources but with the text only of
Louange des Dames poems elsewhere found in musical settings:

M
I
Pen
JdePl   *Le Jardin de Plaisance et la fleur de Rethorique* (1501–27), facsimile ed. by E. Droz and A. Piaget, Paris
         (SATF), 1924, 2 vols.
Westm
Stockh   Stockholm, Køngl. Bibliotheket, ms.*Vu*22.

LIST OF PREVIOUS EDITIONS OF POEMS FROM THE
LOUANGE DES DAMES

Chichmareff, V., *Guillaume de Machaut: Poésies lyriques*, Paris, 1909, 2 vols.
Ludwig, F., *Guillaume de Machaut: Musikalische Werke*, Leipzig, 1926–43, 4 vols.
Monod, B., *Quinze Poésies inédites de Guillaume de Machault*, Versailles, 1903.
Paris, P., *Le Livre du Voir Dit de Guillaume de Machaut*, Paris, 1875 [reprint 1969].
Schrade, L., *Polyphonic Music of the fourteenth century*, vols. II and III (with Notes), Monaco, 1956.
Tarbé, P., *Les Œuvres de Guillaume de Machaut*, Paris-Reims, 1849.
Tarbé, P., *Les Poésies d'Agnès de Navarre-Champagne*, Paris-Reims, 1856.
Wilkins, N., *One Hundred Ballades, Rondeaux and Virelais from the late Middle Ages*, Cambridge, 1969.

SELECT MACHAUT BIBLIOGRAPHY

Bertoni, G., "Liriche di Oton de Grandson, Guillaume de Machaut e di altri poeti in un nuovo canzoniere", in *Archivum Romanicum* XVI (1932), 1–20.
Boer, C. de, "Guillaume de Machaut et l'Ovide moralisée", in *Romania* XLIII (1914), 335 et seq.
Calin, W., a new general study of Machaut, especially the *Dits*, to be published in 1971.
Cape, S., "The Machaut Mass and its performance": I, in *Score* 25 (1959), 38–57; II, in *Score* 26 (1960), 20–29.
Chailley, J., ed., *Guillaume de Machaut: Messe Notre Dame dite du Sacre de Charles V*, Paris, 1948.
Cohen, G., "Le Voir Dit de Guillaume de Machaut", in *Les Lettres Romanes* I, 99–111.
Dömling, W., *Die mehrstimmigen Balladen, Rondeaux und Virelais von Guillaume de Machaut* (Münchner Veröffentlichungen zur Musikgeschichte, vol. 16), Tutzing, 1970.
——"Isorhythmie und Variation. Über Kompositionstechniken in der Messe Guillaume de Machauts", in *Archiv für Musikwissenschaft* XXVIII (1971), Heft 1, 24–32.
Douce, A., *Guillaume de Machaut, musicien et poète rémois*, Reims, 1948.
Droz, E., "Un Manuscrit de Guillaume de Machaut", in *Revue de Musicologie* VIII (1927), 44.
Eggebrecht, H., "Machauts Motette Nr. 9", in *Archiv für Musikwissenschaft* XIX/XX (1962/63), 281–93, and XXV (198), 173–95.
Eichelberg, W., *Dichtung und Wahrheit in Machaut's Voir Dit*, Düren, 1935.
Geiselhardt, J., *Machaut und Froissart. Ihre literarischen Beziehungen*, Jena Diss., 1914.
Gombosi, O., "Machaut's Messe de Notre Dame", in *The Musical Quarterly* XXXVI (1950), 204–24.
Günther, U., "Chronologie und Stil der Kompositionen Guillaume de Machauts", in *Acta Musicologica* XXXV (1963), 96 et seq.
—— *Der musikalische Stilwandel der französischen Liedkunst in der zweiten Hälfte des 14. Jahrhunderts*, Hamburg Diss., 1957.
Hanf, G., "Über Guillaume de Machauts *Voir Dit*", in *Zeitschrift für romanische Philologie* XXII (1898).
Hasselman, M., and Walker, T., "More Hidden Polyphony in a Machaut Manuscript", in *Musica Disciplina* XXIV (1970), 7–16.
Hoepffner, E., ed., *Œuvres de Guillaume de Machaut*, Paris (SATF), 1908–21, 3 vols.
Hoppin, R. H., "An unrecognized Polyphonic Lai of Machaut", in *Musica Disciplina* XII (1958), 93 et seq.
Imbs, P., a new edition of the *Voir Dit*, to be published shortly.
Levarie, S., *Guillaume de Machaut*, New York, 1954.

Lowes, J. L., "The Prologue to the *Legend of Good Women* as related to the French *Marguerite* poems and the *Filostrato*", in *PMLA*, vol. XIX (1904), 593–683.

Machabey, A., *Guillaume de Machaut 130?–1377*, Paris, 1955, 2 vols.

—— ed., *Messe Notre Dame à quatre voix de G. de Machault*, Liège, 1948.

—— "Guillaume de Machault", in *La Revue musicale* (1930), 425–52, (1931), 320–415.

Magrin, "Guillaume de Machaut", in *Journal des Savants*, Paris, 1851.

Mas Latrie, M. L. de, ed., *Guillaume de Machaut: La Prise d'Alexandrie*, (Soc. de l'Orient Latin), 1877.

Piaget, A., ed., *Oton de Grandson: Sa vie et ses œuvres*, Lausanne, 1941.

Poirion, D., *Le Poète et le Prince: l'évolution du lyrisme courtois de Guillaume de Machaut à Charles d'Orléans*, Paris, 1965.

Prioult, A., "Un Poète voyageur: Guillaume de Machaut et la *Reise* de Jean l'aveugle, roi de Bohème en 1328–29", in *Les Lettres Romanes* IV (1950), 3–29.

Quittard, H., "Notes sur Guillaume de Machaut et son œuvre", in *Bulletin de la Société française de Musicologie* I (1918).

Reaney, G., *The Ballades, Rondeaux and Virelais set to music by Guillaume de Machaut*, M.A. Thesis, University of Sheffield, 1951–52.

—— "Concerning the origins of the Rondeau, Virelai and Ballade forms", in *Musica Disciplina* VI (1952).

—— "A Chronology of the Ballades, Rondeaux and Virelais set to music by Guillaume de Machaut", in *Musica Disciplina* VI (1952), 33ff.

—— "Fourteenth-Century Harmony and the Ballades, Rondeaux and Virelais of Guillaume de Machaut", in *Musica Disciplina* VII (1953), 129–46.

—— "Voices and Instruments in the Music of Guillaume de Machaut", in *Kongress-Bericht Bamberg 1953*, Kassel, 1954, 248ff.

—— "The Ballades, Rondeaux and Virelais of Guillaume de Machaut: Melody, Rhythm and Form", in *Acta Musicologica* XXVII (1955), 40ff.

—— "Musica ficta in the works of Guillaume de Machaut", in *Les Colloques de Wégimont: II – 1955: L'Ars Nova*, Paris, 1959, 196–213.

—— "The Lais of Guillaume de Machaut and their Background", in *Proceedings of the Royal Musical Association* LXXXII (1955–56), 20ff.

—— "Voices and Instruments in the Music of Guillaume de Machaut", in *Revue Belge de Musicologie* X (1956), 3–17, 93–104.

—— "Guillaume de Machaut, lyric poet", in *Music and Letters* XXXIX (1957), 38–51.

—— "Machaut's Influence on Late Medieval Music", in *Monthly Musical Record* LXXXVIII (1958), 50–58; 96–101.

—— "The Poetic Form of Machaut's Musical Works: I The Ballades, Rondeaux and Virelais", in *Musica Disciplina* XIII (1959), 25–41.

—— "Ars Nova in France", in *New Oxford History of Music*, Vol. III (1960), 1–30.

—— "Ars Nova", in *Pelican History of Music*, Vol. I (1960), 261–319.

—— "The Middle Ages", in *A History of Song*, ed. D. Stevens, 1960, 15–64.

—— "Guillaume de Machaut", in *Encyclopédie Fasquelle*, Vol. III, 1961, 122–26.

—— "The Medieval Modes in the Fourteenth Century, in particular in the Works of Guillaume de Machaut", in *Festschrift Jos. Smits van Waesberghe*, 1962, 126–31.

—— "The Development of the Rondeau, Virelai and Ballade Forms from Adam de la Hale to Guillaume de Machaut", in *Festschrift für K. G. Fellerer*, ed. H. Hüschen, Regensburg, 1962.

—— "The Performance of Medieval Music", in *Aspects of Medieval and Renaissance Music*, 1966, 704–22.

—— "Towards a Chronology of Machaut's Musical Works", in *Musica Disciplina* XXI (1967), 87–96.

—— "Guillaume de Machaut", in *Encyclopaedia Britannica* (1967 revision).

—— "Notes on the Harmonic Technique of Guillaume de Machaut", in *Apel-Festschrift*, 1968.

—— *Machant*, London, 1971.

Reese, G., "Perotinus and Machaut", in *The Catholic Choirmaster* XXXVII/3 (Fall 1951), 108–11, 141.

Reichert, G., "Das Verhältnis zwischen musikalischer und textlicher Struktur in den Motetten Machauts", in *Archiv für Musikwissenschaft* 13 (1958), 197–216.

Schilperoort, J. C., *Guillaume de Machaut et Christine de Pisan (étude comparative)*, Leiden, 1936.

Schrade, L., "The Chronology of the Ars Nova in France", in *Les Colloques de Wégimont: II – 1955: L'Ars Nova*, Paris, 1959, 37–62.

—— "Guillaume de Machaut and the *Roman de Fauvel*", in *Miscellánea en homenaje a Monseñor Higinio Anglés*, Vol. II, Barcelona, 1958–61, 843–50.

Suchier, H., "Das Anagramm in Machauts *Voir Dit*", in *Zeitschrift für romanische Philologie* XXI, 1895.

Travers, E., *Les Instruments de musique au XIVe siècle, d'après Guillaume de Machaut*, Paris, 1882.

Van, G. de, ed., *Guillaume de Machaut: Double Hoquet*, 1938.

—— ed., *Guillaume de Machaut: La Messe de Nostre Dame*, Vol. 2 of the *Corpus Mensurabilis Musicae*, American Institute of Musicology in Rome, 1949.

Wilkins, N., "The Post-Machaut Generation of Poet-Musicians", in *Nottingham Mediaeval Studies* XII (1968), 40–84.

Williams, S. J., *The Music of Guillaume de Machaut*, unpublished Ph.D. dissertation, Yale University, 1952.

—— "An author's rôle in fourteenth-century book production: Guillaume de Machaut's 'Livre ou je met toutes mes choses'", in *Romania* 90 (1969), 433–54.

Wimsatt, J. I., *The Marguerite Poetry of Guillaume de Machaut*, Chapel Hill, 1970.

—— *Chaucer and the French Love Poets*, Chapel Hill, 1968.

Young, K., "The *Dit de la Harpe* of Guillaume de Machaut", in *Essays in Honour of Albert Feuillerat*, ed. H. Peyre (*Yale Romanic Studies* 22), New Haven, Yale University Press, 1943, 1–20.

Zwick, G., "Deux Motets inédits de Philippe de Vitry et de Guillaume de Machaut", in *Revue de Musicologie* XXX (1948), 28–57.

CHRONOLOGY OF MACHAUT'S WORKS AND MANUSCRIPT SOURCES

#	C (I pre-1349 / II pre-1356)	Vg (1363–64)	A (1370–71)	F/G (post-1371)	D (late 14th or early 15th cent.)	M (15th cent.)	E (late 14th cent.)	J (1371)	K (1371)	H (15th cent.)
1	*Le Jugement du roi de Bohème* (pre-1346)	**La Louange des Dames** (with *Complaintes*)	*Prologue* (c. 1371?)	*Prologue*	**La Louange des Dames** (with *Complaintes*)	*Le Dit du Verger*	*Prologue*	**La Louange des Dames**	**La Louange des Dames**	*Prologue*
2	*Le Remède de Fortune* (c. 1342–57)	*Le Dit du Verger*	*Le Dit du Verger*	*Le Dit du Verger*	*Le Dit du Verger*	*Le Jugement du roi de Bohème*	**La Louange des Dames** (with *Complaintes*)	*Le Dit du Verger*	*Le Dit du Verger*	**La Louange des Dames**
3	*Le Dit de l'Alerion* (pre-1349)	*Le Jugement du roi de Bohème*	*Le Jugement du roi de Bohème*	*Le Jugement du roi de Bohème*	*Le Jugement du roi de Bohème*	*Le Jugement du roi de Navarre*	*Le Dit du Verger*	*Le Jugement du roi de Bohème*	*Le Jugement du roi de Bohème*	
4	*Le Dit du Verger*	*Le Jugement du roi de Navarre* (c. 1349)	*Le Jugement du roi de Navarre*	*Le Jugement du roi de Navarre*	*Le Jugement du roi de Navarre*	*Le Lai de Pleur*	*Le Jugement du roi de Bohème*	*Le Lai de Pleur*	*Le Lai de Pleur*	
5	*Le Dit du Lion* (1342)	*Le Lai de Pleur* (post-1349)	*Le Remède de Fortune*	*Le Remède de Fortune*	*Le Remède de Fortune*	*Le Remède de Fortune*	*Le Jugement du roi de Navarre*	*La Chanson desesperée*	*La Chanson desesperée*	
6	**La Louange des Dames**	*Le Remède de Fortune*	*Le Dit du Lion*	*Le Dit du Lion*	*Le Dit du Lion*	*Le Dit du Lion*	*Le Lai de Pleur*	*Le Remède de Fortune*	*Le Remède de Fortune*	
7	MUSICAL SETTINGS (*Ballades, Rondeaux, Virelais, Lais, Motets*)	*Le Dit du Lion*	*Le Dit de l'Alerion*	*Le Dit de l'Alerion*	*Le Dit de l'Alerion*	*Le Dit de l'Alerion*	*Le Remède de Fortune*	*Le Dit du Lion*	*Le Dit du Lion*	
8		*Le Dit de l'Alerion*	*Le Confort d'Ami*	*Le Confort d'Ami*		*Le Confort d'Ami*	*Le Dit du Lion*	*Le Confort d'Ami*	*Le Confort d'Ami*	
9		*Le Confort d'Ami* (1357)	*Le Dit de la fontaine amoureuse*	*Le Dit de la fontaine amoureuse*	*Le Dit de la fontaine amoureuse*	*Le Dit de la fontaine amoureuse*	*Le Dit de l'Alerion*	*Le Dit de la fontaine amoureuse*	*Le Dit de la fontaine amoureuse*	
10		*Le Dit de la fontaine amoureuse* (c. 1360)	*Le Dit de la Harpe*	*Le Dit de la Harpe*	*Le Dit de la Harpe*	*Le Dit de la Harpe*	*Le Confort d'Ami*	*Le Dit de la Harpe*	*Le Dit de la Harpe*	
							Le Dit de la fontaine amoureuse			
							Le Dit de la Harpe			

No.	Contents (reading down the column)
11	*Le Dit de la Harpe*
12	*Lais* · **La Louange des Dames** · MUSICAL WORKS *Lais*
13	*Lais* · *Le Voir Dit* · *Le Dit de la Marguerite* · *Complaintes* · *Motets*
14	*Lais* · MUSICAL WORKS *Lais* · *Le Dit de la Marguerite* · *Le Dit de la Harpe* · *Messe de Nostre Dame* (c. 1364) · *Le Voir Dit* (c. 1365) · "Les biens que ma dame me fait"
15	*Le Chastel d'Amour* · *Motets, Rondeaux* · *Ballades* · *Complaintes* · *Le Dit de la Rose* · *Ballades notés* · *La Prise d'Alexandrie*
16	*Le Chastel d'Amour* · *Le Confort d'Ami* · *Virelais* · *Le Dit de la Rose* · *Rondeaux notés*
17	*Anagram* · *Virelais* · *Lais* · *Virelais notés* · "Les biens que ma dame me fait"
18	*Le Voir Dit (fragment)* · *Messe de Nostre Dame* · *Le Dit de la Harpe* · *Ballades* · [added 1369–1370] *La Prise d'Alexandrie* (c. 1370) · MUSICAL WORKS *Lais* · *Le Dit du Lis et de la Marguerite*
19	*Le Voir Dit (fragment)* · *Le Voir Dit* · *Motets* · MUSICAL WORKS *Lais* · *La Prise d'Alexandrie*
20	*Anagram* · *La Prise d'Alexandrie* · *Messe de Nostre Dame* · *Motets*
21	*Le Voir Dit (fragment)* · *Ballades* · *Messe de Nostre Dame*
22	*Coq-à-l'âne* · *Rondeaux* · *Ballades*
23	*Le Dit de la Rose* · *Virelais* · *Rondeaux*
24	*Verse fragments* · *Le Dit du Cerf blanc* · *Le Voir Dit* · *Virelais*

THE principal Machaut manuscripts, arranged probably under the author's personal supervision, represent successive stages in the accumulative collection of his works.* Manuscript *C* is most likely to be the earliest of the collections and falls into two distinct halves, the first of which was copied before 1349 and the second before 1356. *Vg* contains more works, in a different order, and was copied about 1363–64, the *Prise d'Alexandrie* being added later, about 1370. Manuscript *B*, incidentally, is a fifteenth-century copy of *Vg*, but as it stands today some folios have been misplaced. *Vg* has been chosen as the base manuscript for the bulk of the present edition of *La Louange des Dames*, being sufficiently early to be authentic but sufficiently late to present a substantial collection. This important source is thus here published for the first time. The edition made by Chichmareff is mainly based on the later manuscript *G*. Manuscript *A*, copied about 1370–71, adds a *Prologue* to the collection, restores the *Louange* to a later position and adds in particular *Le Voir Dit*. The *Complaintes* are now separated from the other items in the *Louange*. The two-volume manuscript *F/G* modifies the order of *A*, pushing the *Louange* still further back in the collection and adding another *Dit*; it was copied about 1371 or shortly thereafter.

The remaining sources fall into a different category, for they were not prepared under Machaut's supervision. Manuscript *D*, copied in the late fourteenth or early fifteenth century, contains the *Louange* with *Complaintes* within it, but gives no musical items; it must be related to *Vg*, for in the *Louange* it presents the same number of items in the same order. The fifteenth-century manuscript *M* likewise contains no music, though it does give the text alone of many of the musical items; it seems to be at least partly related to *G* as regards the order of the *Louange* items, but perhaps to *Vg* also, for the *Complaintes* are still preserved within the *Louange*. *M* omits the *Prologue*, some *Dits*, *Le Voir Dit*, *La Prise d'Alexandrie*, the *Motets* and the *Mass*. Manuscript *E*, copied in the late fourteenth century, has a fairly individual order: it contains the *Prologue*, then the *Louange*; some *Dits* are omitted, but the *Voir Dit* and the *Prise d'Alexandrie* are present. The *Complaintes* still lie within the *Louange* and *E* must lie somewhere between *Vg* and *A*. Manuscripts *J* and *K* are closely related. *K*, which is partly lost, was copied in 1371. Both omit the *Prologue* and begin with the *Louange* (without *Complaintes*); both contain further works found in no other source, some fragmentary and of doubtful attribution. The fifteenth-century manuscript *H* contains the *Prologue* and a selection only of ninety-six poems from the *Louange* not presented entirely in a consecutive run vis-à-vis the other sources.

---

* For discussion of the chronology and ordering of Machaut's works and manuscripts, see: E. Hoepffner, ed., *Les Œuvres de Guillaume de Machaut*, 3 vols., Paris, 1908–21, Vol. I, xliv ff; F. Ludwig, ed., *Guillaume de Machaut: Musikalische Werke*, Leipzig, 1928, Vol. II; Ursula Günther, "Chronologie und Stil der Kompositionen Guillaume de Machauts", in *Acta Musicologica* xxxv (1963), 96ff; G. Reaney, "A Chronology of the Ballades, Rondeaux and Virelais set to Music by Guillaume de Machaut", in *Musica Disciplina* VI (1952), 33ff. and "Towards a Chronology of Machaut's Musical Works", in *Musica Disciplina* xx (1966), 87–96.

LA LOUANGE DES DAMES

IF we turn to the *Louange* itself, the same gradual growth of the collection may be observed as time passes; the same is true for the musical settings. The chronological siting of a poem can easily be determined from the preceding table of sources and works and from the Alphabetical Index with manuscript sources. Machaut was probably composing Ballades, Rondeaux, Virelais and Chants Royaux from his earliest days in the service of Jean de Luxembourg, roi de Bohème, say from about 1324.

All poems in manuscript *C* were therefore composed between about 1324 and about 1356, probably mostly in the 1340s and early 1350s. Presumably the Ballades "Trop est crueus li maus de jalousie" and "Nulz homs ne puet plus loyaument amer" (Nos. 51 and 108 in *Vg*, but not present in *C*) should also be included here. Altogether the *Louange* in *C* comprises 198 poems.

All poems in *Vg* but not in *C* must have been composed between about 1356 and about 1364. In *Vg* the *Louange* is increased to 249 poems; six Complaintes are also added in the corpus of the collection. The dating of *Vg* is supported by a reference in one of the added Ballades, No. 137 "Mes dames c'onques ne vi", which mentions Raoul de Vienne "seigneur de Louppy", who was Governor of Dauphiné from 1361 to 1369.

All poems in *A* but not in *Vg* must date from between about 1364 and about 1371. The *Louange* now numbers 267 poems (see note to No. 73, Ballade "En l'onneur de ma douce amour"); the *Complaintes*, now eight in number, are removed into a separate section of their own. Machaut clearly came to feel that they formed an entity in their own right and consequently they have not been included in the present edition of *La Louange des Dames*. Puzzling is a run of four items, Nos. 223–26 in sequence in *A* but not included in *Vg*, even though the *Vg* collection extends some way past this point. These items are: No. 114, Ballade "Je pren congié à dames, à amours"; No. 215, Rondeau "Amis, comment que m'aiez en oubli"; No. 209, Ballade "Trop ne me puis de bonne Amour loer"; No. 231, Rondeau "Douce dame, cointe, aperte et jolie". They may therefore have been composed earlier than c. 1364, but omitted inadvertently in *Vg*.

All poems in *G* but not in *A* must date from a little after 1371, but before 1377, the year of Machaut's death. This adds six new poems, bringing the total *Louange* collection up to 273. However, a long sequence of thirty-four poems (Chichmareff items Nos. 187–220), present in *A*, are omitted in *G*, together with a few other items here and there. Some of these omissions are poems found later in the manuscript among the musical settings, and we therefore have here a further step towards a more rational organization of the collection. Manuscript *E* (which must date between *Vg* and *A*, since it contains the *Prologue*, but maintains the *Complaintes* in the body of the *Louange*) also omits certain items to be found later among the musical folios, and collects the poems into genres: the Chants Royaux and the Complaintes appear in sequence and all the Rondeaux are picked out to form a body following the Ballades. This manuscript carries rationalization even further by omitting from the musical section three Ballades notées and three of the unset Virelais which are to occur yet further on in the total collection, in *Le Voir Dit*. This is the only source, incidentally, to insert musical settings in this latter work.

In the manuscript sources, among the folios containing the Ballades, Rondeaux and Virelais set to music, there also appear eight poems (one Ballade, one Rondeau and six Virelais) with no musical setting:

No. 10, Ballade "Amis, sans toy tout m'anoic" (in manuscript *B* only).
No. 225, Rondeau "Dame, qui veult vostre droit nom savoir".
No. 275, Virelai "Cils a bien fole pensée".
No. 276, Virelai "Dame, le doulz souvenir".
No. 277, Virelai "Je ne me puis saouler".
No. 278, Virelai "L'ueil qui est li droit archier".
No. 280, Virelai "Se Loyauté m'est amie".
No. 279, Virelai "Plus belle que le biau jour".

L. Schrade* suggests that these items should be "exclusively part of the *Louange*". Accordingly, they have been incorporated in the body of the collection, this having the special advantage of providing further examples of Virelai form, which is represented by only one item, No. 281 "Tres bonne et belle, mi oueil", in the main part of the manuscript collection. Adding these eight further items to the 273 already assembled gives 281. To this may be added one further Rondeau, No. 261 "Quant ma dame les maulz d'amer m'aprent" (Rondeau noté No. 19, but included as the final item of the *Louange* in manuscript *M* f.207r). This brings the total collection of poems in Machaut's *La Louange des Dames* to **282**.

Certain other items have been included in the *Louange* by some critics, when there was little justification for such inclusion – for example:

Rondeau "De regarder et d'estre regardez", in *K*, f.1v only.
Triple Ballade "Sanz cuer m'en vois, dolens et esplourés/Amis, dolens, mas et desconfortés/ Dame, par vous me sens reconfortés", No. 17 of the Ballades notées and included among *Louange* items only in *J*, f.19r/20r. *J* contains a mixture of *Louange* poems and texts normally found in the musical folios.
Ballade "Biauté qui toutes autres pere", No. 4 of the Ballades notées and among *Louange* items only in *J*, f.20r and Westm, f.26r/26v. Westm also combines examples from the two repertories.
Ballade "Phyton, le mervilleus serpent", No. 38 of the Ballades notées and otherwise in *J*, f.11v only.

Manuscript *J* contains 21 further Ballades, mostly untypical of Machaut. These are printed by Chichmareff in an Appendix in Vol. II of his edition; certain of them are also to be found in the manuscript Pen.

* * *

The *Louange des Dames* thus represents a collection of poems in the *formes fixes* extending over Machaut's whole creative life, from about 1324 into the 1370s. Nevertheless, there is little discernible development in theme or in structure from the earliest part of this collection to the later such as may be observed in the works of Charles d'Orléans, for example. Machaut's is nearly all conventional courtly love poetry, with a limited number

---

* *Polyphonic Music of the Fourteenth Century*, Monaco, 1956, *Notes to Vols. II and III*, 22–23.

of ideas to express. In this respect, G. Raynaud's opinion of them does not seem unjustified: "Ces poésies, des ballades, des rondeaux, des motets, etc., n'ont rien d'original, et, comme les pièces de ce genre, s'inspirent toutes, ou peu s'en faut, des mêmes sujets, se répétant avec une désolante banalité: éloge d'une dame, plaintes contre son indifférence ou son absence, promesses de lui être fidèle, attaques contre les mesdisants, etc."* The discerning reader will, however, find that Machaut triumphs over these limitations with consummate skill and artistry; he is a master of language and his imagery is frequently striking.

The poems in the *Louange* are not all from the lover's point of view. A number of them come from the lady's lips and show that she, too, can suffer from the delights and torments of love. In addition a small group of items are in no way connected with courtly love – notably:

No. 62, Ballade "Douceur, charité ne confort", apparently showing Machaut in difficulties in Reims in his declining years.

No. 63, Ballade "Dou memoire des hommes desgradés", a humorous poem on Machaut's gout.

No. 137, Ballade "Mes dames c'onques ne vi", which appeals to certain ladies, but mainly to ask for their intercession with a patron.

No. 150, Ballade "On ne doit pas croire en augure", where the message is that one should not believe in prophecies of doom, but stand and fight the (presumably English) enemy. This may well relate to the Siege of Reims from 4 December 1359 to 11 January 1360.

No. 269, Rondeau "Se tenir vues le droit chemin d'onneur", consisting of general advice, presumably to a noble, on being bountiful.

No. 282, the curious little "Dit Notable" not related to any of the lyric forms and little more than a *jeu d'esprit*.

It is true that within the *Louange* there are to be found certain runs of poems in some way thematically connected. This has been commented on by D. Poirion (his item numbers refer to the Chichmareff edition): "Aspirant à un équilibre entre la tradition et le goût moderne, son mérite a surtout été de mettre de l'ordre et de la clarté dans la création poétique. La division de son œuvre, d'abord selon l'opposition fondamentale du *dit* et du *chant*, puis, dans le détail, selon des genres précis et fixes, a certainement aidé les poètes à prendre conscience de leur tâche; prenant à la cour, à la ville, dans les *puys*, dans la littérature savante, ce qui lui paraissait essentiel, il en a proposé une synthèse et un système. Idéal de logique qui pouvait aller très loin, et dont on devrait tenir compte en étudiant l'ordre des poèmes. Des séries de poèmes sont reliées par le même motif: 'douleur dure' (24–27), 'dame insensible' (41–48), 'dame infidèle' (49–57), 'désir' (53, 69–72), 'loyauté' (153, 155, 158). Et le langage révèle des rapports directs ou subtils entre certains poèmes reliés par le refrain ou l'incipit. . . ."† Nevertheless, such runs of linked poems do not approach the narrative sequences to be found, for instance, in the lyrics of Christine de Pisan‡. Let us examine some examples of linking in Machaut's *Louange*:

Vg, f.2v/3r: the first line of the Ballade "Dame, comment que vous soie lonteins" (No. 32) becomes the refrain of the following Ballade,
    "On dist souvent que longue demourée" (No. 149).

---

* Review of Chichmareff's edition, in *Romania* 38 (1909), 461–2. An excellent antidote to Raynaud's dampening observations is to be found in the far more sympathetic discussion of Machaut's works by D. Poirion, *Le Poète et le prince*, Paris, 1965, 192–205.

† *Op. cit.*, 204.

‡ See K. Varty, ed., *Christine de Pisan: Ballades, Rondeaux and Virelais: an Anthology*, Leicester, 1965, xxii–xxvii.

Vg, f.9v/10r: three Ballades are linked by the theme of despair:

"Se faire say chanson desesperée,
    Faire la doy ja par bonne occoison" (No. 182).

"Helas! je sui de si male heure nez
    Qu'Amours me het et ma dame m'oublie" (No. 89).

"Helas! Amours, que vous ay je meffait,
    Qui me volez sans occoison deffaire?" (No. 84).

Vg, f.11v: a Ballade and a Rondeau, both on the theme of *Desirs*:

Ballade, "Puis que Desirs ne me laisse durer" (No. 169).

Rondeau, "Puis que Desirs ne me vuet dou tout grever" (No. 252).

Vg, f.18v: two Ballades on the theme of distance between the lover and his lady:

"Ne cuidiez pas que d'amer me repente,
    Se je ne voy souvent vo dous viaire" (No. 141).

"Dame, comment que souvent ne vous voie
    Et que lonteins soie de vo corps gay" (No. 31).

Vg, f.20v/21r: two Ballades on the theme of the lover dying of grief:

"Helas! pour quoy m'est bonne Amour si dure" – refrain "*Qu'il me convient morir ou li veoir*"
    (No. 91).

"Peinnes, dolours, larmes, souspirs et plains,
    Griès desconfors et paours de morir" – refrain "*Que j'ay espoir de morir pour amer*" (No. 158).

Vg, f.26r: a Ballade and a Rondeau both on the theme of Fortune:

Ballade, "Il m'est avis qu'il n'est dons de Nature" – refrain "*Se Fortune ne le tient à amy*"
    (No. 96).

Rondeau, "Helas! pour ce que Fortune m'est dure" (No. 238).

Vg, f.29r: three Rondeaux on the theme of the lady's infidelity:

"Quant je vous voi autre de mi amer" (No. 259).

"Se par amours n'amiés autrui ne moy" (No. 268).

"Pour Dieu, dame, n'amés autre que my" (No. 250).

It would not be difficult to extend this list. However, such similarities are also to be found between items which are not in consecutive order in the manuscript sources, and there seems to be little point in preserving the loose chronological order (which after all can only point to approximate groupings, not to a precise sequence of composition for every item) when this order seems in general to have so little significance. The line "Dame, comment que vous soie lonteins", mentioned above as the first line and the refrain of two Ballades in *Vg*, f.2v/3r (Nos. 32 and 149), also appears as the refrain of a further Ballade in *Vg*, f.18v, "Ne cuidiez pas que d'amer me repente" (No. 141), for instance, or a Ballade and a Rondeau linked by the identical first line "Dame, de moy tres loyaument amée" (Nos. 33 and 221), appear widely separated, on *Vg*. f.15r and 23v respectively. A considerable number of poems possess similar openings and this is brought out clearly in the alphabetical index.

It would be possible to group the poems contained in the *Louange des Dames* broadly by themes, but this would be difficult, since many of the elements of courtly love are closely interwoven and often appear together. The simplest solution, already suggested in the fourteenth century in the ordering of the manuscript *E*, and the one which has been adopted in the present edition, is to class the poems first in the formal categories: Chant Royal, Ballade, Rondeau, Virelai (and the "Dit Notable") and then, within these categories, in alphabetical order of first lines. This should facilitate reference and bring about some clarity in what is otherwise a rather jumbled collection.

Just as some texts not set to music are to be found among the folios of the musical items, just so certain of the poems (22 in number) in the body of the *Louange* collection reappear later with musical settings among the 42 Ballades notées, 22 Rondeaux notés and 33 Virelais notés. Of the 22 such items, 16 are Ballades, 5 are Rondeaux and there is one Virelai. A fairly accurate chronology based on an analysis of the musical style has been worked out for the whole of Machaut's output.* This chronological order corresponds with the one already outlined above for the *Louange* as a whole, based on the development of the collection through the main manuscript sources. Why Machaut included the texts only of these 22 compositions in the *Louange*, or why he maintained eight texts alone among the musical settings, is not certain. Clearly, he must have written the poems first and then used certain of them as a basis for musical composition; why the eight unset pieces were not relegated to the *Louange* folios is less easy to explain. A clue for certain of these (e.g. Nos. 277, 278, 279) is offered in *Le Voir Dit* where they also appear.† We read there that Péronne specifically asked Machaut to provide musical settings for these poems but that Machaut, through pressure of work, never managed to meet her request. Of the *Louange* poems printed below, seventeen also appear in *Le Voir Dit*: 12 Ballades, 1 Rondeau, 4 Virelais. Of these, four are also among those set to music (3 Ballades, Nos. 143, 162, 193 and one Rondeau, No. 264). The four Virelais are all unset poems to be found among the musical folios.

---

* See the studies already mentioned, especially by Ursula Günther and by Gilbert Reaney.

† The chronological order of the seventeen *Louange* poems as they appear in *Le Voir Dit* is as follows: 162; 13; 212; 278; 279; 277; 174; 143; 275; 124; 127; 264; 77; 100; 95; 11; 193.

FORM

Retorique versefier
Fait l'amant et metrefier,
Et si fait faire jolis vers
Nouviaus et de metres divers:
L'un est de rime serpentine,
L'autre equivoque ou leonine,
L'autre croisie ou retrograde,
Lay, chanson, rondel ou balade;
Aucune fois rime sonant
Et, quant il li plaist, consonant;
Et li aourne son langage
Par maniere plaisant et sage.

(*Prologue* V, ll. 147-58)

MACHAUT was not a great innovator in the lyric *formes fixes*, but he was largely responsible for the considerable spread in their popularity in the fourteenth and fifteenth centuries.*

The analyses below of the poems contained in the *Louange des Dames* demonstrate the great diversity of length, rhyme and metre which could be imposed upon the fundamental underlying musical structure, a structure which, above all in the Ballades, Rondeaux and Virelais, is always present in the ordering of the verse even when no actual musical setting is provided.

CHANT ROYAL: this is the traditional *chanson* of the trouvères, derived in turn from the Troubadour *canso*. Machaut left only one example set to music, the *chanson roial* "Joie, plaisence et douce norriture" in *Le Remède de Fortune*, ll. 1985-2032. The setting there falls into two fundamental halves musically speaking (I and II), a characteristic of many *chants royaux*† and of all Ballades, Rondeaux and Virelais. Machaut's *Remède de Fortune* example contains the usual five stanzas and envoy: he uses three different line lengths:

Music: I   I   II
Text: $a_{10}b_{10}a_{10}b_{10}b_7c_7c_7d_7d_5$

The envoy has the pattern:

Music: end of II
Text: $c_7d_7d_5$ (edited by E. Hoepffner, Vol. II, 71–3 and Appendix, 10 with a musical transcription by F. Ludwig.)

---

* For detailed studies and examples of the growth and development of these forms, see especially: F. Gennrich, *Rondeaux, Virelais und Balladen . . .*, Dresden and Göttingen, 1921–27 (2 vols.); G. Reaney, "The Development of the Rondeau, Virelai and Ballade forms from Adam de la Hale to Guillaume de Machaut", in *Festschrift K. G. Fellerer*, 1962, 421–27; D. Poirion, *Le Poète et le prince*, Paris, 1965; N. Wilkins, *One Hundred Ballades, Rondeaux and Virelais from the late Middle Ages*, Cambridge, 1969; N. Wilkins, "The Structure of Ballades, Rondeaux and Virelais in Froissart and in Christine de Pisan" in *French Studies* XXIII (1969), 337–48.

† See, for example, the *chansons* of Adam de la Hale, ed. N. Wilkins, *Adam de la Hale: Lyric Works*, American Institute of Musicology (Corpus Mensurabilis Musicae, vol. 44), 1967.

In the *Louange* we find seven Chants Royaux, each one with five stanzas and *envoi*. The stanza length varies from eight lines to eleven lines and the length of the *envoi* from three lines to nine lines (the equivalent length of the stanzas, in No. 6), though four lines is the favourite length. The *Louange* chants royaux differ from the *Remède de Fortune* example in that they are all isometric, employing uniquely the decasyllabic line. Especially interesting is No. 1, "Amis, je t'ay tant amé et cheri", which involves a refrain and thus, apart from the number of its stanzas and the presence of an *envoi*, approaches the Ballade. The mid-fourteenth-century Ballade normally had three stanzas all with a one-line refrain and no *envoi*. Later, towards the end of the century, when the increasing complexity of musical composition had forced a divorce between Poet and Musician and the *formes fixes* became freed from the strict control of musical considerations, an *envoi* often came to be added on the model of the Chant Royal, as many examples by Deschamps, Christine de Pisan or Charles d'Orléans show us. In musical settings of Ballades the *envoi* has no place. In Machaut's Chant Royal No. 1 the two-line refrain is not maintained in the short three-line *envoi*, the final line alone remaining.

BALLADE: In the *Louange* there are two hundred and six Ballades. All Machaut's Ballades have three stanzas: none possesses an *envoi*. The one-line refrain is normal and only in exceptional circumstances is it increased to one and a half or to two lines. The underlying musical pattern of the Ballade is I I II, as can be seen clearly in the examples actually provided with a setting. Normally two lines rhyming a b are set to the first music section, this then being repeated with lines three and four, also rhyming a b, since it is a fundamental rule that lines of verse set to identical music must have identical rhyming and metrical structure. Occasionally a group of three lines occurs in the opening position (e.g. No. 213), but this is not common. When Machaut composed no music for a poem the underlying structure is, of course, theoretical but nonetheless real and is indicated in our edition by the deliberate placing of line numbers at the beginning of each new or repeated section in the underlying pattern I I II. No. 14 is unusual in that it extends this underlying pattern to I I II II and it was set to music in this way by Machaut.

The stanzas vary in length from seven to twelve lines, seven and eight being the most popular. Rhyme and metre may vary considerably and Machaut gives altogether forty-four variations, a clear demonstration that the principle of an underlying fixed form by no means implies sterile uniformity:

1. Seven lines. Seven syllables.
   $a_7b_7a_7b_7b_7c_7C_7$ Five examples: Nos. 27, 75, 116, 129, 172.

2. Seven lines. Eight syllables.
   $a_8b_8a_8b_8b_8c_8C_8$ Eleven examples: Nos. 8, 26, 34, 42, 62, 65, 66, 90, 160, 188, 206.

3. Seven lines. Ten syllables.
   $a_{10}b_{10}a_{10}b_{10}b_{10}c_{10}C_{10}$ Ninety-three examples: Nos. 9, 18, 21, 22, 28, 30, 31, 32, 33, 36, 38, 39, 40, 50, 52, 54, 55, 57, 58, 64, 67, 68, 74, 76, 77, 78, 79, 82, 83, 84, 87, 91, 92, 97, 99, 101, 104, 106, 108, 111, 113, 119, 121, 122, 123, 124, 125, 126, 128, 133, 134, 135, 136, 138, 140, 141, 143, 145, 146, 147, 148, 149, 151, 155, 156, 158, 159, 161, 164 (with 1½-line refrain), 165, 169, 170, 171, 175, 177, 178, 179, 182, 183, 184, 186, 189, 192, 193, 198, 199, 201, 205, 207, 208, 210, 211, 212.

4. Seven lines. Seven and three syllables.
   $a_7b_3a_7b_3b_7c_7C_7$ One example: No. 10.

5. Seven lines. Seven and five syllables.
$a_7b_5a_7b_5b_5c_7C_5$ One example: No. 194.

6. Seven lines. Seven and five syllables.
$a_7b_5a_7b_5b_7c_7C_7$ One example: No. 131.

7. Seven lines. Eight and seven syllables.
$a_8b_8a_8b_8b_8c_7C_7$ One example: No. 132.

8. Seven lines. Eight and seven syllables.
$a_7b_7a_7b_7b_7c_8C_8$ One example: No. 12.

9. Seven lines. Ten and five syllables.
$a_{10}b_{10}a_{10}b_{10}b_5c_{10}C_{10}$ One example: No. 29.

10. Seven lines. Ten and eight syllables.
$a_{10}b_{10}a_{10}b_{10}b_{10}c_8C_8$ Three examples: Nos. 49, 59, 202.

11. Seven lines. Eight and seven and five syllables.
$a_7b_5a_7b_5b_7c_8C_8$ One example: No. 37.

12. Eight lines. Seven syllables.
$a_7b_7a_7b_7c_7c_7d_7D_7$ One example: No. 61.

13. Eight lines. Seven syllables. Two-line refrain.
$a_7b_7a_7b_7c_7c_7B_7C_7$ One example: No. 173.

14. Eight lines. Seven syllables. Two-line refrain.
$a_7b_7a_7b_7c_7c_7D_7D_7$ One example: No. 105.

15. Eight lines. Seven syllables. Two-line refrain.
$a_7b_7a_7b_7c_7d_7C_7D_7$ One example: No. 200.

16. Eight lines. Eight syllables.
$a_8b_8a_8b_8b_8a_8b_8A_8$ One example: No. 157.

17. Eight lines. Eight syllables.
$a_8b_8a_8b_8c_8c_8d_8D_8$ One example: No. 142.

18. Eight lines. Eight syllables.
$a_8b_8a_8b_8c_8d_8c_8D_8$ One example: No. 112.

19. Eight lines. Ten syllables.
$a_{10}b_{10}a_{10}b_{10}b_{10}a_{10}a_{10}B_{10}$ Two examples: Nos. 86, 109.

20. Eight lines. Ten syllables.
$a_{10}b_{10}a_{10}b_{10}b_{10}c_{10}c_{10}B_{10}$ One example: No. 93.

21. Eight lines. Ten syllables.
$a_{10}b_{10}a_{10}b_{10}c_{10}c_{10}d_{10}D_{10}$ Two examples: Nos. 71, 103.

22. Eight lines. Seven and four syllables.
$a_7a_4a_7a_4a_7b_4a_7B_7$ One example: No. 137.

23. Eight lines. Seven and five syllables.
$a_7b_7a_7b_7b_7c_5c_7B_7$ One example: No. 185.

24. Eight lines. Seven and five syllables.
$a_7b_7a_7b_7b_7c_5b_7C_5$ One example: No. 190.

25. Eight lines. Seven and five syllables.
$a_7b_5a_7b_5b_7c_5b_7C_5$ One example: No. 154.

26. Eight lines. Seven and five syllables.
$a_7b_7a_7b_7c_5c_7d_7D_7$ One example: No. 167.

27. Eight lines. Seven and five syllables. Two-line refrain.
$a_7b_5a_7b_5b_7c_7B_7C_7$ One example: No. 11.

28. Eight lines. Eight and four syllables.
$a_8b_8a_8b_8b_8c_4b_8C_4$ One example: No. 43.

29. Eight lines. Ten and five syllables.
$a_{10}b_{10}a_{10}b_{10}c_5c_{10}d_5D_{10}$ One example: No. 81.

30. Eight lines. Ten and seven syllables.
$a_{10}b_{10}a_{10}b_{10}c_7c_{10}d_{10}D_{10}$ Fifty-one examples: Nos. 13, 15, 16, 17, 19, 20, 24, 25, 45, 46, 47, 48, 51, 53, 56, 63, 69, 70 (with $1\frac{1}{2}$-line refrain), 72, 80, 85, 88, 94, 95, 96, 98, 100, 102, 107, 110, 114, 115, 117, 127, 130, 139, 144, 152, 162, 166, 168, 174, 176, 180, 181, 187, 196, 197, 203, 204, 209.

31. Eight lines. Ten and seven syllables.
$a_{10}b_{10}a_{10}b_{10}c_7c_7d_{10}D_{10}$ One example: No. 60.

32. Eight lines. Ten and seven and four syllables.
$a_{10}b_{10}a_{10}b_{10}b_{10}c_4b_7C_4$ One example: No. 35.

33. Eight lines. Ten and eight and seven syllables.
$a_8b_8a_8b_8c_7c_7d_{10}D_{10}$ One example: No. 191.

34. Eight lines. Ten and eight and seven syllables.
$a_8b_8a_8b_8c_7c_{10}d_7D_7$ One example: No. 153.

35. Eight lines. Ten and eight and seven syllables.
$a_8b_8a_8b_8c_7c_{10}d_{10}D_{10}$ Two examples: Nos. 73, 150.

36. Nine lines. Seven syllables. Two-line refrain.
$a_7b_7a_7b_7b_7c_7d_7C_7D_7$ One example: No. 120.

37. Nine lines. Ten syllables.
$a_{10}b_{10}a_{10}b_{10}b_{10}c_{10}c_{10}d_{10}D_{10}$ Two examples: Nos. 44, 195.

38. Nine lines. Seven and five syllables.
$a_7b_5a_7b_5b_7c_7d_5c_7D_5$ One example: No. 163.

39. Nine lines. Eight and seven syllables. Two-line refrain.
$a_8b_8a_8b_8c_7c_7b_7C_7B_7$ One example: No. 23.

40. Nine lines. Ten and seven syllables.
$a_{10}b_{10}a_{10}b_{10}c_7c_7b_7c_7B_7$ One example: No. 118.

41. Nine lines. Ten and seven syllables. Two-line refrain.
$a_{10}b_{10}a_{10}b_{10}b_{10}c_7d_7C_7D_7$ One example: No. 89.

42. Nine lines. Seven and five and three syllables. Three lines instead of the usual two occupy the first section of the structure.
[I   I   II   ]
$a_7a_3b_7a_7a_3b_7b_7c_5C_5$ One example: No. 213.

43. Nine lines. Ten and seven and five syllables.
$a_{10}b_{10}a_{10}b_{10}c_7c_7d_5c_7D_5$ One example: No. 41.

44. Twelve lines. Seven and three syllables. *Both* music sections repeated, *three* lines set to each.
I   I   II   II
$a_7a_3b_7a_7a_3b_7b_7b_3a_7b_7b_3A_7$ One example: No. 14.

BALLADE DOUBLE: Item No. 214, the Ballade Double "Dame plaisant, nette et pure", stands apart from the other Ballades in the collection in that it contains six stanzas, exactly double the normal number. These are on the common pattern:

$a_7b_7a_7b_7b_7c_7C_7$

and are in the form of a conversation, with stanzas alternating between the lover (who begins) and his lady; each has three stanzas in all.

RONDEAU: There are sixty Rondeaux in the *Louange*. The underlying musical pattern of the Rondeau is: I II I I I II I II. The refrain occupies the whole of sections I and II, reappears in part after a matching section of text to fit section I, and in its entirety after a passage of new text to fit the whole musical composition. Most of Machaut's examples are the straightforward eight-line type:

Music: I II   I I   I II   I II
Text: A B   a A   a b   A B

There are forty-three of these using the decasyllabic line. Three further examples have a seven-syllable line (Nos. 224, 236, 266), and there are seven examples of the eight-line Rondeau with an octosyllabic line (Nos. 222, 233, 254, 256, 257, 258, 260).

All Machaut's Rondeaux are isometric, unlike many earlier Rondeaux (for example by Adam de la Hale or Jehan de Lescurel), and unlike certain later experiments, especially those of Christine de Pisan.

The remaining seven Rondeaux of the *Louange* are all of the eleven-line type. Two have the rhyming pattern:

[*Music:* I II   I I   I II I II]
Text: A BA   a A   a ba A BA   No. 247 (seven-syllable lines) and No. 265 (ten-syllable lines).

The rest are on the pattern:

[*Music:* I II   I I   I II I II]   No. 263 (eight-syllable lines) and Nos. 245, 259, 267, 269
         A BB   a A   a bb A BB   (ten-syllable lines).

VIRELAI: In the present edition seven Virelais are included in the *Louange*. The fundamental musical pattern underlying the text here is I II II I (I). The refrain occupies section I only and must reappear at the close of the composition. By extending the number of lines set to these sections (whether in theory or in musical practice) and by repeating the whole form three times, Machaut arrives at relatively extended compositions sometimes over 60 lines long. In all cases, as is characteristic of the Virelai, Machaut employs mixed metres, but never of more than two different lengths (unlike many of his followers in the late fourteenth century), always with the seven-syllable line as the dominant length. The rhyme scheme also is restricted to two elements only, as in the Rondeaux, apart from No. 276, where three elements are used, and No. 275, which has four rhyme values:

1. Eighteen-line type (up to and including the first repetition of the refrain). Seven and three syllables.
   [I   II   II   I   I]
   $A_7B_7A_7B_7$ $c_7c_3d_7$ $c_7c_3d_7$ $a_7b_7a_7b_7$ $A_7B_7A_7B_7$ etc.   One example: No. 275.

2. Twenty-four-line type. Seven and five syllables.
   I   II   II   I   I
   $A_7B_5B_7A_5A_7B_7$ $b_7b_5a_7$ $b_7b_5a_7$ $a_7b_5b_7a_5a_7b_7$ $A_7B_5B_7A_5A_7B_7$ etc.   One example: No. 281 (with musical setting).

3. Twenty-four-line type. Seven and four syllables. An unusual and rare example in that there is a variation in the rhyme scheme between the refrain and the matching sets of new text to fit Section I.
   [I   II   II   I   I]
   $A_7B_4B_7A_4A_7B_4$ $c_7c_7a_4$ $c_7c_7a_4$ $a_7b_4b_7a_4b_7a_4$ $A_7B_4B_7A_4A_7B_4$ etc.   One example: No. 276.

4. Twenty-seven-line type. Seven and three syllables.

[I   II   II   I   I]

$A_7A_3B_7A_7A_3A_7B_3$ $b_7b_3a_7$ $b_7b_3a_7$ $a_7a_3b_7a_7a_3a_7b_3$ $A_7A_3B_7A_7A_3A_7B_3$ etc.

One example: No. 280.

5. Twenty-seven-line type. Seven and four syllables.

[I   II   II   I   I]

$A_7A_7B_4B_7A_4A_7B_4$ $b_7b_7a_4$ $b_7b_7a_4$ $a_7a_7b_4b_7a_4a_7b_4$ $A_7A_7B_4B_7A_4A_7B_4$ etc.

Three examples: Nos. 277, 278, 279.

"DIT NOTABLE" (No. 282): This is no recognizable lyric form. There is no refrain and no question of a musical setting or an underlying musical structure. The piece consists simply of twelve octosyllabic lines rhyming in couplets.

ALPHABETICAL INDEX

Items in italic print also appear set to music.

First Line	C	Vg	B	D	E
CHANTS ROYAUX					
1. Amis, je t'ay tant amé et cheri					
2. Amours me fait desirer loyaument	127v/128r	7v/8r	7v/8r	9r/9v	5r
3. Cuers où mercy faut et cruautés dure	128r	8r	8r	9v/10r	5r/5v
4. Je croy que nuls fors moy n'a tel nature	128r/128v	8r/8v	8r/8v	10r/10v	5v
5. Onques mais nuls n'ama si folement	123v/124r	3v/4r	3v/4r	4r/4v	5r
6. Se Loyautez a vertus, ne puissance	137r/137v	17r/17v	34r/34v	21r/21v	5v
7. Se trestuit cil qui sont et ont esté	128v/129r	8v	8v	10v/11r	5v
BALLADES					
8. Amis, je t'aporte nouvelle		29v	46v	36v/37r	12r/12v
9. Amis, mon cuer et toute ma pensée		30v	47v	38r	12v/13r
10. Amis, sans toy tout m'anoie			330r		
11. [Amis, si parfaitement]	148v	27v	44v	34v	12r
12. Amis, vostre demourée	139v	19v	36r	23v/24r	8v
13. [Amours, ma dame et Fortune et mi oueil]		34r	51r	42r/42v	15r
14. *Amours me fait desirer*	145r/145v	24v	41v	30v	
15. Amours ne vuet et ma dame ne deigne	134r	14r	14r	17r/17v	7r
16. Amours qui m'a nouvellement espris		37r	54r	46r	15r/15v
17. Aucun dient c'om ne puet dame amer		30r/30v	47r/47v	37v	12v
18. Aucunes gens me demandent souvent	132r	12r	12r	15r	6r
19. Aucun parlent des dix plaies d'Egipte	148v	27v/28r	44v/45r	34v	12r
20. Biaus dous amis, parfaitement amez	138v/139r	18v/19r	35v/36r	23r/23v	8v
21. *Biauté parfaite et bonté souvereinne**	140r	20r	37r	24v	9r
22. Bien me devroit d'aucuns dous mos refaire	127r/127v	7r	7r	8v/9r	4r
23. Ce que je fais de bonne chiere	138r/138v	18r/18v	35r/35v	22v/23r	8r/8v
24. Ce qui contreint mon cuer à toy amer		34r	51r	42v	15r
25. Certes, je croy que ma fin est venue	146r/146v	25v	42v	31v/32r	11r
26. Certes, mes dous amis fu nez	133v/134r	13v	13v	17r	6v/7r
27. Certes, moult me doy doloir	144r	23v	40v	29r	10r/10v
28. Comment me puet mes cuers en corps durer	140r/140v	20r/20v	37r/37v	25r/25v	9r
29. *Dame, comment qu'amés de vous ne soie*	146r	25v	42v	31v	11r
30. Dame, comment que n'aie pas veü					
31. Dame, comment que souvent ne vous voie	138v	18v	35v	23r	8v
32. Dame, comment que vous soie lonteins	122v/123r	2v/3r	2v/3r	3r	2r

*Set to music by A. de Caserta

ms within square brackets are also included in *Le Voir Dit*

M	A	G	J	K	H	Others	Chichmareff Item No.
206r/206v	211v	65v					CCLIV
174v/175r	184r/184v	49v	4v/5r		105v	Pen 31v/32r	XLV
175r	184v	49v/50r	5r/5v		105v/106r	Pen 32r/32v	XLVI
175r/175v	184v/185r	50r			106r/106v	Pen 32v/33r	XLVII
170v	180r	46v			101r	Pen 31r/31v	XIX
184r/184v	193v/194r	56v			110/111r	Pen 33v/34r	CXVIII
175v	185r/185v	50r/50v			106v	Pen 33r/33v	XLVIII
196v	206r		13v				CCXII
197v/198r	207r/207v					Pen 47r	CCXX
							Vol. II, 632-3
194v	204r/204v		13r			Pen 83v/84r	CXCIX
186v	196r	58r/58v	10r		112r		CXXXVII
201v	208r	63v					CCXXVII
191v	201r/201v	62r				Pen 38v	CLXXVII
181r	190v	54r					XCI
204v	210r	64v					CCXLIII
197r/197v	207r		14r/14v				CCXVII
179r	188v	52v					LXXV
195r	204v						CC
185v/186r	195r/195v	57v/58r	10r				CXXXI
187r	196v	58v			112v		CXL
174r	183v/184r	49r			105r		XLII
185r/185v	195r	57v	16r		112r		CXXVIII
201v	208r/208v		16r/16v				CCXXVIII
192v	202r	62v/63r					CLXXXIV
180v/181r	190v	54r					XC
190v	200r	61r					CLXIX
187r/187v	197r	59r	5v				CXLIII
192v	202r						CLXXXII
		67r					CCLXXIV
185v	195r	57v	9v				CXXX
169v	179r	46r	2r	2r	100r	Westm 25v	XIII

First Line	C	Vg	B	D	E
33. Dame, de moy tres loyaument amée	135r	15r	15r	18v/19r	7r/7v
34. Dame, de tous biens assevie	139v	19v	36v	24r/24v	9r
35. Dame d'onnour, plaisant et gracieus	134v/135r	14v/15r	14v/15r	18v	7r
36. Dame, mercy vous requier humblement	131r	11r	11r	13v	5v
37. *Dame, ne regardez pas*	122r/122v	2r/2v	2r/2v	2v	2r
38. Dame parfaite de tout entierement	148r	27v	44v	34r	11v
39. Dame, pour Dieu, ne metez en oubli	140v	20v	37v	25v	9r
40. Dame, pour vous ma joie se define	131r/131v	11r	11r	14r	5v/6r
41. Dame que j'aim, ne vous veingne a merveille	130v	10v	10v	13r	4v
42. *Dame, se vous m'estes lonteinne*	123r	3r	3r	3v	2r
43. D'amour loyal et de m'amour	125v	5v	5v	6r/7r	3r
44. D'ardeur espris et d'esperence nus	121r	1r	1r	1r/1v	1v
45. *De Fortune me doy plaindre et loer*	147v/148r	27r	44r	33v	
46. De ma dolour ne puis avoir confort		29r	46r	36r/36v	12r
47. De vray desir, d'amoureuse pensée					
48. Douce dame, de joie diseteus	140r	20r	37r	25r	9r
49. Douce dame, je vous requier mercy	139v/140r	19v/20r	36v/37r	24v	9r
50. Douce dame, plaisant et gracieuse	139r	19r	36r	23v	8v
51. Douce dame, prenez temps et loisir	132r	12r	12r	15r	6r
52. Douce dame, que j'aim tant et desir	121v	1v	1v	1v	1v
53. Douce dame, savoir ne puis n'oïr	146v	26r	43r	32r/32v	11r/11v
54. Douce dame, si loyaument conquis	129r	8v/9r	8v/9r	11r	4r
55. Douce dame, soiez toute seüre	127r	7r	7r	8v	3v/4r
56. Douce dame, tant vous aim et desir					
57. Douce dame, tant vous aim sans meffaire	130r	10r	10r	12v	4v
58. Douce dame, vo maniere jolie	130v/131r	10v/11r	10v/11r	13v	5r
59. Douce dame, vous occiez a tort	131v	11v	11v	14v	6r
60. Douce dame, vous savez que je n'ay	142v/143r	22r/22v	39r/39v	27v/28r	10r
61. Douce, plaisant, simple et sage		29v	46v	36v	12r
62. Douceur, charité ne confort					
63. Dou memoire des hommes desgradés		38r/38v	55r/55v	47v	15v
64. D'un cuer si fin et d'une amour si pure	144v	23v/24r	40v/41r	29v	10v
65. D'une si vraie volenté	143v	23r	40r	28v	10r
66. D'uns dous yex vairs, rians, fendus	134v	14r/14v	14r/14v	18r	7r
67. Emy! dame, comment puet endurer	141v	21r	38r	26v	9v
68. Emy! dolens, chetis, las, que feray	141v	21r	38r	26r	9v
69. *En cuer ma dame une vipere maint*		28v	45v	35r/35v	
70. En desespoir, dame, de vous me part		37v/38r	54v/55r	47r	15v
71. En haut penser, plein d'amoureus desir	121r	1r	1r	1r	1v
72. En lieu de ce que je puis deservir	142r/142v	21v/22r	38v/39r	27r	9v
73. En l'onneur de ma douce amour		32v	49v	40v	14v

M	A	G	J	K	H	Others	Chichmareff Item No.
182r	191v	55r	8v/9r	8r			C
186v	196r/196v	58v			112v		CXXXVIII
181v/182r	191v	54v/55r					XCVIII
178r	187v	52r	7v	7r	109r		LXVI
169r/169v	278v/279r				99v		X
194v	204r		12v				CXVII
187v	197r	59r	5v				CXLIV
178r	188r	52r			109v		LXIX
177v	187r	51v			108v		LXII
170r	179v				100r/100v		XV
172v	182r	48r	4r	3v	103r		XXXI
168r	177v	45r	1r	1r	98r		II
194r	203v						CXCV
196r/196v	205v/206r						CCX
207r	212r/212v	65v/66r					CCLXI
187r	196v/197r	58v/59r					CXLII
186v/187r	196v	58v	10v				CXXXIX
186r	195v	58r	10r				CXXXII
179r	188v/189r	52v/53r					LXXVI
168v	178r	45r/45v	1r/1v	1r/1v	98v		IV
193r	202v						CLXXXVII
175v/176r	185v	50v			106v/107r		XLIX
174r	183v	49r	4v		104v/105r		XLI
	213r	66v					CCLXVII
177r	186v	51r/51v	7r	6v	108r		LVIII
177v/178r	187v	52r			109r	Pen 30v; I 20v	LXV
178v	188r/188v	52v	7v/8r	7r			LXXIII
189r/189v	199r	60v	6v	6r			CLX
196v	206r		13v				CCXI
		66v/67r					CCLXXI
205v/206r	211v	65r					CCLIII
190v/191r	200v	61v					CLXXII
190r	199v	61r					CLXVI
181v	191r	54v	15v				XCIV
188r	197v/198r	59v	6r				CL
188r	197v	59v	6r				CXLIX
195v	205r						CCIV
205r/205v	210v/211r	64v/65r	15r				CCXLIX
168r	177v	45r	1r	1r	98r		I
188v/189r	198v	60r	6v	(5v)/6r			CLV
199v	216v	68v				Pen 48v	CCXXX

First Line	C	Vg	B	D	E
74. En remirant vo gracieus viaire	136r	16r/16v	16r/16v	20r/20v	7v/8r
75. Fueille ne flour ne verdure	123v	3v	3v	4r	2v
76. *Gais et jolis, liez, chantans et joieus*	126v/127r	6v/7r	6v/7r	8r/8v	
77. [Gent corps, faitis, cointe, apert et joli]	121v	1v	1v	1v/2r	1v
78. Gente de corps et tres belle de vis	144v	24r	41r	29v/30r	10v
79. Gentil dame de tres noble figure	319r	19r/19v	36r/36v	24r	8v
80. Gentil dame, douce, plaisant et sage	124r	4r	4r	4v/5r	2v
81. Grant merveille ont de ce que plus ne chant	127v	7v	7v	9r	4r
82. Hé! gentils cuers, loyaus, dous, debonnaire	136v/137r	17r	34r	21r	8r
83. Hé! gentils cuers, me convient il morir	126v	6v	6v	8r	3v
84. Helas! Amours, que vous ay je meffait	130r	10r	10r	12v	4v
85. Helas! Desirs, que me demandes tu	145v	24v/25r	41v/42r	30v/31r	10v/11r
86. Helas! dolens, que porray devenir (I)	137v	17v	34v	22r	8r
87. Helas! dolens, que porray devenir (II)	140r	20r	37r	24v/25r	9r
88. Helas! dolent, ma rose est mise en mue		30r	47r	37r/37v	12v
89. Helas! je sui de si male heure nez	129v/130r	9v/10r	9v/10r	12r	4v
90. Helas! mon cuer, bien le doy pleindre	136r/136v	16v	16v	20v	8r
91. Helas! pour quoy m'est bonne Amour si dure	141r	20v/21r	37v/38r	25v/26r	9v
92. Helas! pour quoy virent onques mi oueil	129v	9v	9v	11v/12r	4r/4v
93. Hé! mesdisans, com je vous doy haïr	138r	18r	35r	22v	8r
94. *Honte, paour, doubtance de meffaire*		28r	45r	34v/35r	
95. [Hui a .j. mois que je me departi]	143r	22v	39v	28r	10r
96. *Il m'est avis qu'il n'est dons de Nature*	146v/147r	26r	43r	32v	
97. Il ne m'est pas tant dou mal que j'endure (I)	147v	27r	44r	33v	11v
98. Il ne m'est pas tant dou mal que j'endure (II)					
99. Il n'est confors qui me peüst venir	132r	11v/12r	11v/12r	14v/15r	6r
100. [Il n'est doleur, desconfort ne tristece]	147v	26v/27r	43v/44r	33r/33v	11v
101. Ja Diex pooir ne me doint ne loisir	143v/144r	23r	40r	28v/29r	10r
102. J'aim mieux languir en estrange contrée					
103. J'aim tant ma dame et son bien et s'onneur	124r	4r	4r	4v	2v
104. J'aim trop mon cuer de ce qu'il m'a guerpy	144r/144v	23v	40v	29v	10v
105. Ja mais ne quier joie avoir	125r	5r	5r	6r/6v	3r
106. J'ay par lonc temps amé et ameray	133v	13v	13v	16v/17r	6v
107. Je di qu'il n'a en amours vraie et pure		37r	54r	45v/46r	15r
108. Je m'aim trop miex tous à paressillier	142v	22r	39r	27v	10r
109. Je maudi l'eure et le temps et le jour		29v	46v	37r	12v
110. *Je ne croy pas c'oncques à creature*	145r	24r/24v	41r/41v	30r	10v
111. Je ne fine nuit ne jour de penser	127r	7r	7r	8v	3v
112. Je ne sui pas de tel valour	122v	2v	2v	2v/3r	2r
113. Je pers mon temps et ma peine est perie		29r	46r	36r	12r
114. Je pren congié à dames, à amours					4r

M	A	G	J	K	H	Others	Chichmareff Item No.
183r/183v	193r	56r			109v		CX
170v	179v/180r	46v			100v/101r	Neuchâtel No. V	XVIII
173v/174r	183v				104v		XXXIX
168v	178r	45v	1v	1v	98v	Neuchâtel No. VII	V
191r	200v	61v					CLXXIII
186r	195v	58r					CXXXIII
171r	180v	47r	2v	2v	101v		XXI
174r/174v	184r	49r	4v		105r/105v		XLIV
184r	193v	56v	15v		110r/110v		CXV
173v	183r	48v	4v		104r/104v	Westm 30r; Neuchât. No. VI	XXXVII
177r	186v	51r	7r	6v	108r		LVII
191v/192r	201v	62r/62v	11r/11v				CLXXVIII
184v	194r/194v	57r			111r/111v		CXXI
187r	196v	58v					CXLI
197r	206v						CCXV
176v/177r	186v	51r			107v/108r		LVI
183v	193r	56r	9v	8v	109v/110r		CXI
187v/188r	197v	59r					CXLVI
176v	186r	50v/51r	7r	6r/6v	107v	Westm 30r	LIII
185r	194v/195r	57r/57v			111v/112r		CXXVII
195r	204v		13r			Pen 48v	CCI
189v	199r	60v					CLXI
193r	202v						CLXXXVIII
193v/194r	203v						CXCIII
	213r	66r					CCLXV
178v/179r	188v	52v					LXXIV
194r	203v		12v			Pen 29v/30r	CXCIV
190r	199v/200r	61r					CLXVII
	213r	66r/66v					CCLXVI
171r	180r/180v	46v/47r			101r/101v		XX
190r	200r/200v	61v	10v				CLXXI
172r	181v	47v	3v	3r/3v	102v		XXVIII
180v	190r	53v/54r					LXXXVIII
204v	210r	64r/64v	14v				CCXLII
189r	198v	60r/60v					CLVIII
196v	206r/206v		13v/14r				CCXIII
191r/191v	201r	62r	11r				CLXXV
174r	183v	49r			104v	Neuchâtel No. IX	XL
169v	179r	45v/46r	1v/2r	1v/2r	99v	Pen 31r; Neuchât. No. VIII	XI
196r	205v		13r/13v				CCIX
201r	207v/208r	63r/63v				Pen 34v	CCXXIII

First Line	C	Vg	B	D	E
115. *Je puis trop bien ma dame comparer*		28r/28v	45r/45v	35r	
116. La dolour ne puet remaindre	126r	6r	6r	7r/7v	3v
117. La grant douçour de vostre biauté fine	147r	26v	43v	32v/33r	11v
118. La loyauté, où mes cuers se norrist	124v	4v	4v	5v	3r
119. Langue poignant, aspre, amere et ague	147r	26r/26v	43r/43v	32v	11v
120. Las! Amours me soloit estre	129r/129v	9r/9v	9r/9v	11v	4r
121. Las! J'ay failli à mon tres dous desir	131v	11r/11v	11r/11v	14r	6r
122. Las! je voy bien que ma dame de pris	135v	15v	15v	19r	7v
123. Las! tant desir l'eure que je vous voie	130v	10v	10v	13r/13v	4v/5r
124. [Le bien de vous qui en bonté florit]	145v	25r	42r	31r	11r
125. Le grant desir que j'ay de repairier	124r/124v	4r	4r	5r	2v
126. Li dous parler, plein de toute douçour	142r	21v	38v	26v	9v
127. [Li plus grans biens qui me veingne d'amer]	145v	25r	42r	31r	11r
128. Loing de mon cuer et de ma douce amour	133r/133v	13r	13r	16v	6v
129. Loing de vous souvent souspir	125v	5v	5v	6v	3r
130. Loyal amour est de si grant noblesse		30v	47v	38r	12v
131. Ma dame a tout ce qu'il faut		33r/33v	50r/50v	41r/41v	14v/15r
132. Ma dame, n'aiez nul espoir	135v	15v	15v	19v	7v
133. Martyrez sui de l'amoureus martyre	142v	22r	39r	27r/27v	9v/10r
134. Maugré mon cuer me convient eslongier	133v	13r/13v	13r/13v	16v	6v
135. Mercy, merci de ma dure dolour	133v	13v	13v	17r	6v
136. Mes cuers ne puet à nulle riens penser	133r	13r	13r	16r/16v	6v
137. Mes dames c'onques ne vi		38r	55r	47r	15v
138. *Mes esperis se combat à Nature*					
139. Morray je dont sans avoir vostre amour		29v/30r	46v/47r	37r	12v
140. Ne cuidiés pas que li cuers ne me dueille	145r	24v	41v	30r/30v	10v
141. Ne cuidiez pas que d'amer me repente	138v	18v	35v	23r	8v
142. Ne pensés pas que je retraie	144v/145r	24r	41r	30r	10v
143. [Ne qu'on porroit les estoiles nombrer]		34v/35r	51v/52r	43r/43v	
144. N'est pas doleur qui me tient, eins est rage	133r	12v/13r	12v/13r	16r	6v
145. Nulle dolour ne se puet comparer	137v	17v	34v	21v/22r	8r
146. Nuls homs ne puet en amours pourfiter	134v	14v	14v	18r/18v	7r
147. Nuls homs ne puet plus loyaument amer		16r	16r	20r	7v
148. Nuls ne me doit d'ore en avant reprendre	130r/130v	10r/10v	10r/10v	12v/13r	4v
149. On dist souvent que longue demourée	123r	3r	3r	3v	2r
150. On ne doit pas croire en augure					
151. *On ne porroit penser ne souhaidier*	122r	2r	2r	2r	1v
152. On ne puet riens savoir si proprement	147r/147v	26v	43v	33r	11v
153. Onques dame ne fu si bele		33r	50r	41r	14v
154. Onques mes cuers ne senti		30v	47v	37v/38r	12v
155. On verroit maint amant desesperer	126v	6v	6v	8r	3v

M	A	G	J	K	H	Others	Chichmareff Item No.
195r/195v	205r						CCIII
173r	182r/182v	48r			103v		XXXIII
193v	203r						CXCI
171v	181r	47r/47v			102r		XXV
193v	203r		12r			Pen 83v; Westm 26r	CXC
176r/176v	186r	50v	6v/7r	6r	107r/107v	Neuchâtel No. XI	LII
178r/178v	188r	52r	7v	7r	109v		LXX
182v	192r	55r	9r	8r			CIII
177v	187r/187v	51v			108v/109r		LXIII
192r	201v	62v	11v/12r			Pen 67v	CLXXIX
171r	180v	47r	2v/3r	2v	101v		XXII
188v	198r	59v					CLII
192r	201v	62v	12r			Pen 66v/67r	CLXXX
180r	189v/190r	53v	8r/8v	7v			LXXXVI
172v	181v/182r	48r	4r	3v	103r	Neuchâtel No. XII	XXX
197v	207r						CCXIX
200r/200v	207v	63r	14v				CCXXII
182v	192r/192v	55v					CVI
189r	198v	60r					CLVI
180r/180v	190r	53v					LXXXVII
180v	190r	54r	8v	7v			LXXXIX
180r	189v	53v					LXXXIV
205v	211r	65r					CCL
206v/207r	212r						CCLVIII
197r	206v		14r				CCXIV
191v	201r	62r	11r				CLXXVI
185v	195r	57v					CXXIX
191r	200v/201r	61v/62r	10v/11r				CLXXIV
202r/202v	209r						CCXXXII
179v/180r	189v	53r/53v	8r	7v			LXXXIII
184v	194r	56v/57r			111r		CXIX
181v	191r/191v	54v	8v	7v/8r		Pen 30v	XCVI
183r	192v	55v	9r	8v			CVIII
177r/177v	187r	51v	7v	6v	108v		LXI
169v/170r	179r/179v	46r	2r/2v	2r	100r	Westm 26r	XIV
	212v	66r					CCLXIV
168v/169r	178r/178v				99r		VII
193v	203r/203v		12r/12v				CXCII
200r	207v	63r					CCXXI
197v	207r						CCXVIII
173v	183r/183v	48v/49r			104v		XXXVIII

First Line	C	Vg	B	D	E
156. Or voy je bien, ma dolour renouvelle	122v	2v	2v	3r	2r
157. Ou païs où ma dame maint	123r/123v	3r/3v	3r/3v	4r	2v
158. Peinnes, dolours, larmes, souspirs et plains	141r	21r	38r	26r	9v
159. Plaisant Accueil et Gracieus Attrait	136v	16v/17r	16v and 34r	20v/21r	8r
160. Plaisant dame de noble accueil	143v	23r	40r	28v	10r
161. Plaisant dame, je recueil plaisenment	136r	15v/16r	15v/16r	19v/20r	7v
162. [Plourez, dames, plourez vostre servant]		34r/34v	51r/51v	42v	
163. Pluseurs se sont repenti	136r	16r	16r	20r	7v
164. Plus qu'onques mais vous desir à veoir					
165. Pour Dieu, dame, n'amez autre que mi	142r	21v	38v	26v/27r	9v
166. Pour Dieu vous pri que de moy vous souveingne	126r	6r	6r	7v	3v
167. Près durer ne long garir	134r/134v	14r	14r	17v/18r	7r
168. Puis qu'Amours faut et Loyauté chancelle		38r	55r	47v	15v
169. Puis que Desirs ne me laisse durer	131v	11v	11v	14r/14v	6r
170. Puis que j'empris l'amer premierement	132r/132v	12r/12v	12r/12v	15r/15v	6r
171. Puis qu'Eürs est contraire à mon desir	136v	16v	16v	20v	8r
172. Quant de vous departiray	135r	15r	15r	19r	7v
173. Quant je commensay l'amer		37v	54v	45v	15v
174. [Quant ma dame est noble et de grant vaillance]		35v	52v	44r	15r
175. Quant vrais amans de sa dame se part		30r and 34r	47r and 51r	37v and 42r	12v
176. Qui des couleurs saroit à droit jugier					
177. Riens ne me puet anuier ne desplaire (I)	125v	5r/5v	5r/5v	6v	3r
178. Riens ne me puet annuier ne desplaire (II)					
179. Sans departir est en mon cuer entrée		37r	54r	46r/46v	15v
180. Se bons et biaus, plains de toute valour	148r/148v	27v	44v	34r/34v	11v/1?
181. Se Diex me doint de ma dame joïr	143r	22v	39v	28r	10r
182. Se faire say chanson desesperée	129v	9v	9v	12r	4v
183. Se j'ay esté de maniere volage	132v	12v	12v	15v	6r/6?
184. Se je me fusse envers Amours meffais	124v	4v	4v	5v	2v/3?
185. Se je n'avoie plaisance	126r/126v	6r	6r	7v	3v
186. Se je ne say que c'est joie d'amy	121v/122r	1v/2r	1v/2r	2r	1v
187. Se je vous aim de fin loyal corage		34v	51v	43r	15r
188. Selonc ce que j'aim chierement	139r	19v	36v	24r	8v/9?
189. Se ma dame me mescroit, c'est à tort	132v	12v	12v	15v/16r	6v
190. Se mes dous amis demeure	146r	25r/25v	42r/42v	31r/31v	11r
191. Se par amour ou par fiance	146v	25v/26r	42v/43r	32r	11r
192. Se pleins fusse de matiere joieuse	140v/141r	20v	37v	25v	9r/9?
193. Se pour ce muir, qu'Amours ay bien servi		37v	54v	46v/47r	
194. Se pour longue demourée	123r	3r	3r	3v/4r	2r/2?

34

M	A	G	J	K	H	Others	Chichmareff Item No.
169v	179r	46r	2r	2r	99v/100r		XII
170r/170v	179v	46r/46v	2v	2r/2v	100v		XVII
188r	197v	59r/59v	6r				CXLVII
183v/184r	193v	56r/56v			110r		CXIV
	199v	61r			190r		CLXV
182v/183r	192v	55v					CVII
201v/202r	208v						CCXXIX
183r	192v/193r	55v/56r	9v	8v	(109v)	Pen 83r/83v	CIX
		66v					CCLXX
188v	198r	59v/60r			(112v)		CLIII
173r	182v	48r/48v			103v		XXXIV
181r	190v/191r	54v					XCIII
205v	211r	65r	15r/15v				CCLII
178v	188r	52r/52v					LXXI
179r/179v	189r	53r	8r	7r/7v			LXXVII
183v	193r/193v	56r			110r		CXIII
182r	191v/192r	55r					CI
205r	210v	64v	14v/15r				CCXLVI
203r	209v	64r					CCXXXIX
197v and 201r/201v	206v/207r		14r				CCXVI
		67r				Pen 26r/26v	CCLXXII
172r/172v	181v	47v/48r	3v/4r	3v	102v/103r	Neuchâtel No. XXXV	XXIX
		66v					CCLXVIII
204v	210r/210v	64v					CCXLIV
194v	204r		12v/13r				CXCVIII
189v	199r/199v	60v					CLXII
176v	186r/186v	51r			107v	Neuchâtel No. XXXVII	LV
179v	189r	53r					LXXIX
71v	180v/181r	47r	3r	2v/3r	102r		XXIV
173r	182v	48v			104r		XXXV
168v	178r	45v			98v/99r	Neuchâtel No. XXXVI	VI
202r	209r	63v	16v				CCXXXI
186r	195v/196r	58r	10r/10v		112r/112v		CXXXV
179v	189r/189v	53r	15v/16r				LXXXI
192r/192v	201v/202r	62v					CLXXXI
192v/193r	202v	63r					CLXXXVI
187v	197r	59r					CXLV
205r	210v		15r				CCXLVIII
170r	179v	46r			100v		XVI

First Line	C	Vg	B	D	E
195. Seur tous amans me doy pleindre et loer	121r/121v	1r/1v	1r/1v	1v	1v
196. Se vo grandeur vers moy ne s'umilie					
197. Se vos regars, douce dame, n'estoit	122r	2r	2r	2v	2r
198. Si com je sueil ne puis joie mener	144r	23v	40v	29r	10v
199. Souvenirs fait maint amant resjoïr	124v	4v	4v	5r/5v	2v
200. Souvent me fait soupirer	125v/126r	5v/6r	5v/6r	7r	3r/3v
201. Tant ay perdu confort et esperence		28r	45r	35r	12r
202. Tant sui chetis, las et maleüreus	135v	15v	15v	19v	7v
203. Tenus me sui longuement de chanter	126v	6r/6v	6r/6v	7v/8r	3v
204. Tout ensement com le monde enlumine	148r	27r/27v	44r/44v	33v/34r	11v
205. Tout ensement que la rose à l'espine	122r	2r	2r	2r/2v	1v/2r
206. Tres douce dame debonnaire	139r/139v	19r	36r	23v	8v
207. Trop est crueus li maus de jalousie		9r	9r	11r/11v	4r
208. Trop me seroit grief chose à soustenir	129r	9r	9r	11r	4r
209. Trop ne me puis de bonne Amour loer					
210. Trop se peinne de mi mettre à la mort	143v	22v/23r	39v/40r	28v	
211. Un dous regart par desir savouré	134v	14v	14v	18r	7r
212. [Veoir n'oïr ne puis riens qui destourne]		35r/35v	52r/52v	44r	
213. Vo dous gracieus samblant	134r	14r	14r	17v	7r

BALLADE DOUBLE

214. Dame plaisant, nette et pure	124v/125r	4v/5r	4v/5r	5v/6r	3r

RONDEAUX

215. Amis, comment que m'aiez en oubli					
216. Au departir de vous mon cuer vous lais	130r	10r	10r	12v	16r
217. Biauté, douceur et maniere jolie		38r	55r	47r	17r
218. Blanche com lis, plus que rose vermeille	132v/133r	12v	12v	16r	16r
219. *Certes, mon oueil richement visa bel*		35r	52r	43r	
220. Cuer, corps, pooir, desir, vie et usage	132v	12v	12v	15v	16r
221. Dame, de moy tres loyaument amée	144r	23v	40v	29r	16v
222. Dame, je muir pour vous, com pris	134v	14v	14v	18v	16r
223. Dame, lonteins de vostre noble atour	139r	19v	36v	24r	16v
224. Dame, pour moy desconfire	135r/135v	15r	15r	19r	16v
225. Dame, qui veult vostre droit nom savoir		lost	309v		135r
226. De morir sui pour vous en grant paour	143r/143v	22v	39v	28r/28v	16v
227. De moy ferez toute joie eslongier	142r	21v	38v	27r	16v
228. De plus en plus ma grief dolour empire	142v	22r	39r	27v	16v
229. De vous servir loyaument et amer	132v	12v	12v	15v	16r
230. De vraie amour, loyal et affinée	133r	13r	13r	16v	16r

M	A	G	J	K	H	Others	Chichmareff Item No.
168r/168v	177v/178r	45r			98r/98v		III
	212v	66r					CCLXIII
169r	278v	45v	1v	1v	99r	Westm 25r	IX
190v	200r	61v					CLXX
171r/171v	180v	47r	3r	2v	101v/102r		XXIII
172v	182r	48r	4r/4v	3v/(4r)	103r/103v		XXXII
195r	204v/205r		16r				CCII
182v	192r	55v	9r	8r/8v			CV
173r/173v	182v/183r	48v			104r		XXXVI
194r/194v	203v/204r						CXCVI
169r	178v	45v			99r		VIII
186v	196r	58r			112r		CXXXVI
176r	185v/186r	50v			107r	Pen 30r	LI
176r	185v	50v			107r	Pen 39r	L
201r	208r	63v					CCXXV
189v/190r	199v	60v/61r					CLXIV
181v	191r	54v					XCV
202v/203r	209v	64r					CCXXXVIII
181r	190v	54r/54v					XCII
171v/172r	181r/181v	47v	3r/3v	3r	102r/102v	Pen 29v	XXVI
201r	208r	63v					CCXXIV
177r	187r	51v			108v		LX
203r and 205v	209v and 211r	64r					CCXL
179v	189v	53r				Pen 30r	LXXXII
202v	209r					I 37r	CCXXXIV
179v	189r	53r				Pen 30r	LXXX
190v	200r	61r					CLXVIII
181v	191v	54v				Pen 30v	XCVII
186r	195v	58r					CXXXIV
182r	192r	55r					CII
245r		153v					Vol. II, p. 575
189v	199v	60v					CLXIII
188v	198r	60r					CLIV
189r	198v	60r				Pen 33r	CLVII
179v	189r	53r		7v			LXXVIII
180r	189v	53v					LXXXV

First Line	C	Vg	B	D	E
231. Douce dame, cointe, aperte et jolie					
232. Douce dame, quant vers vous fausseray	130v	10v	10v	13v	16r
233. *Douce dame, tant com vivray*		35r	52r	43v	17r
234. En souspirant vueil a Dieu commander	137v	17v	34v	22r	16v
235. Faites mon cuer tout à .i. cop morir	138r	18r	35r	22r/22v	16v
236. Gentils cuers, souveingne vous	125r	5r	5r	6r	16r
237. Helas! dolens, or vueil je bien morir	136v	16v	16v	20v	16r/16v
238. Helas! pour ce que Fortune m'est dure	147r	26r	43r	32v	16v
239. Je ne porroie en servant desservir		38r	55r	47r/47v	17r
240. La grant ardeur de mon plaisant desir	135r	15r	15r	18v	16r
241. Li cuers me tramble et la char me tressue	135v	15v	15v	19r/19v	16r
242. Loiaus pensers et desirs deliteus	130r	10r	10r	12v	16r
243. Ma dame a qui sui donné ligement		37r/37v	54r/54v	46v	17r
244. Mi mal seront dous, plaisant et legier					
245. Mon cuer, m'amour, ma déesse, m'amie					
246. Mon cuer, qui mis en vous son desir a	131r	11r	11r	13v	16r
247. Où loyauté ne repaire	129v	9v	9v	12r	16r
248. Par souhaidier est mes corps avec vous	137v/138r	18r	35r	22r	16v
249. Partuez moy à l'ouvrir de vos yex	137v	17v	34v	21v	16v
250. Pour Dieu, dame, n'amés autre que my		29r	46r	36r	17r
251. Pour Dieu, frans cuers, soies mes advocas	146r	25v	42v	31v	16v
252. Puis que Desirs me vuet dou tout grever	131v	11v	11v	14v	16r
253. Puisqu'en douceur vos gentils cuers se mue					
254. Quant Colette Colet colie		35r	52r	43v	17r
255. Quant j'aproche vo dous viaire cler	138r	18r	35r	22r	16v
256. Quant je me depars dou manoir		35r	52r	43v	17r
257. Quant je ne voy ma dame n'oy (I)					
258. *Quant je ne voy ma dame n'oy (II)*					
259. Quant je vous voi autre de mi amer		29r	46r	36r	16v
260. Quant je vous voy crier: "à l'arme"	137v	17v/18r	34v/35r	22r	16v
261. *Quant ma dame les maulz d'amer m'aprent*					
262. Quant ma dame ne m'a recongneü	142r	21v	38v	26v	16v
263. Qui sert, se faire vuet à point					
264. [*Sans cuer, dolens de vous departiray*]	141r/141v	21r	38r	26v	
265. Se j'avoie coraige de fausser	146v	25v	42v	32r	16v
266. Se je vous ay riens meffait	127v	7r	7r	9r	16r
267. Se li espoirs qui maint en moy ne ment					
268. Se par amours n'amiés autrui ne moy		29r	46r	36r	16v/17r
269. Se tenir vues le droit chemin d'onneur		36v/37r	53v/54r	45v	17r
270. Se vos courrous me dure longuement (I)	131r	11r	11r	13v/14r	16r
271. Se vos courrous me dure longuement (II)		37v	54v	46v	

M	A	G	J	K	H	Others	Chichmareff Item No.
201r	208r	63v					CCXXVI
177v	187v	51v			109r	Pen 29r and 39r	LXIV
202v	209r/209v						CCXXXV
184v	194r	57r			111r		CXX
185r	194v	57r			111v		CXXV
172r	181v	47v		3r	102v		XXVII
183v	193r	56r		8v/(9r)	110r		CXII
193r	203r						CLXXXIX
	211r	65r				Pen 38v	CCLI
182r	191v	55r					XCIX
182v	192r	55r/55v		8r			CIV
177r	187r	51v			108r/108v		LIX
04v/205r	210v	64v					CCXLV
207r	212r	65v					CCLIX
206v	212r	65v					CCLV
178r	187v	52r			109r	Pen 29v	LXVII
176v	186r	51r		6v	107v		LIV
185r	194v	57r			111v	Pen 31v	CXXIII
184v	194r	56v			111r	Pen 30v/31r	CXVIII
196r	205v						CCVIII
192v	202r	62v				Pen 33v	CLXXXIII
178v	188r	52v					LXXII
206v	212r	65v					CCLVI
202v	209v	64r					CCXXXVII
185r	194v	57r			111v		CXCIV
202v	209v	64r					CCXXXVI
207r	212r						CCLX
		66v					CCLXIX
196r	205v						CCVI
84v/185r	194v	57r			111v		CXXII
207r							Vol. II, p. 576
188v	198r	59v				Pen 32v	CLI
207r	212v	66r					CCLXII
188r	197v	59v			112v	Pen 32r	CXLVIII
192v	202r/202v	63r					CLXXXV
174r	184r	49r			105r		XLIII
206v	212r	65v					CCLVII
196r	205v						CCVII
84r/204v	209v/210r	64r				Pen 34v/35r	CCXLI
178r	187v	52r			109r/109v		LXVIII
205r	210v	64v				Pen 37r	CCXLVII

First Line	C	Vg	B	D	E
272. S'il me convient morir par desirer	142v	22r	39r	27v	16v
273. Trop est mauvais mes cuers qu'en .ij. ne part	138r	18r	35r	22v	16v
274. Vueilliez avoir de moy le souvenir	137r	17r	34r	21r	16v

VIRELAIS

	C	Vg	B	D	E
275. [Cils a bien fole pensée]	157v	329v	327v		162v/163
276. Dame, le doulz souvenir	156v/157r	329r	327r		163v/164
277. [Je ne me puis saouler]		333v	330v		
278. [L'ueil qui est li droit archier]		333v/334r	330v/331r		
279. [Plus belle que li biau jour]		334r	331r		
280. Se Loyauté m'est amie	157r/157v	329r	327r		164r
281. *Tres bonne et belle, mi oueil*		28v/29r	45v/46r	35v/36r	

"DIT NOTABLE"

	C	Vg	B	D	E
282. Dire scens et folie faire		35r	52r	43v	17r

M	A	G	J	K	H	Others	Chichmareff Item No.
189r	198v/199r	60v					CLIX
185r	194v	57r			111v	Pen 31v	CXXVI
184r	193v	56v			110v		CXVI
251r/251v	489r	159v				Pen 69v/70r	Vol. II, 610-611
250v	488r/488v	159r					Vol.II, 607-608
254r	493r	162v				Pen 71r/71v	Vol. II, 625-626
254r/254v	493r/493v	162v/163r				Pen 70v	Vol. II, 626-628
254v	493v	163r				Pen 70v/71r	Vol. II, 628-629
250v/251r	488v	159r/159v					Vol. II, 608-609
195v/196r	205r/205v						CCV
202v	209r	63v/64r					CCXXXIII

First Line	C	Vg	B	E	A
BALLADES					
1 (14) Amours me fait desirer	186v	306r	304r	152r and 155r	463v
2 (29) Dame, comment qu'amés de vous ne soie	164v/165r	304r	302r	154r	462v
3 (37) Dame, ne regardez pas	161v	300v	298v	154v/155r	459r
4 (42) Dame, se vous n'estes lonteinne					473v
5 (45) De Fortune me doy plaindre et loer	200r/200v	308v	306v	150v/151r	465v/466r
6 (69) En cuer ma dame une vipere maint		310v	308v	148r	467v
7 (76) Gais et jolis, liez, chantans et joieus		315v	314v	153v	472v
8 (94) Honte, paour, doubtance de meffaire		309v	307v	151v/152r	466v
9 (96) Il m'est avis qu'il n'est dons de Nature	204r	307v/308r	305v/306r	149r	464v/465r
10 (110) Je ne croy pas c'onques à creature	163v/164r	303r	301r	147v	461v
11 (115) Je puis trop bien ma dame comparer		311r	310r	148v	468r
12 (138) Mes esperis se combat à Nature				149v/150r	
13 (143) [Ne qu'on porroit les estoiles nombrer]		314r	313r	[178r]	471r
14 (151) On ne porroit penser ne souhaidier	158v/159r	297v	295v	148v	455r
15 (162) [Plourez, dames, plourez vostre servant]		313v	312v	[173r]	470v
16 (193) [Se pour ce muir, qu'Amours ay bien servi]		316r	315r	[203v]	472v/473r
RONDEAUX					
17 (219) Certes, mon oueil richement visa bel		lost	309v	135r	480r/480v
18 (233) Douce dame, tant com vivray					481r
19 (258) Quant je ne voy ma dame n'oy				141r	
20 (261) Quant ma dame les maulz d'amer m'apprent				137r	480v/481r
21 (264) [Sans cuer, dolens de vous departiray]	204v	317r	316r	146r	476v
VIRELAI					
22 (281) Tres bonne et belle, mi oueil		330v	328v	161v/162r	489v/490r

APPENDIX

BALLADE SET BY A. de CASERTA

(21) Biauté parfaite et bonté souvereinne

G	Morg	Other sources with music	Further sources but without music	Schrade ed. Vol. III, page no.
140v			M 240r	92-93
139v/140r			M 239r/239v	87
137v			M 238v	80
147r			M 243r/243v	132
142r	223(214)	PR 64v; Ch 49; [Str 66v] ; [Trém 21]	M 240v/241r; Pen 52v; JdePl 65v	101-103
143v			M 241v; Pen 49v; Westm 23r	110-111
147v		PR 65; Mod 30v	M 243r; Pen 55v; Westm 16r	128-129
142v/143r		FP 76; [Trém 30] ; [Fa 58r/58v]	M 241r; Westm 22v; I 20r	106-107
141v/142r		PR 69v	M 240v	98-100
139r			M 239r	85
143v/144r			M 241v; Pen 50r; JdePl 65v	112-113
149r			JdePl 65r; I 19r	134-135
145v/146r			M 242v; Pen 70r	122-123
134v/135r			M 237v	72-73
145v			I 18v/19r; M 242v; U 37 39r	120-121
147v/148r			M 243r	130-131
153r			M 245r; Pen 34r; JdePl 69r	158-159
154r			M 245r; Pen 34r; JdePl 141v; Stockh 141v	163
154r				164-165
153v			M 245r; Pen 52r	162
150v			M 244r	144
160r/160v			M 251v/252r; Pen 69r/69v	182
		PR 46v; Mod 14r		

LA LOUANGE DES DAMES

1

A, f.211v

Amis, je t'ay tant amé et cheri
Qu'en toy amant me cuidoie sauver.
Lasse! dolente, et je ne puis en ti
N'en ton dur cuer nulle douceur trouver.
Pour ce de moy vueil hors joie bouter
Et renoier Amours d'ore en avant,
Sa loy, son fait et son fauls convenant,
Quant tu portes sous viaire de fée
Cuer de marbre couronné d'aÿmant,
Ourlé de fer, à la pointe asserée.

11. Quant ta biauté mon cuer en moy ravi,
    Amours me volt si fort enamourer
    De ton gent corps cointe, apert et joli
    Que puis ne pos autre que toy amer.
    Or ne me vues oïr ne resgarder.
    Si n'ameray ja mais en mon vivant
    Ne fiance n'aray en nul amant,
    Ne priseray, se bien sui avisée,
    Cuer de marbre couronné d'aÿmant,
    Ourlé de fer, à la pointe asserée.

21. Si je me plein et di souvent: "aimi!",
    Qu'en puis je mais? Ne doy je bien plourer?
    Car je n'ay pas la peinne desservi
    Qu'il me convient souffrir et endurer.
    Elle me fait trambler et tressuer,
    Taindre, palir, fremir en tressaillant,
    Quant pour ma mort voy en corps si vaillant
    Ouvertement, de fait et de pensée,
    Cuer de marbre couronné d'aÿmant,
    Ourlé de fer, à la pointe asserée.

31. Honteuse sui, quant je parole einsi,
    Et laidure est seulement dou penser,
    Qu'il n'apartient que dame à son ami
    Doie mercy ne grace demander;
    Car dame doit en riant refuser
    Et amis doit prier en souspirant,
    Et je te pri souvent et en plourant.
    Mais en toy truis, quant plus sui esplourée,
    Cuer de marbre couronné d'aÿmant,
    Ourlé de fer, à la pointe asserée.

41. Si ne te quier ja mais faire depri
    N'Amours servir, oubeir ne loer,
    Puis que raisons et mesure en oubli
    Sont, où tuit bien [deüssent] habiter.
    Et voist ainsi comme il porra aler,
    Qu'amours et toy et joie à Dieu commant.
    Et nonpourquant je vueil en ton commant
    Estre et fuïr, tant com j'aray durée,
    Cuer de marbre couronné d'aÿmant,
    Ourlé de fer, à la pointe asserée.

L'ENVOY

51. Princes, onques ne vi fors maintenant
    Amant à cuer plus dur qu'un dyamant,
    Ourlé de fer, à la pointe asserée.

2

Vg, f.7v/8r

Amours me fait desirer loyaument
Si grant honneur, qu'assez plus chier l'aroie
Qu'avoir trestout le monde quittement,
Et encor plus, se plus avoir pooie:
C'est que mercy puisse avoir par amer.
Mais le forfait de si haut desirer
Vuet penre Amours, qu'elle vuet que j'endure
Autant de peinne et de male aventure
Com mes desirs à joie avoir s'estent;
Et s'ont esté par son consentement
Tuit mi desir fait en loyauté pure.

12. Et quant je say et voy apertement
    Qu'à tout le mont puis comparer la joie
    Que je desir, je puis bien le tourment
    Que bonne Amour pour ma dame m'envoie,
    Ce m'est avis, à tous maus comparer;
    Car cuers humeins ne le porroit penser:
    Eürs me fuit, Pitez n'a de moy cure,
    Joie me faut, Scens, Raisons et Mesure,
    N'il ne m'est riens remés, fors seulement
    Un souvenir qui dolereusement
    Est engendrez pour ma desconfiture.

23. Cil souvenirs me ramentoit souvent
Le dous viaire et la maniere coie
Dont je ne puis attraire aligement.
Helas! dolans, c'est ce qui me desvoie
Et qui me fait dou tout desconforter;
Car li pensers fait ma doleur doubler,
Et mon desir croistre en ardeur qui dure,
Et esperer qu'adès me sera dure
Celle que je comper si chierement,
Que cuers me faut et mes corps se desment,
Quant sans pité voy sa douce figure.

34. Et c'est raisons, qu'onques mais vraiement
Dame n'Amours, à qui mes cuers s'ottroie,
Ne firent leur pooir plus asprement
D'autrui dolour croistre con de la moie,
S'il ne le voloient dont partuer;
Et encore miex vaurroit il definer
Que vif languir en langueur si obscure
Com je languy, car pleins sui d'une arsure
Qui tout me seche et me met à nient,
Si que j'en pers force et entendement,
Si croy qu'Amours en ce se desnature.

45. Quant je la serf si amoureusement
Que mille fois miex morir ameroie,
S'estre pooit, que tous siens ligement
Ne soie adès, en quel lieu que je soie.
Et se me fait tant de peinne endurer
Qu'à grant peinne puis je mais souspirer;
Et par defaut d'amoureuse pasture
Est defaillie en moy toute nature,
Par la vertu d'un desir qui m'esprent,
Fors tant qu'adès aim je desiramment
Ce qui me het seur toute creature.

L'ENVOY
56. Princes d'amours, n'ay nulle norriture,
Fors tant qu'adès reçoy je liement
Mes maus, pour ce que ma dame au corps gent
S'i resjoïst et prent envoiseüre.

9. Car je sui si mis à desconfiture
Pour Loiauté et Amours maintenir
Qu'en monde n'a si dure creature,
S'elle savoit quels mauls j'ay à sentir,
Que grant pité n'eüst de moy veïr;
Car en servant Amours m'ont si usé
Qu'en mon corps n'a riens d'entier demouré
Dont je peüsse autre jamais servir.

17. Et s'ay toudis, quel dolour que j'endure,
Desir d'amer et voloir de souffrir;
Car Loyauté et Amours m'ont en cure,
Et d'autre part me redist, sans mentir,
Raisons qu'il vaut miex [mille] fois perir
Com vrais amis, par pure loyauté,
Que recevoir mercy par fausseté.
Et je la croy: si m'en convient morir.

25. Mais se celle que j'aim outre mesure
Se daingnoit tant à mon bien consentir
Que de sa tres douce regardeüre
Fusse veüz, eins que doie fenir,
De ce grant part aroie que desir
Que j'eüsse, lonc temps a, eschevé,
S'en li eüst tant pité com biauté.
Mais pas n'i est, dont moult souvent soupir.

33. Et s'elle vuet vers moy estre si dure
Que d'un regart ne me vueille enrichir,
A tout le meins la tres grief mort obscure,
Que j'ay pour li, deingne penre en plaisir.
Et se c'est trop de tel don requerir,
Rage d'amours le fait qui m'a outré.
Et malades, quoy qu'il soit, de santé,
Prent volentiers ce dont il a desir.

L'ENVOY
41. Princes, vueillez ma chanson retenir,
Qu'à ma dame ne l'ay pas presenté,
Car tant me het que l'eüst refusé.
Pour ce vous pri que li faciés oïr.

3
Vg, f.8r

Cuers où mercy faut et cruautez dure,
Dont il ne puet pour moy pité issir,
Yex decevans, biau corps, douce figure,
Vraie biauté pour cuer d'amant ravir
M'ont pour amer fait si lonc temps languir
Qu'Amours depri que, s'elle a volenté
De moy donner mercy pour ma grieté,
Reteingne la, car je n'en puis garir.

4
Vg, f.8r/8v

Je croy que nuls fors moy n'a tel nature
Qu'il puist amer ce dont il est haïs;
Mais j'aim et vueil ce qui n'a de moy cure
Si fermement qu'onques mais nuls amis,
Tant fust amez, n'ama plus loyaument,
Qu'en fait n'en dit n'en penser n'en talent
Je n'os voloir onques jour de ma vie
Que je faussace à ma douce anemie.

OPENING OF THE *LOUANGE DES DAMES*

('Les Balades ou il n'a point de chant')

Paris, B.N., f.fr. 1584, f. 177v

9. Ains l'ay [amée] d'amour vraie et seüre,
   D'umble voloir, com fins loiaus sougis,
   N'onques vers li je ne pensay laidure,
   Tant fust mes cuers de doleur entrepris,
   Ne ne feray, pour mal ne pour tourment.
   Las! or me het, je le say vraiement.
   Pour ce li pri que temprement m'ocie;
   Mais non fera, pour ce que je l'en prie.

17. Car, pour m'i plus mettre à desconfiture,
    Il plaist à li que je languisse vis
    En desconfort et en ardeur obscure,
    Sans cuers, sans joie, et que je soie fis
    Que ja de li n'aray aligement,
    Ne riens qui lie face mon cuer dolent;
    Et sans espoir vuet que tous jours mendie
    De tous les biens qu'amis reçoit d'amie.

25. Las! et Amours, pour qui tant mal endure
    Que je sans mort n'en cuit estre garis,
    M'a oublié; Loyauté et Droiture
    Faillent pour moy, et ma dame au cler vis
    Ne laist mon cuer vivre joieusement
    Ne ne le vuet occire, einsois l'esprent
    De bien amer, si que sans tricherie
    Sera de moy honnourée et chierie.

33. Las! si ne say où prendre envoiseüre,
    Qu'Amours me het et ma dame de pris
    Me promet bien qu'elle me sera dure,
    Plus que ne suet, et que de mal en pis
    Aray de ly; mais je vueil liement
    Son dous voloir endurer humblement,
    Voire, et morir de ma grief maladie,
    Se par ma mort puet estre en gré servie.

L'ENVOY

41. Merci vous pri, douce dame jolie,
    Que vous faciez à vo commandement
    De moy, qui sui vostres si ligement
    Que pour vous vueil morir à chiere lie.

10. Et nonpourquant je l'aim si sagement
    Qu'on ne porroit plus sagement amer,
    Ce m'est avis; car se son corps le gent
    A mon voloir pooie remirer
    Et vis à vis mes dolours demoustrer
    Ou dire à li par autrui mon voloir,
    Ce me porroit honnir et decevoir,
    Et mettre ad ce qu'avant mes jours morroie
    Ou que veoir jamais ne l'oseroie.

19. Car je l'aim tant et si desiramment
    Qu'adès vorroie aveuc li demourer
    Et son parler, dont tel douceur descent
    Qu'autre douceur ne s'i puet comparer,
    Toudis oïr; ne mes yex saouler
    Ne porroie jamais de li veoir.
    Si s'en porroit aucuns apercevoir
    Et mesdire, dont tost perdre porroie
    Mon cuer, m'amour, m'esperence et ma joie.

28. Dont me vaut miex amer celéement
    Et mes doleurs humblement endurer,
    En atendant mort ou aligement
    D'Amours qui tant me scet nuire et grever,
    Que tout perdre par maisement celer.
    Si l'amerai, sans partir ne mouvoir,
    De cuer, de corps, de penser, de pooir,
    Tout mon vivant, sans ce que j'en recroie,
    Et encor plus, se plus vivre pooie.

37. Si pri Amours, qui scet que loyaument
    Et longuement l'ay servi, sans fausser,
    Et serf encor de si vray sentement
    Que tous me vueil en son service user,
    Qu'elle pité face en ma dame ouvrer,
    Tant que mercy en puisse recevoir,
    Ou que la mort me face tost avoir;
    Car, par m'ame, s'à sa merci failloie
    Devant la mort nulle riens ne vaurroie.

L'ENVOY

46. Princes, priez bonne Amour qu'elle m'oie,
    Si que de li ne soie en nonchaloir,
    Car je ne vueil ne desir autre avoir,
    Fors tant, sans plus, que mors ou amez soie.

5

Vg, f.3v/4r

Onques mais nuls n'ama si folement
Com j'ay amé et com j'aim, sans cesser,
Qu'aler ne puis vers ma dame souvent,
Et quant je y sui, à li ne puis parler,
Ne je ne l'os veoir ne regarder.
Et miex morir ameroie, pour voir,
Que par autrui li feïsse savoir
Comment je l'aim, car trop me mefferoie,
Se de m'amour en autrui me fioie.

Vg, f.17r/17v

Se loyautez a vertus, ne puissance,
Ne bien servir, ne celer sagement,
N'amer de cuer en pure oubeissance,
Ne redoubter, n'endurer humblement,
Bien me devroit venir aligement,
Car par ces sept ay ma dame servie
Et serviray tous les jours de ma vie.
Mais tant ne puis envers li desservir
Qu'à son ami me vueille retenir.

10. En li servir voy ma mort qui s'avance
Sans nul retour, se pité ne l'en prent,
Car je ne puis, sans avoir aligence,
Ma grant dolour endurer longuement.
Einsi use ma vie en grief tourment,
Car mes fins cuers se tient de sa maisnie
Et je say bien qu'elle ne le vuet mie;
Einsois m'estuet tout seuls, [sans] cuer, languir,
Car je n'en puis ne tant ne quant joïr.

19. S'elle m'ocist, c'iert pechiez et enfance,
Puis que je l'aim sans nul decevement;
Et s'elle vuet de moy penre vengance,
Bien vueil morir pour faire son talent;
Car je ne puis morir plus doucement,
S'il plaist Amours, que pour amer m'ocie.
Mais ma dame est de tous biens si garnie,
Car à nul fuer ne me feroit morir,
S'Amours n'estoit contraire à mon desir.

28. Sa grant douçour me tient en esperence,
Et c'est raison, que j'ay parfaitement
Dedens mon cuer la fine ramembrance
De sa façon, où de biauté a tant
Que riens n'i faut fors merci seulement.
Mais en li est dou tout pour moy faillie,
Car je la truis toudis apparillie
De refuser, quant je li vueil jehir
La grant dolour qu'elle me fait sentir.

37. Et nonpourquant n'en face nuls doubtance,
Je l'ameray de cuer sans finement;
Car fins amis, qui est de tel vaillance
Qu'il ha son cuer assis si finement,
Ne doit penser nulle riens, fors comment
La grant douceur d'Amours soit desservie,
Qu'en po de temps est Amours si changie
Que son ami puet de joie enrichir
Plus .v^c. fois qu'il n'en puet soustenir.

46. Dame, en qui j'ay mis toute ma fiance,
A vous complaing mes dous maus en chantant,
Car je ne puis mon mal ne ma pesence
Ne ma dolour descouvrir autrement.
Mais je vous pri, douce dame plaisent,
Que de vous soit ceste chanson oïe:
Si en sera en tous lieus miex prisie,
Et si sarez comment j'aim et desir
Vous, à qui sui donnez sans repentir.

Vg, f.8v

Se trestuit cil qui sont et ont esté
Et qui seront estoient en acort
Qu'il vosissent descrire la grieté
Et la doleur que couvertement port,
Je sui certeins que en toute leur vie
N'en diroient la milliemme partie;
Car il n'est cuers qui le peüst penser,
N'entendemens humeins considerer
Ne le porroit ne savoir proprement,
Et tout pour ce que j'aim trop loyaument.

11. Car Meseürs m'a mis et enserré
En crueus laz de Fortune si fort
Que je me sens nu et desherité
De tous les biens, sans recevoir confort.
Toute tristece est en mon cuer fichie
Et par li est toute dolour norrie
En moy, n'Amours ne me vuet partuer,
Einsois me fait vif languissant durer,
Pour moy faire plus peinne et plus tourment,
Sans esperer mercy n'aligement.

21. Ne ma dame n'en a nulle pité,
Et si scet bien que je langui à tort
Pour li que j'aim sans nulle fausseté;
Dont tel doleur prent en moy son ressort
Que ma joie morte en est et fenie.
Et par ce say qu'elle ne m'aime mie;
Car ses frans cuers, qu'on ne puet trop loer,
Riens qu'il amast ne lairoit demourer
En la doleur dont je cuit vraiement
Morir pour li tres dolereusement.

31. Helas! pour quoy vi je onques sa biauté,
Son corps faitis ne son gracieus port,
Ne son dous vis riant, fres, coulouré,
Ne ses vairs yex qui mené à tel port
M'ont que bien say que ma nef est perie?
Car confort n'ay de riens qui soit, n'aÿe,
Fors de moy seul, ne mes cuers demourer
Ne deingne en moy; si ne puis eschaper
Qu'outre le gré d'Amours n'aie briefment
La mort que j'ay desiré longuement.

41. Et se je suis par la grant cruauté
    De ma dame menez jusqu'à la mort,
    Miex me vaurra que vivre en tel durté,
    Qu'entendement, sens, maniere et deport
    Ay tous perdus; et com plus me humelie,
    De tant croist plus la dure maladie
    Qui m'art et seche et me fait esperer
    Qu'Amours n'a pas pooir de moy donner
    Mercy: tant sui je outrez crueusement
    De la doleur que j'endure humblement.

L'ENVOY

51. Princes, veuillez d'un chapel de soucie,
    [Flourie de plours et boutonné d'amer,]
    Moy et mon chant, s'il vous plaist coronner,
    Pour moy faire plus triste et plus dolent,
    Car bien affiert à moy si fait present.

8

Vg, f.29v

Amis, je t'aporte nouvelle
Qui est douce, plaisant et [lie],
3. C'est le cuer et l'amour de celle
Que tu aras en ta baillie,
5. Par honneur, je n'en [doubte] mie,
S'à toy ne tient; or te conseille,
Qu'en ce monde n'a sa pareille.

8. Elle est tres bonne, et s'est tres bele
Et s'est de tres haute lignie;
10. De toutes vertuz est ancelle,
Tous biens ha que Nature ottrie:
12. Juene est, gente, gaie et jolie,
Et tant douce, blanche et vermeille
Qu'en ce monde n'a sa pareille.

15. Et scez tu, comment on l'apelle?
.xiij., .v. double, .j. avec lie,
17. Et .viij. et .ix. ; ce te resvelle
Son nom. Amis, or estudie.
19. Mais se ses meurs scez et sa vie,
Tu diras, se tes cuers y veille,
Qu'en ce monde n'a sa pareille.

9

Vg, f.30v

Amis, mon cuer et toute ma pensée
Et mi desir sont en vous seulement.
3. Amis, avoir ne puis lie journée,
Quant ne vous voy; mais sachiés vraiement
5. Que loing et près tres amoureusement,
De loyal cuer, sans penser tricherie,
Vous ameray tous les jours de ma vie.

8. Honneur, vaillance et bonne renommée,
Grace, biauté sont en vostre corps gent,
10. Dont je me sent si hautement parée,
Car plus de bien n'ay n'autre esbatement.
12. Tuit mi penser sont mis entierement
En vostre bien; et pour ce, quoy c'on die,
Vous ameray tous les [jours] de ma vie.

15. Et quant à vous entierement [donnée]
Sui sans partir, amés moy loyaument,
17. Tres dous amis; si seray confortée
De tous mes maus et vivray liement.
19. Et par ma foy, s'il estoit autrement,
Pechiés seroit, quant de vrai cuer d'amie
Vous ameray tous les jours de ma vie.

10

B, f.33or

Amis, sans toy tout m'anoie
Si tres fort
3. Qu'en riens n'ay soulas ne joie
Ne confort,
5. Car l'anoy que pour toy port,
Amis, m'occirra, se croy,
Se temprement ne te voy.

8. Amis, se je te veoie,
Grant deport
10. Et grant deduit y penroie;
Desconfort
12. Seroient en mon cuer mort.
Mais trop soufferay d'anoy,
Se temprement ne te voy.

15. Amis, je n'ay tour ne voie
Qui m'aport
17. Riens dont mes cuers se resjoie.
C'est à tort
19. Que joie einssy pour moy dort,
Quant pour toy suy en tel ploy,
Se temprement ne te voy.

Amis, si parfaitement
   Sui à vous donnée
3. Que c'est sans department
   Et sans decevrée,
5. Ne, tant com j'aray durée,
Mes cuers ailleurs ne sera;
Et s'il est autre qui bée
A m'amour, il y faurra.

9. Car si amoureusement
   Sui enamourée
11. De vo gracieux corps gent,
   Qui seur tous m'agrée,
13. Que pour creature née
Mes fins cuers ne vous laira;
Et s'il est autre qui bée
A m'amour, il y faurra.

17. Si qu', amis, certainnement
   Toute ma pensée
19. Et m'amour entierement
   Est en vous fermée,
21. Ne pour longue demourée
Mes cuers ne se cangera;
Et s'il est autre qui bée
[A m'amour], il y faurra.

Amis, vostre demourée
Fait mon cuer pleindre et doloir
3. Com dolente et esplourée,
Quant je ne vous puis veoir;
5. Et selonc l'amour, pour voir,
Dont je vous aim si loyaument
Trop compere amours chierement.

8. S'ay moult dure destinée,
Quant vous avez mon espoir
10. Et mon cuer et ma pensée,
Et il vous convient manoir
12. Ensus de my main et soir;
Dont mes dolens cuers, vraiement,
Trop compere amours chierement.

15. Las! einsi sui esgarée
Com celle qui n'ay pooir
17. D'avoir chose qui m'agrée
Sans vous; car en nonchaloir
19. Ay mis tout joieus voloir,
Pour ce que, sans aligement,
Trop compere amours chierement.

13

Amours, ma dame et Fortune et mi oueil
Et la tres grant biauté dont elle est pleinne
3. Ont mis mon cuer, ma pensée et mon vueil
Et mon desir en son tres dous demeinne.
5.   Mais Fortune seulement
Me fait languir trop dolereusement
Et trop me fait avoir peinne et anoy,
Quant seur tout l'aim et souvent ne la voy.

9. De ma dame ne de son bel acueil,
De mes .ij. yex, d'amours ne de ma peinne
11. Ne me plein pas, car par euls en l'escueil
Suis mis d'avoir toute joie mondeinne.
13.   Mais tout mon entendement
Et mes bons jours et mon gay sentement
Fortune esteint; s'en morray, par ma foy,
Quant seur tout l'aim et souvent ne la voy.

17. Car Fortune dont je me pleing et dueil
Fait que ma dame est de moy trop lonteinne,
19. Et si me tolt bon espoir qu'avoir sueil
Et desespoir dedens mon cuer remeinne.
21.   Einsi sans aligement
Vif pour ma dame à qui sui ligement;
S'en plaing et plour et souspir en recoy,
Quant seur tout l'aim et souvent ne la voy.

Amours me fait desirer
   Et amer
De cuer si folettement
4. Que je ne puis esperer
   Ne penser
N'ymaginer nullement
7. Que le dous viaire gent
   Qui m'esprent
Me doie joie donner,
10. S'amours ne fait proprement
   Telement
Que je l'aie sans rouver.

13. S'ai si dur à endurer
   Que durer
Ne puis mie longuement;
16. Car en mon cuer vueil celer
   Et porter
Ceste amour couvertement,
19. Sans requerre aligement,
   Qu'à tourment
Vueil miex ma vie finer.
22. Et si n'ay je pensement
   Vraiement
Que je l'aie sans rouver.

25. Mais Desir fait embraser
        Et doubler
Ceste amour si asprement
28. Que tout me fait oublier,
        Ne penser
N'ay fors à li seulement;
31. Et pour ce amoureusement,
        Humblement
Langui sans joie gouster.
34. S'en morray, se temprement
        Ne s'assent
Que je l'aie sans rouver.

15

Vg, f.14r

Amours ne vuet et ma dame ne deigne
Que je soie garis de ma dolour
3. Et si me font amer, comment qu'il prengne,
Celle qui a plus qu'autre de douçour.
5.   Mais trop petit en y truis,
Car tant amer ne servir ne la puis
Que sa douçour vueille seur moy estendre;
Et si ne puis fors qu'à s'amour entendre.

9. Si qu'en mon vis en porte tele enseingne
Que tainte en est et pale ma coulour,
11. N'il n'est confors ne joie qui me veingne
De nulle part, eins langui en paour
13.   Que je n'en soie destruis;
Car son cuer est à moy grever si duis
Que le mien, las! fera crever ou fendre;
Et si ne puis fors qu'à s'amour entendre.

17. Amours ne vuet que de mes maus me plengne,
Einsois me fait conjoïr mon labour,
19. Ne je ne say comment m'ardeur esteingne.
Car vrais desirs l'esprent et fine amour;
21.   Ne ma dame des anuis,
Qui ont en moy fait morir tous deduis,
Ne deingne avoir son cuer piteus ne tendre;
Et si ne puis fors qu'à s'amour entendre.

16

Vg, f.37r

Amours qui m'a nouvellement espris
Fait que dolour est aveuc l'amour née,
3. Qu'elle me fait amer dame de pris
Plus fort c'onques dame ne fu amée.
5.   Et si voy tout clerement
Que la douçour de son viaire gent
M'eslongera; et s'elle m'est lonteinne,
Toute dolour sera de moy procheinne.

9. Car sa douceur m'a si doucement pris
Que je ne puis avoir longue durée
11. Loing des doulz yex de son gracieus vis,
Qui ont ravi mon cuer et ma pensée.
13.   Et pour ce di vraiement
Que je vivray tres dolereusement,
Et que, pour moy faire avoir plus de peinne,
Toute dolour sera de moy procheinne.

17. Et s'ay veü tant d'amours et apris
Qu'ami changier fait longue demourée,
19. Et avec ce grant peinne et grans peris
Est d'amer fort en lonteinne contrée.
21.   Si ay dur commencement.
Or y mette Diex bon definement;
Car se Fortune ensus de moy l'ameinne,
Toute dolour sera de moy procheinne.

17

Vg, f.30r/30v

Aucun dient c'om ne puet dame amer
Si loyaument qu'il n'i ait vilenie;
3. Mais ne scevent les secrés esprouver
De vraie amour et d'ami et d'amie.
5.   Car quant amant aimme à droit,
Faire [tel] mal ne saroit ne porroit,
Et qui le fait, on voit tout en apert
Qu'Amours le fuit et le nom d'ami pert.

9. Qu'amours n'est pas d'einsi deshonnourer
Sa dame, et cilz qui vuet mener tel vie
11. Est annemis, n'on ne le doit clamer
Ami, n'Amour ne [prent] sa compagnie.
13.   Et chascuns clerement voit
Qu'amis n'est pas qui son ami [deçoit];
Dont se honnist amans qui tant s'asert
Qu'Amours le fuit et le nom d'ami pert.

17. Voire, par Dieu, seulement dou penser
Pert on le nom d'ami, je n'en doubt mie,
19. Et bonne amour: si se doit mout garder
Chascuns amans de penser tel folie;
21.   Et trop grant meschief seroit,
Se folle amour en toute amour estoit.
Mais qui s'i tient, je croy bien qu'il dessert
Qu'Amours le fuit et le nom d'ami pert.

18

Vg, f.12r

Aucunes gens me demandent souvent,
Pour quoy mi chant sont tuit fait de dolour.
3. Mais comment puet faire joieusement
Chansons ne lais cils qui oncques n'ot jour
5. Joie ne bien, eins a toudis en plour
Et en tristece usé toute sa vie,
Sans esperer garison ne aïe?

8. Certes, en moy n'a scens n'entendement
De faire riens qui touchast à baudour;
10. Pour ce fais je selonc mon sentement,
Com cils qui ay en peinne et en labour
12. Moult longuement, de toute ma vigour,
Servi Amours et ma dame jolie,
Sans esperer garison ne aïe.

15. Et si l'ay fait toudis si loiaument
Que pour la mort dont je sui en paour
17. Onques en moy n'ot un seul pensement
Contre l'onneur ma dame de valour;
19. Et de ce trai je à tesmoing vraie Amour
Qui scet comment ma dame me maistrie,
Sans esperer garison ne aïe.

19

Vg, f.27v/28r

Aucun parlent des dix plaies d'Egipte
Et des meschiés qu'Alixandres fist Dayre,
3. Mais vraiement, c'est chose tres petite
Contre ce que ma dame me fait traire,
5. Qui me fait tant de grieté
Que, de tous ceaus qui sont et ont esté,
Onques nuls n'ot tel dolour com la moie;
Dont je me tieng pour mort où que je soie.

9. Seur toutes flours l'avoit mes cuers eslite
Com la plus douce et la plus debonnaire.
11. Helas! or voy que ses cuers se delite
En moy tuer; c'est chose moult contraire,
13. Quant sa debonnaireté
M'ocist à tort, sans mercy ne pité.
Helas! s'en pers tout bien et toute joie,
Dont je me tieng pour mort où que je soie.

17. Helas! dame, ci a povre merite,
Qui m'ociez pour vo service faire.
19. Bien doy haïr ce qui ce vous endite.
Mais fait m'avez, si me poez deffaire
21. A vo simple volenté,
Car mon fin cuer loyal, humble et secré
Remaint en vous, dame, et il vous anoie;
Dont je me tieng pour mort où que je soie.

20

Vg, f.18v/19r

Biaus dous amis, parfaitement amez,
A qui je sui entierement donnée,
3. Vous ne poez de moy estre oubliez,
Car vous avez mon cuer et ma pensée
5. Loyaument, sans decevoir.
Et vraiement, tout adès main et soir,
Comment que vous soiez de moy lonteins,
De vous me vient li souvenirs procheins.

9. Pour ce soiez de moy asseürez,
Car envers tous mes loyaus cuers se vée,
11. Ne ja nuls n'iert de moy amis clamez
Fors vous; s'ai droit. Car loyautez est née
13. En vous, ne n'en puet mouvoir
Et tant de bien avec qu', à dire voir,
Pour la bonté dont vostres corps est pleins
De vous me vient li souvenirs procheins.

17. Pour ce vous pri que vous soiez secrez,
Loyaus et vrais, si qu'en vous ait durée
19. La bonne amour par qui mes cuers donnez
S'est tous à vous, sans nulle dessevrée,
21. Et par quoy nuls n'ait pooir
D'amenuisier le gracieus voloir
Qui me fait dire: "Amis, soiez certeins,
De vous me vient li souvenirs procheins".

21

Vg, f.20r

Biauté parfaite et bonté souvereinne,
Grace sans per et douçour esmerée
3. Me font languir en contrée lonteinne
En desirant ma dame desirée.
5. Si ne puis pas avoir longue durée
Et ma dolour longuement endurer,
Puis que desirs ne me laisse durer.

8. Car j'ay desir qui se traveille et peinne
De moy deffaire, et ma dame honnourée
10. Ne scet mie que j'aie si grief peinne
Pour li que j'aim plus que nulle riens née;
12. Si que pour ce ma joie est si finée
Que riens ne puet mon cuer reconforter,
Puis que desirs ne me laisse durer.

15. Mais se celle qui de long m'est procheinne,
Par souvenir et par douce pensée,
17. Sceüst pour voir qu'en loiauté certeinne
La sert mes cuers en estrange contrée,
19. Ma joie en fust toute renouvelée.
Mais je voy bien qu'il me convient finer,
Puis que desirs ne me laisse durer.

22

Vg, f.7r

Bien me devroit d'aucuns dous mos refaire
Ma tres douce dame, s'il li plaisoit.
3. Mais je n'en puis ne gieu ne ris attraire,
Einsois me fait pis qu'elle ne soloit;
5. Et se m'en m'est que mes cuers se recroit
De bien amer; mais se Diex me doint joie,
Cent fois pour li miex morir ameroie.

8. Car je me vueil en son service faire
Si maintenir que, quel part qu'elle soit,
10. Servir, amer et doubter sans meffaire
La vueil adès; et se mes cuers pooit
12. Le mieudre avoir quanque cuers penseroit
Des biens d'amours, ja nul n'en retenroie:
Cent fois pour li miex morir ameroie.

15. Einsi me fait son gracieus viaire
Vivre en morant, car nuls homs ne croiroit
17. La tres dure dolour qu'il me fait traire.
Mais nonpourquant, se mes cuers morir doit
19. Pour li amer, il me plaist bien; s'a droit,
Ne je à nul fuer ne m'en descorderoie:
Cent fois pour li miex morir ameroie.

23

Vg, f.18r/18v

Ce que je fais de bonne chiere,
C'est pour les mesdisans grever
3. Qui de ma douce dame chiere
Par envie me font sevrer;
5. Car se mais samblant faisoie,
Sans doubte, en dous mueroie
Ce qui tant leur est amer.
Pour ce [fain] je d'estre en joie,
Et si langui pour amer.

10. Et si n'ay je mie matere
De moult grant joie demener,
12. Car l'onneur que je tant compere
M'estuet perdre et mort endurer;
14. C'est ce qui mon cuer desvoie.
Mais bons cuers, pour riens qu'il voie,
Ne se doit desconforter;
Pour ce fain je d'estre en joie,
Et si langui pour amer

19. Pour la plus bele et la meins fiere
Que nuls amans puist regarder
21. Et qui plus a douce maniere
Et bel acueil pour embraser
23. Cuers d'amans et mettre en voie
D'onneur. Or faut que je soie
Long de son viaire cler.
Pour ce fain [je] d'estre en joie,
Et si langui pour amer.

24

Vg, f.34r

Ce qui contreint mon cuer à toy amer,
Amis, ce fait ta bonne renommée,
3. Pleinne d'onneur, c'on ne peut trop loer.
Tant dire en oy que m'amour t'ay donnée
5. A tous jour, sans decevoir.
Lasse! dolente, or ne te puis veoir;
Pour ce m'estuet, dont je souspir et pleure,
Haïr mes jours pour ta longue demeure.

9. Et souvenirs, qui ne me laist durer,
L'impression de t'ymage honnourée,
11. Juene, gentil, bonne et belle sans per,
Paint en mon cuer avec douce pensée,
13. Pour moy faire joie avoir.
Mais li desirs que j'ay veint bon espoir
Et dous pensers; ce me fait à toute heure
Haïr mes jours pour ta longue demeure.

17. Pour ce te pri, ne vueilles oublier
Moy qui plus t'aim que creature née;
19. Car s'il avient, je te puis bien jurer
Que ma vie sera par toy finée,
21. Briefment et en desespoir;
Et ce seroit pechiez, à dire voir,
Quant tu me fais à cuer plus noir que meure
Haïr mes jours pour ta longue demeure.

25

Vg, f.25v

Certes, je croy que ma fin est venue
Et que morir pour amer me convient,
3. Se ma dame son cuer vers moy ne mue
Ou se autrement de moy ne li souvient;
5. Car son dous riant regart
Retient mon cuer, ce [m'est] vis, de sa part,
Quant je li dis mon amoureus martire,
Las! et ses cuers ne me fait qu'escondire.

9. Si qu'il n'est riens [qui] mon cuer esvertue
Fors son tres dous regars qui me soustient,
11. Et si est ce mout povre revenue
De dous regart, puis que dou cuer ne vient;
13. Car regars qui ne se part
D'amoureus cuer, c'est li feus qui point n'art.
Ainssi ne sçay de son regart que dire,
Las! et ses cuers ne me fait qu'escondire.

17. Et se tousdis la truis de pitié nue,
Mes cuers, qui l'aimme, obeïst, sert et crient,
19. Doit bien avoir toute joie perdue,
Car il est siens, si se tenra et tient
21. En son dangier sens depart.
Et aussi vueil miex de l'amoureux dart
Morir pour li [qu'autre] aimme ne desire.
Las! et ses cuers ne me fait qu'escondire.

Vg, f.13v

Certes, mes dous amis fu nez
En aoust, je ne m'en [doubt] mie,
3. Car il est de tous deboutez,
Et s'a valour et courtoisie,
5. Et dignes est d'avoir amie,
N'il n'a en li que reprochier:
Pour ce l'aim je de cuer entier.

8. Mais ja n'en sera meins amez
De moy, pour chose qu'on m'en die,
10. Eins sera mes voloirs doublez,
Et l'amoureuse maladie
12. Sera dedens mon cuer chierie,
Ne ja sans li garir n'en quier:
Pour ce l'aim je de cuer entier.

15. Car tous mes cuers li est donnez,
Sans retraire et sans villenie,
17. Pour ce qu'il est à droit nommez
Preuz et loyaus sans tricherie;
19. Et s'a de grace compaingnie,
Qui d'onneur le met en sentier:
Pour ce l'aim je de cuer entier.

27

Vg, f.23v

Certes, moult me doy doloir
De mon tres loial amy,
3. Quant il le convient manoir
Longuement ensus de my.
5. S'en di et dirai: "Eymmy!"
Com celle qui n'aray joie
Ja mais, tant que le revoie.

8. Il me sert sans decevoir,
Et se m'aimme miex que li
10. Et toudis de son pooir
Ha mon voloir acompli;
12. Si n'en puis mais, se je di
Que bien avoir ne vorroie
Ja mais, tant que le revoie.

15. Einsi me fait recevoir
Tel dolour que je langui,
17. Quant je ne le puis veoir,
Ne pour riens mettre en oubli
19. Ne le vueil; pour ce Amours pri
Que mon cuer point ne resjoie
Ja mais, tant que le revoie.

28

Vg, f.20r/20v

Comment me puet mes cuers en corps durer,
Quant je say bien que je ne puis veoir
3. Le dous regart ne le viaire cler
De ma dame que j'aim sans decevoir?
5. Trop est mauvais, quant il ne part, pour voir,
Quant il languist en si tres longue attente
De reveoir ma douce dame gente.

8. Helas! li las ne se puet conforter
Pour riens qui soit, car il n'a nul pooir
10. De la dolour souffrir ne endurer,
Qu'Amours li fait sentir et main et soir.
12. Si ne puet pas longue durée avoir
En sa dolour, car Desirs trop le tente
De reveoir ma douce dame gente.

15. Mais s'il daignast ma dame ramembrer
De la dolour qui tant me fait doloir
17. Que j'ay espoir de morir pour amer,
Moult me peüst conforter et valoir;
19. Car je languisse en gracieus espoir,
Et se eüsse par ce tres bonne entente
De reveoir ma douce dame gente.

Vg, f.25v

Dame, comment qu'amés de vous ne soie,
Si n'est il riens qui tant me peust grever,
3. Moy ne mon cuer, com ce que je [savoie]
Que vossissiés autre que moy amer;
5.   Car riens conforter
Ne me porroit jamais ne resjoïr,
S'il avenoit, [fors seulement morir.]

8. Car dous espoir, qui me nourrist en joie
Et qui soustient mon corps en dous penser
10. Contre desir qui toudis me guerroie,
Feriés de moy sans cause [dessevrer],
12.   Si qu'einsi durer
Ne vorroie sans li contre desir,
S'il avenoit, fors seulement morir.

15. Car vraiement, dame, se je perdoie
L'esperance de joie recouvrer,
17. Par autre amer, desesperés seroie,
Car foibles sui pour tel cops endurer;
19.   Ne je n'os penser
Que vous [n'Amours] me peüssiés garir,
S'il avenoit, fors seulement morir.

G, f.67r

Dame, comment que n'aie pas veü
Vo gentilz corps et vo douce maniere,
3. Ne de vos yex le doulz regart eü
Ne vo biauté ne vostre simple chiere,
5. Ne remaint pas pour ce, ma dame chiere,
Que ne vous vueille honnourer et servir,
Com cilz qui sui vostres sans retollir.

8. Et vraiement, se je fais mon deü
En vous servant et se d'amour entiere
10. Vous aim et sers, j'ai bien aperceü
Que de mon cuer serés la tresoriere,
12. Qu'Amours le veult; n'il n'est riens que je quiere
Fors vous chierir, amer et obeir,
Com cilz qui sui vostres sans retollir.

15. Et s'Amours a mon cuer à ce meü
Que je vous aim sans pensée doubliere,
17. Se ne m'amés, trop m'ara deceü
Vo nobles cuers qui porte la baniere
19. De toute honnour, puis que sans parsonniere
Vous ay donné cuer, pensée et desir,
Com [cilz] qui sui vostres sans retollir.

31

Vg, f.18v

Dame, comment que souvent ne vous voie
Et que lonteins soie de vo corps gay,
3. Vous savez bien qu'adès, où que je soie,
Tres loyaument de cuer vous serviray
5. Et qu'humblement vostre voloir feray.
Et puis qu'einsi estes de moy certeinne,
Ne me [soiez] de vostre amour lonteinne.

8. Si ferez bien, car se morir devoie
En vous servant, ja ne vous fausseray,
10. Nès en penser ne en desirant joie
D'autre de vous. Et quant de cuer si vray
12. Vous ay amé et toudis ameray
Et aim encor sans pensée villainne,
Ne me soiez de vostre amour lonteinne.

15. Car nullement endurer ne porroie
Sans vostre amour la dolour que je tray,
17. Pour ce que long de vo maniere coie
M'estuet languir, dont je vif en esmay.
19. Pour ce vous pri, douce dame, se j'ay
Riens deservi, que vous, pour ma grief peinne,
Ne me soiez de vostre amour lonteinne.

32

Vg, f.2v/3r

Dame, comment que vous soie lonteins,
Pleins et espris d'amoureuse dolour,
3. N'est pas en moy li dous voloirs estains
De vous amer et servir sans sejour,
5. Eins monteplie et croist de jour en jour.
Dame, et se ja estes de ce certeinne,
Ne me soiez de vostre amour lonteinne.

8. De vous me vient li souvenirs procheins,
Qui me moustre vo parfaite douçour
10. Et vo bonté, par quoy je sui certeins
Qu'il n'est de vous plus bele ne millour.
12. Et quant je n'aim riens tant com vostre honnour,
Gentil dame, de toute grace pleinne,
Ne me soiez de votre amour lonteinne.

15. Par vos dous yex sui si forment ateins
Que je ne sers ne desir ne aour
17. Autre de vous; et s'en sui si contreins
Que je y met cuer, corps, maniere et vigour.
19. Et puis que j'aim vous de si vraie amour
Que de mon cuer estes la souvereinne,
Ne me [soiez] de vostre amour lonteinne.

Vg, f.15r

Dame, de moy tres loyaument amée,
Sans repentir, de cuer et de voloir,
3. Vo grant bonté, vo biauté savourée,
Vo noble corps, vo grace et vo savoir
5. Avec Amours font que, sans decevoir,
Je suis vos sers, comment qu'il m'en aveingne
Quant vous plaira, de moy merci vous prengne.

8. Car vraie amour loyal s'est enfermée
Dedens mon cuer et s'en fait son manoir,
10. Et avec ce si noble destinée,
Com d'estre amis à vous, me fait avoir.
12. S'en loe Amours et vous par qui j'espoir
Avoir mercy ou mort qui me destreingne
Quant vous plaira, de moy merci vous prengne.

15. Humble biauté, parfaite, enluminée
De toute honnour qu'on puet apercevoir,
17. Sage, courtoise, amoureuse et secrée
Et tres plaisant, je ne me say doloir
19. Ailleurs qu'à vous, que vous avez pooir
De moy garir dou mal qui me mehaingne
Quant vous plaira, de moy merci vous prengne.

Dame, de tous biens assevie,
Vo chiere pleinne de douçour
3. Et vostre maniere jolie
M'ont espris de loyal amour
5. Et navré par si grant vigour
Que durer ne puis nullement,
Se vostre douce chiere ment.

8. Car elle ha ma mort et ma vie,
Mon cuer, mon desir sans retour
10. Si sousmis en sa signourie
Qu'autre de li n'aim ne aour.
12. S'ay droit que de ma grief langour
Ne puis avoir aligement,
Se vostre douce chiere ment.

15. Et s'aim miex de ma maladie
Languir ou morir à dolour
17. Que recevoir confort n'aïe
De nulle autre; car de l'ardour
19. Qui m'art et esprent nuit et jour
Morray, je le say vraiement,
Se vostre douce chiere ment.

35

Dame d'onnour, plaisant et gracieuse,
Douce et courtoise, en qui tous biens repaire,
3. Ne soiez mie envers moy orgueilleuse;
Car nuls amis ne puet plus de mal traire
5. Qu'Amours me fait pour vostre dous viaire
Qui m'esprent si
Qu'il m'estuet à vous retraire,
Dame, mercy.

9. S'Amours me tient en sa prison joieuse,
Je me rens pris sans faire nul contraire;
11. Car je sui pleins de pensée amoureuse
Et de desir qui tant me scet detraire
13. Qu'il me convient trambler, fremir et braire
De cuer nercy
Quant vous ne me volez faire,
Dame, mercy.

17. Mais s'il vous plaist, vous me serez piteuse,
Quant je vous aim de fin cuer, sans meffaire,
19. Qu'oncques mais jour nulle si savoureuse
Ne pos veoir qui tant me peüst plaire
21. Com vous faites, tres douce debonnaire.
S'en remercy
Amours et vous pour attraire,
Dame, mercy.

36

Dame, mercy vous requier humblement,
Se j'ay vers vous nulle chose meffait,
3. Qu'il vous en plaise à vo commandement
Penre seur moy l'amende et le meffait;
5. Car, par m'ame, mes cuers tant de mal trait
Qu'onques nuls cuers, sans mort, plus n'en senti.
Et pas ne l'ay envers vous desservi.

8. Et se de vous me pars si faitement,
Qu'onques vers vous n'en pensée n'en fait
10. Je ne meffis, eins ay celéement
En loyauté vostre service fait.
12. Las! et vos cuers le mien à la mort trait,
Quant il me het et je l'aim plus que my;
Et pas ne l'ay envers vous desservi.

15. [Et se je muir de l'amoureus tourment,
Puis qu'il vous plaist, douce dame, il me plait;
17. Car, puis que c'iert pour amer loyaument,
Miex me vaurra qu'avoir mon cuer retrait
19. De vous amer. Et se mors me deffait,
Ocis arés vo plus loyal ami.
Et pas ne l'ay envers vous desservi.]

Dame, ne regardez pas
A vostre valour
3. Ne à moy, se je sui bas,
Mais loial Amour
5. Regardez, qui par douçour
M'adonne d'un amoureus dart,
Par vostre dous plaisant regart.

8. Dame, faite à droit compas,
Rien n'aim tant n'aour
10. Com vous, car tuit mi solas,
Mi ris et mi plour,
12. Mi bien, mi mal, ma vigour,
Tout ce me vient, se Diex me gart,
Par vostre dous plaisant regart.

15. Dont je sui en vos las
Qu'adès par savour
17. Reçoy dont uns autres las
Seroit en un jour.
19. Las! et vos cuers n'a tenrour
De l'ardure qui le mien art
Par vostre dous plaisant regart.

Vg, f.27v

Dame parfaite de tout entierement
De quanqu'il faut à dame de valour,
3. Se je vous aim et je sui povrement
Garni de scens, de prouesse, d'onnour,
5. Pour Dieu, vueilliés considerer l'amour
Dont je vous aim, et si m'aidiés à faire,
Car en vous est de moi faire et deffaire.

8. Et s'en vous ay pensé trop hautement,
Douce dame, ce fist loyal Amour
10. Qui à vous m'a donné si ligement
Que je ne puis celle part faire tour
12. Qu'à vous mon cuer ne face son retour
En desirant veoir vo dous viare,
Car en vous est de moi faire et deffaire.

15. Si vous requier, dame, tres humblement
Qu'aiés pité de mon loyal labour;
17. Car vous m'avés si amoureusement
Pris et espris d'amoureuse dolour
19. Que cuers et corps, desir, vis et vigour
En vous ay mis, sans partir ne retraire,
Car en vous est de moi faire [et] deffaire.

39

Vg, f.20v

Dame, pour Dieu, ne metez en oubli
Moy qui tant ay de doleur et de plour
3. Que je n'ay mais nul reconfort en my
De l'ardure qui me tient nuit et jour,
5. Eins sui toudis de morir en paour;
Tant ay perdu joie et envoiseüre:
Si me merveil comment vos cuers l'endure.

8. Car vous savez qu'onques nuls n'ama si
Com je vous aim, de tres loial amour,
10. Et que mes cuers m'a laissié et guerpi
Pour vous servir loyaument, sans folour;
12. Et vous n'avez ne pité ne tenrour,
Si com je croy, de ma très grant ardure;
Si me merveil comment vos cuers l'endure.

15. Et s'il vous plaist que pour vous muire ainsi,
Certes, la mort m'iert de douce savour,
17. Car je sui cils qui cuer et corps ottri
A vo voloir, sans penser nul faus tour;
19. Et s'endure pour vous tant de dolour
Qu'onques amis ne l'endura si dure:
Si me merveil comment vos cuers l'endure.

40

Vg, f.11r

Dame, pour vous ma joie se define
Et ma dolour est à recommencier,
3. Quant je me part de vostre douçour fine
Que nuls ne puet trop loer ne prisier;
5. Car li desirs que j'ay de repairier
Par devers vous ne me laist joie avoir,
Pour ce que trop vous desir à veoir.

8. Mais cils desirs ne nuit ne jour ne fine
De ma dolour croistre, monteplier;
10. Et mes fins cuers si durement s'encline,
Et mi penser et tuit mi desirier,
12. A retourner vers vous que j'ay tant chier,
Qu'il me convient tout mettre en nonchaloir,
Pour ce que trop vous desir à veoir.

15. Et quant Amours mon cuer et moy doctrine,
Si que je vueil en l'amoureus dangier
17. Vivre et morir, sans penser mauvais signe,
Gentil dame, que j'aim de cuer entier,
19. Pour Dieu vous pri ne vueillez ja cuidier
Que vostre amour ne me face doloir,
Pour ce que trop vous desir à veoir.

Vg, f.10v

Dame que j'aim, ne vous veingne à merveille,
Se cuer et corps et penser, de bon vueil,
3. A vous servir et amer j'apareille;
Car vo biauté et vo bel appareil
5. Font que ja ne quier avoir
Mercy ne riens recevoir
Des biens amorous
Dont joïr ne puis, pour voir,
S'il ne vient de vous.

10. Mon grant desir moult souvent me resveille
Pour vostre amour; mais pas ne me merveil,
12. Car grant bonté et douceur nompareille
Sont en vo corps qui n'a point de pareil.
14. Ce me fait et main et soir
Honnourer, sans decevoir,
Vous à qui sui tous:
C'est drois que je n'ay pooir
S'il ne vient de vous.

19. Si prie Amours de cuer qu'elle m'acueille
Pour presenter à vostre douls accueil
21. Et que pité dedens vous mettre vueille
Pour moy donner merci, qui toudis vueil
23. Acomplir vostre voloir,
Servir, celer et manoir
Dessous vous, cuers dous,
Car je ne puis riens valoir
S'il ne vient de vous.

Vg, f.3r

Dame, se vous m'estes lonteinne,
Pas n'est mes cuers de vous lonteins,
3. Car par ramembrance procheinne
Est nuit et jour de vous procheins;
5. Et en lieu dou cuer est remeins
En mon corps li maus amourous,
Comment que soie long de vous.

8. Mais cils maus est sans nulle peinne;
Car, quant j'en sui plus fort ateins,
10. Bonté, valour, biauté souvrainne,
Dont vos gentils corps est enscins,
12. Font que je chant de joie pleins
Pour vous, dame, à qui je sui tous,
Comment que soie long de vous.

15. Se vous pri, dame d'onneur pleinne,
Que, se vos cuers est ja certeins
17. Que li miens loyaument se peinne
D'amer, sans ja estre refreins,
19. Que vous souffrez à tout le meins
Qu'il vous serve, loyaus cuers dous,
Comment que soie long de vous.

43

Vg, f.5v

D'amour loyal et de m'amour
Me doy loer com vrais sougis,
3. Quant elle a volu la dolour
Finer, qu'en mon cuer avoit mis.
5. Car la bele, à qui sui toudis
Abandonnez,
M'a dit de bouche, vis à vis:
"*Amis amez*".

9. Certes, ce seroit grant folour,
Se je n'estoie vrais amis,
11. Quant j'ay choisie la millour
De tout le monde, ce m'est vis.
13. Dont doi je bien estre jolis,
Quant sui clamez
De celle en qui tous biens sont mis:
"*Amis amez*".

17. Douce est et pleinne de valour
Et tous biens sont en li compris;
19. S'en vueil toudis, senz nul sejour,
A li servir estre ententis,
21. Car je sui tout ensamble pris
Et confortez
Quant me dist ma dame de pris:
"*Amis amez*".

44

Vg, f.1r

D'ardeur espris et d'esperence nus,
En desconfort, pleins de toute dolour,
3. Ay par lonc temps amé si bien que nus
Onques n'ama de plus loyal amour,
5. Et aim encor et ferai sans sejour.
Mais oncques ne descouvri mon penser
A la tres bele au dous viaire cler,
Qui a mon cuer, ne ja ne le sara,
Tant que Pitez ou Amours li dira.

10. Car je me doubt que ses cuers pourveüs
Ne soit d'ami; ce me tient en errour.
12. Et d'autre part doubte que son refus
Fait demourer en moy honte et paour;
14. Et s'est li dons de si haute valour
De sa merci, que je ne l'os rouver.
Pour ce en lairay Grace et Franchise ouvrer
Et Loiauté pure qui m'aidera,
Tant que Pitez ou Amours li dira.

19. Et se par moy li estoit congneüs
Li maus qui m'art et destruit nuit et jour,
21. Moult tost m'aroit dit: "Va de mi ensus!"
S'aim miex [languir] dalès son noble atour
23. En amoureus dangier et en cremour,
Qu'ensus de li morir pour li amer;
Car, se assez puis sa biauté remirer,
De plus en plus mon cuer la servira,
Tant que Pitez ou Amours li dira.

Vg, f.27r

De Fortune me doy plaindre et loer,
Ce m'est avis, plus qu'autre creature;
3. Car quant premiers encommensay l'amer,
Mon cuer, m'amour, ma pensée, ma cure
5. Mist si bien à mon plaisir
Qu'à souhaidier peüsse je faillir,
N'en ce monde ne fust mie trouvée
Dame qui fust si tres bien assenée.

9. Car je ne puis penser n'imaginer
Ne dedens moy trouver qu'onques Nature
11. De quanqu'on puet bon et bel appeler
Peüst faire si parfaite figure
13. Comme est cilz, où mi desir
Sont et seront à tous jours sens partir;
Et pour ce croy c'onques mais ne fu née
Dame qui fust si tres bien assenée.

17. Lasse! or ne puis en ce point demourer,
    Car Fortune qui onques n'est seüre
19. Sa roe vuet [encontre] moy tourner
    Pour mon las cuer mettre à desconfiture.
21.   Mais en foy, jusqu'au morir,
    Mon dous ami vueil amer et chierir,
    C'onques ne dut avoir fausse pensée
    Dame qui fust si tres bien assenée.

46

Vg, f.29r

De ma dolour ne puis avoir confort,
Puis que ma dame en riens ne [me] conforte,
3. Car de li vient le tres grant desconfort
   Et le meschief qui si me desconforte
5.   Qu'onques mais nuls homs mortels
   Ne pot estre si fort desconfortez,
   Quant sa douceur de moy grever ne fine,
   Pour ce qu'aim tant sa tres grant biauté fine.

9. De tant [com] je l'aim et [desir] plus fort
   Est la doleur que j'endure plus [forte],
11. Car je l'aim tant que je me tieng pour mort,
    Sans nul retour, dont m'esperence est morte
13.   Que jamais de li amez,
    Nès par penser, soie n'amis clamez.
    Helas! dolens, einsi ma vie fine,
    Pour ce qu'aim tant sa tres grant biauté fine.

17. Et nompourquant j'ay plaisance et deport
    En mon meschief, quant elle se deporte
19. Et prent deduit en la piteuse mort
    Qu'ay pour s'amour; riens plus de li n'emporte.
21.   Einssi sui guerredonnés,
    Car j'ay langui, dès qu'à li fu donnés,
    Et en la fin elle m'occist et mine,
    Pour ce qu'aim tant sa tres grant biauté fine.

47

A, f.212r/212v

De vray desir, d'amoureuse pensée,
Tres loiaument, com fins loiaus amis,
3. Vous ay servi, douce dame honnourée,
   Et serviray, tant com je seray vis;
5.   N'onques mon cuer saouler
   Ne pos de vous chierir et honnourer,
   Et vous metez toudis doleur en my,
   Quant vous m'avez de vo grace banni.

9. Douce dame, [vo] bonté desirée
   Et la douceur de vo gracieus vis
11. Ont maintes fois en estrange contrée
    Fait que j'estoie amoureus et jolis,
13.   Par vo biauté, qui n'a per,
    Tres doucement souvent ymaginer.
    Et près de vous souspir, pleure et gemy,
    Quant vous m'avez de vo grace banni.

17. Et puis que j'ay si dure destinée
    Que je vous pers, et si n'ay riens mespris,
19. Et qu'en doleur est ma joie muée
    Et que mes biens est tous mors et peris,
21.   Jamais ne quier desirer
    Fors tost morir, bele, pour vous amer.
    Si finera li maus dont je langui,
    Quant vous m'avez de vo grace banni.

48

Vg, f.20r

Douce dame, de joie diseteus
Sui et seray, tant que je vous revoie,
3. Com cils qui sui pleins dou mal amoureus,
   Si durement que, se Diex me doint joie,
5.   Riens ne me puet resjoïr;
   Car il m'estuet tant de dolour souffrir,
   En desirant vostre fine douçour,
   Que pour vous sui de morir en paour.

9. Car tant desir vostre corps gracieus,
   Vo dous viaire et vo maniere coie
11. Et vos regart plaisant et savoureus
    A reveoir que mes sens se desvoie
13.   Par force de grant desir,
    Ne de mon cuer ne puet doleur partir,
    Einsois y tient si longuement sejour
    Que pour vous sui de morir en paour.

17. Helas! einsi si griès maus dolereus
    M'art et m'esprent, en quel lieu que je soie,
19. Ne mes las cuers ne puet estre joieus,
    N'estre garis sans vous je ne porroie
21.   Pour riens qui puist avenir;
    Car tant desir vous veoir et oïr
    Qu'en moy plaingnant di souvent en mon plour
    Que pour vous sui de morir en paour.

49

Vg, f.19v/20r

Douce dame, je vous requier mercy
Qu'au retourner devers vo dous viaire
3. D'aucun dous mot ou d'un regart joly
   Ou d'un dous ris vueilliez mon cuer refaire;
5. Car, selon ce que j'aimme sans retraire,
       Se vous estes envers moy fiere,
   Oncques amour ne fu si chiere.

8. Car je sui cils qui cuer et corps ottri
   Tres humblement pour vo service faire,
10. Ne ja pour bien ne pour dolour aussi
    Ne verra nuls mon cuer d'amer retraire;
12. Et se vous me faites à la mort traire,
        Par deffaut de vo douce chiere,
    Oncques amour ne fu si chiere.

15. Mais s'il vous plaist à souvenir de mi,
Tant qu'au retour me soiez debonnaire,
17. Douce dame, vous arez tost gari
La grief dolour qui en mon cuer repaire.
19. Et vraiement, se tant m'estes contraire
Que j'en perde joie et maniere,
Oncques amour ne fu si chiere.

50

Vg, f.19r

Douce dame, plaisant et gracieuse,
Bonne et bele, delitable à veoir,
3. De fait, de dit, de pensée amoureuse,
De cuer, de corps, de tres humble voloir
5. Vous vueil adès servir sans decevoir,
Qu'à ce faire sui menez et contrains:
Par vos .ij. yex sui si forment ateins.

8. Ne soiez mie envers moy orguilleuse,
Car ja de vous mon cuer ne quier mouvoir,
10. Qu'en monde n'a nulle si savoureuse
Ne si douce com vous estes, pour voir.
12. Pour ce ne quier nulle autre dame avoir,
Eins vous seray loyaus amis certeins:
Par vos .ij. yex sui si forment ateins.

15. Car [il] m'ont mis en prison deliteuse
Par leur tres dous regart qui a pooir
17. De moy donner mort ou vie joieuse
Et de tenir mon cuer en bon espoir;
19. Et quant adès einsi, sans decevoir,
En vo prison mes cuers est tous remeins,
Par vos .ij. yex sui si forment ateins.

51

Vg, f.12r

Douce dame, prenez temps et loisir
Pour moy garir de l'ardeur qui me tient;
3. Car nullement n'en porroie garir
N'estre alegiez, se de vous ne me vient,
5. Car vous savez bien, pour voir,
Que je ne puis sans vous grant joie avoir.
Pour ce vous pri que de moy vous souveingne
Et que pité de m'ardure vous prengne.

9. Helas! je ne puis aler ne venir
Par devers vous, se n'est quant il avient
11. Qu'Amours et vous et Fortune assentir
Vous y volez; et pour ce me convient
13. Souvent durement doloir
Et humblement vous prier de cuer noir
Que de par vous gringneur joie me veingne
Et que pité de m'ardure vous prengne.

17. Einsi pour vous vit mes cuers en desir,
Si que de vous nuit et jour me souvient
19. Et de vostre douceur que tant desir
Que nul desir plus mes cuers ne retient.
21. Et pour ce, sans decevoir,
Vous pri de cuer, d'ame et d'umble voloir
Que vos dous cuers le mien service adengne
Et que pité de m'ardure vous prengne.

52

Vg, f.1v

Douce dame, que j'aim tant et desir
Que je ne pense ailleurs ne nuit ne jour,
3. Je ne vous vueil prier ne requerir
Que me donnez mercy ne vostre amour
5. Ne riens qui puist aligier ma dolour
Fors tant sans plus que vous deigniez savoir
Que je vous aim de cuer, sans decevoir.

8. Car je ne puis nullement avenir,
Ce m'est avis, à si tres haute honnour
10. Et pas ne suis dignes de vous servir.
Pour ce sachiez, tres bele, que j'aour,
12. Que bien tenroie à meri mon labour,
S'en aucun temps voliés apercevoir
Que je vous aim de cuer, sans decevoir.

15. Et, tres bele, que j'aim sans repentir,
J'espoire tant de bien en vo douçour,
17. Que vos frans cuers en lairoit convenir
Grace, pité, franchise et vraie amour,
19. Tant qu'il aroit pité de la dolour
Qui me destruit, se vous saviés de voir
Que je vous aim de cuer, sans decevoir.

53

Vg, f.26r

Douce dame, savoir ne puis n'oïr
Ceulz que vuellent fortraire mon honnour;
3. Mais se vos cuers me daingnoit resjoïr
Et moi faire certain de vostre amour,
5. Ne me vueilliés estrangier
Pour mesdisans de vostre dous dangier,
Car riens fors vous .ij. ne me pueent deffendre:
Si m'en estuet du tout à vous atendre.

9. Et vous savés comment tuit mi desir,
Tuit mi penser et toute ma vigour
11. Sont et seront toudis à vous servir,
N'il n'entendent à faire autre labour,
13. Et que vos cuers de legier
Puet tous mes maus garir et alegier,
Sens ce qu'en riens vostre honneur en soit mendre:
Si m'en estuet du tout à vous atendre.

17. Et s'il vous plaist celle gent conjoïr,
Dame que j'aim, crieng, desir et aour,
19. Dont soie je mors; et s'il vous plaist [garir]
Mon cuer qui art de l'amoureuse ardour,
21.   Dame, [humblement] vous requier,
Pour Dieu merci, que ne les aiés chier,
Qu'autre conseil n'y say trouver ne prendre:
Si m'en estuet du tout à vous atendre.

54

Vg, f.8v/9r

Douce dame, si loyaument conquis
M'ont vos regars et vo maniere gaie
3. Qu'à vous me rens com sers pris et aquis,
Dont il convient que mainte doleur traie;
5. Car il m'est vis que vos regars m'essaie
Ou qu'il me vuet tollir tout mon deport,
Quant pour ma mort plaisence ailleurs l'amort.

8. Mais quant à vous sui si donnez et mis
Que de fin cuer et d'amour pure et vraie
10. Seur tout vous aim, vous serf, vous lo, vous pris,
Vous crieng, vous vueil, sans ce que j'en retraie,
12. N'il n'est desirs ne pensée que j'aie
Ailleurs qu'en vous, par m'ame, c'est à tort,
Quant pour ma mort plaisence ailleurs l'amort.

15. Et se vos cuers est à vos yex onnis,
Li miens dolens n'en puet mais s'il s'esmaie;
17. Car il ne puet jamais estre garis,
Se par vous n'est, de l'amoureuse plaie
19. Que vos regars li fist. Or le deplaie
Plus mortelment qu'onques mais et plus fort,
Quant pour ma mort plaisence ailleurs l'amort.

55

Vg, f.7r

Douce dame, soiez toute seüre
Que mes cuers vuet tout ce que vous volez.
3. Comment qu'il soit de doleur et d'ardure
Pleins et espris, chargiez et embrasez,
5. D'un seul regart bien honnir le poez;
Mais ja pour mal ne pour peinne souffrir
Ne le verrez nulle fois repentir.

8. Car il vous sert en loiauté si pure
Et de voloir qui est si affinez
10. Que li desir, li penser et la cure
De ce las cuer, qui à vous s'est donnez,
12. Sont tuit à vous, et puis que si l'avez
Que s'il devoit en vous servant morir,
Ne le verrez nulle fois repentir.

15. Pour Dieu vous pri que ne li soiez dure,
Douce dame, car, se vous l'ociez,
17. Petit pourfit y arez; ne droiture
N'est pas que vous à la mort le mettez
19. Pour vous amer, puis que vous bien savez
Qu'il est si vrais que, pour dolour sentir,
Ne le verrez nulle fois repentir.

56

A, f.213r

Douce dame, tant vous aim et desir
De cuer, de fait et d'amour fine et pure,
3. Que mi penser sont et tuit mi desir
En vous que j'aim seur toute creature.
5.   Et puis qu'Amours ad ce mis
M'a que je sui vos fins loiaus amis,
Dame, vueilliez en grace recevoir
Moy qui tous sui vostres sans decevoir.

9. Et je vous jur qu'honnourer, oubeir,
Amer, garder, sans penser mespresure,
11. Vous vueil de cuer et faire vo plaisir
Com vos amis qui d'autre amour n'ay cure.
13.   Et si vueil en vo pourpris
Vivre et morir, belle; einsi l'ay empris.
Si ne devez pas mettre en nonchaloir
Moy qui tous sui vostres sans decevoir.

17. Car tous li biens dou monde puet venir
De vostre bien; aussi Dieus et Nature
19. Vous ont donné puissance de garir
L'amoureus mal dont je sens la pointure;
21.   Ne mais n'en seray garis,
Se par vous n'est, dame; j'en sui tous fis.
Si devez bien penre en cure et avoir
Moy qui tous sui vostres sans decevoir.

57

Vg, f.10r

Douce dame, tant vous aim sans meffaire
De cuer, de corps, de desir, de penser,
3. Que nulle autre, fors vous, ne me puet plaire
En maniere que la peüsse amer.
5. Et sachiez bien que tant vueil endurer
Que, se la mort recevoir en devoie,
N'en recroiray, [quoy] qu'avenir m'en doie.

8. Et si me doubt, tres douce debonnaire,
Qui belle et bonne et sage estes sans per,
10. Qu'il ne doie vo gentil cuer desplaire
L'amour, de quoy je vous aim sans fausser.
12. Las! ce me fait languir et desperer.
Mais vraiement, combien qu'il vous anoie,
N'en recroiray, quoy qu'avenir m'en doie.

15. Car adès vueil vo dous service faire
Tres loyaument, tant com porray durer,
17. Com vrais amis qui vous vueil sans retraire
Servir, celer, chierir et honnourer.
19. Et s'il vous plaist à moy reconforter,
Tres bien ferez, car pour mal ne pour joie
N'en recroiray, quoy qu'avenir m'en doie.

15. Car je sui cils qui dou mal que je port
Ne quier veoir moy ne mon cuer gary,
17. Se ce n'est dont par vous que j'aim si fort
Que je croy bien qu'onques nuls n'ama si,
19. Tant fust amez. Et sachiez bien de fi,
Se ma vie est par vous finée,
Puis qu'il vous plaist, forment m'agrée.

58

Vg, f.10v/11r

Douce dame, vo maniere jolie
Lie en amours mon cuer et mon desir
3. Desiramment, si que, sans tricherie,
Chierie adès en serez, sans partir.
5. Partir vaut miex que d'autre souvenir
Venir peüst en moy, qui en ardure
Durement vif et humblement l'endure.

8. Dure à moy seul, de tous biens assevie,
Vie d'onneur plaisant à maintenir
10. Tenir m'estuet dou tout en vo baillie
Liement, et, pour joie desservir,
12. Servir vous vueil et mes maus conjoïr.
Joïr n'espoir, helas! et sans laidure
Durement vif et humblement l'endure.

15. Dur espoir ay, puis qu'Amours ne m'aïe.
Aïe à vous me convient requerir;
17. Querir ne l'os, pour ce qu'à m'anemie
Mie ne doy ma dolour descouvrir.
19. Couvrir en moy l'aim miex jusqu'au morir.
Morir me plaist, et, combien que me dure,
Durement vif et humblement l'endure.

59

Vg, f.11v

Douce dame, vous occiez à tort
Vostre humble serf et vo loyal amy,
3. Car je n'ay pas desesperée mort
Desservie, pour ce que miex que my
5. Vous aim assez. Mais puis qu'il est ainsi
Qu'à moy occire est vo pensée,
Puis qu'il vous plaist, forment m'agrée.

8. Car je ne puis avoir milleur confort
Que tost morir dou mal dont je languy,
10. Quant vostres cuers à moy grever s'amort,
Et vous volez que sans nulle mercy
12. Muire pour vous que j'ay lonctemps servi.
Certes, douce dame honnourée,
Puis qu'il vous plaist, forment m'agrée.

60

Vg, f.22r/22v

Douce dame, vous savez que je n'ay
Nul reconfort, s'il ne me vient de vous;
3. Helas! dolens, et nul terme ne say
De reveoir vostre viaire [dous].
5. Et pour ce je vous depri
Que je ne soie en oubli,
Car nullement, pour riens je ne lairoie
Qu'à vous ne pense adès, où que je soie.

9. Amours le vuet qui me tient en esmay
Pour vostre amour, dame à qui je sui tous,
11. Quant je ne voy vostre viaire gay,
Par qui j'ay tant de dueil et de courrous
13. Qu'il me convient dire: "Aymi",
Et vostre maintieng joli
Regret souvent; pour ce, estre ne porroie
Qu'à vous ne pense adès, où que je soie.

17. Mais ja pour bien ne pour mal ne lairai
Que de servir ne soie convoitous,
19. Et en tous lieus de fin cuer et de vray
Seray amis loyaus et amorous,
21. Ne ja ne quier estre aussi,
[Pour riens] qu'il aveingne de my,
Soit long, soit près, tres douce, simple et coie,
Qu'à vous ne pense adès, où que je soie.

61

Vg, f.29v

Douce, plaisant, simple et sage,
Que j'aim assez miex que moy,
3. J'ay mis en vo dous servage
Cuer et corps; mais, par ma foy,
5. Ce me honnist et partue
Que n'ay fors que la veüe
De vous qu'ay seur toutes chier.
S'en sui vallés à drapier.

9. Quant premiers vi vostre ymage
Où riens à dire ne voy,
11. De m'amour li fis hommage
Et tous me donnay à soy.
13. Las! or est de pité nue,
Et si fust moult bien tenue
De ma dolour alegier.
S'en sui vallés à drapier.

17. S'Amours vostre dur corage
Ne met briefment en tel ploy
19. Que vo douceur assouage
La doleur que je reçoy,
21. Onques mais ne fu veüe
Creature si perdue
Pour amer de cuer entier.
S'en sui vallés à drapier.

62

G, f.66v/67r

Douceur, charité ne confort
Ne truis en homme de l'eglise;
3. N'i a celui qui me confort,
Ne que se j'estoie de Frise
5. Venus tous nus en ma chemise,
Querans mon pain de jour en jour.
Vraiement, c'est petite amour.

8. Un en y a qui pas ne dort,
Eins m'ameinne maistre devise.
10. Ces .ij. me confortent mout fort
Et me font amour et servise;
12. Plus n'en y a qui tant me prise,
Qui deingne vers moy faire tour.
Vraiement, c'est petite amour.

15. Or je vivray jusqu'à la mort;
Aussi feront il, c'est la guise.
17. Mais trop ha cuer rude et entort,
Loing de pité et de franchise,
19. Cilz qui son corage ne brise,
Quant son frere voit en dolour.
Vraiement, c'est petite amour.

63

Vg, f.38r/38v

Dou memoire des hommes desgradés
Et des livres, où il ha esté mis,
3. Maudis de Dieu, de tous sains condampnés,
De la clarté des estoilles bannis
5. Puist estre li moys de Mars
Et de mal feu d'enfer brulés et ars,
Li et si jours et sa puissance toute,
Quant il m'a fait avoir en pié la goute.

9. Dou biau soleil ne soit point alumez
Ne de la lune esclairié ne servis,
11. Mais tenebreus soit et pleins d'obscurtez,
Pour ce qu'il est à Nature annemis.
13. En bataille soit couars
Et desconfis com ribaus et pillars,
Avec le Roy de glace que trop doubte,
Quand il m'a fait avoir en pié la goute.

17. Des autres mois soit desjoins et ostés
Et de Nature oubliés et haÿs,
19. Et Avrilz soit essauciez, honnourés,
Li biaus, li doulz, li courtois, li jolis,
21. Qui florist de toutes pars
Les prés, les bois et les champs et les pars,
Et me garist maugré Mars et sa route,
Quant il m'a fait avoir en pié la goute.

64

Vg, f.23v/24r

D'un cuer si fin et d'une amour si [pure]
Me sui donnés à ma dame d'onnour,
3. Et tant par est sa tres douce figure
Dedens mon cuer emprainte par savour,
5. Que je ne pense à riens qu'à sa douçour,
Et si m'estuet manoir ensus de li.
Pour ce ne say s'il li souvient de mi.

8. Se ce n'est dont par aucune aventure
Que nulz ne sceit ma dolour ne mon plour
10. Fors moy tout seul, einsi n'est creature
Qui li puisse demontrer ma langour.
12. Et se li prie espoir telz de s'amour
Qui pour ma mort le fait, s'il est ainsi.
Pour ce ne [say] s'il li souvient de mi.

15. Mais, par m'ame, soit certainne et seüre
Que ja vers li ne pensera folour
17. Mes cuers, pour bien ne pour mal qu'il endure;
Et se me met en doubte et en paour,
19. Ce que lontains sui de son noble atour,
Si que n'y puis aler, dont je langui.
Pour ce ne say s'il li souvient de mi.

65

Vg, f.23r

D'une si vraie volenté
M'a loial amour enrichi
3. Et, pour parfaire loyauté,
Si endoctriné et norri
5. Que, comment que li corps de my
Preingne ensus de vous sa demeure,
Ma dame, li cuers vous demeure.

8. Comme cils qui vostre bonté
Sert, aour et prie mercy.
10. Nonpourquant vo fine biauté
Ne puis veoir; dont je langui
12. En joliveté, si qu'einsi
Tout adès, se Diex me sequeure,
Ma dame, li cuers vous demeure.

15. Et puis que j'aim sans fausseté,
    A loy de tres loyal amy
17. Qui vueil faire tout vostre gré,
    Pour Dieu, à mains jointes, vous pri
19. Que de vous ne soie en oubli,
    Car en tous temps et à toute heure,
    Ma dame, li cuers vous demeure.

66

Vg, f.14r/14v

D'uns dous yex vairs, rians, fendus,
Et d'un dous ris, fait par mesure,
3. Sui je par mi le cuer ferus,
   Dont je sens sans plaie pointure;
5. Mais le cop est de tel nature
   Et tant me plaist à soustenir
   Que jamais je n'en quier garir.

8. Biauté, bonté et, au seurplus,
   Scens, grace, maniere meüre,
10. Dous acueil pour yex esperdus
    Ravoier en envoiseüre,
12. Tous ces biens a en sa figure
    Celle qui si me vint ferir
    Que jamais je n'en quier garir.

15. Et quant ses corps est pourveüs,
    Si qu'en tous tans honneur y dure,
17. Et s'a toutes bonnes vertus,
    J'aim miex que pour li mal endure
19. Que joïr d'autre, tant soit pure,
    Pour ce qu'en mal ay tel plaisir
    Que jamais je n'en quier garir.

67

Vg, f.21r

Emy! dame, comment puet endurer
Vos gentils cuers, qui tant a de valour,
3. Que je me muir einsi pour vous amer?
   Et si savez que je n'aim ne aour
5. Autre de vous n'onques vers vous folour
   Je ne pensay, et vous m'estes si dure
   Que pour vous sui mis à desconfiture.

8. Helas! dolens, et pour moy partuer
   Vous n'avez mais ne pité ne tenrour
10. De ma dolour, ne vostre oueil regarder
    Ne me deingnent, et vo fine douçour
12. Me fuit et het, et vo fresche coulour
    Ne puis veoir; dont tant de mal endure
    Que pour vous sui mis à desconfiture.

15. Pour ce vous pri que briefment conforter
    Vueilliez mon cuer et aligier son plour;
17. Car plus n'ose ne venir ne aler
    Ne retourner vers vostre noble atour,
19. Pour ce que j'ay de vo courrous paour,
    Qui m'a ja si mis hors d'envoiseüre
    Que pour vous sui mis à desconfiture.

Vg, f.21r

Emy! dolens, chetis, las, que feray,
Quant de mon cuer, ma dame et m'amour
3. Seray partis? Certes, je ne le say;
   Car je me sens pleins de toute dolour
5. Et de morir ay si tres grant paour
   Que nulle riens ne me puet resjoïr,
   Puis qu'il m'estuet de ma dame partir.

8. Car je say bien que tous jours languiray
   Sans avoir bien ne joie ne baudour,
10. Jusques à tant que je la reverray.
    Mais [il] m'estuet faire .j. si lonc sejour,
12. Dolentement, loing de son noble atour,
    Que je ne say que puisse devenir,
    Puis qu'il m'estuet de ma dame partir.

15. Einsi sans cuer et sans joie seray,
    Quant sa biauté et sa fine douçour
17. En son gent corps remirer ne porray
    Que j'aim et croy, ser, desir et aour.
19. Mais quant passer n'en puis par autre tour,
    Mors, vien à moy, car je vueil bien morir,
    Puis qu'il m'estuet de ma dame partir.

69

Vg, f.28v

En cuer ma dame une vipere maint
Qui estoupe de sa queue s'oreille
3. Qu'elle n'oie mon dolereus complaint:
   Ad ce, sens plus, adès gaite et oreille.
5. Et en sa bouche ne dort
   L'escorpion qui point mon cuer à mort;
   Un basillique a en son dous regart.
   Cil troy m'ont mort et elle que Diex gart.

9. Quant en plourant li depri qu'elle m'aint,
   Desdains ne puet souffrir qu'oïr me vueille,
11. Et [s'elle] en croit mon cuer, quant il se plaint,
    En sa bouche Refus pas ne sommeille,
13. Ains me point au cuer trop fort;
    Et son regart rit et a grant deport,
    Quant mon cuer voit qu'il font et frit et art.
    Cil troy m'ont mort et elle que Diex gart.

17. Amours, tu sceit qu'elle m'a fait mal maint
    Et que siens sui toudis, vueille ou ne vueille.
19. Mais quant tu [fuis] et Loyautés se faint
    Et Pités n'a talent qu'elle s'esveille,
21. Je n'i voy si bon confort
    Com tost morir; car à grant desconfort
    Desdains, Refus, Regars qui mon cuer part,
    Cil troy m'ont mort et elle que Diex gart.

En desespoir, dame, de vous me part
Com cilz qui ay perdu toute esperance,
3. Pour ce que n'ay ne le tiers ne le quart
De vostre amour, dont je sui en doubtance
5.   De morir pour vous à tort.
Et se par vous, belle, reçoy la mort,
Chascuns dira *c'onques mais creature*
A son ami ne pot estre si dure.

9. Helas! dame, vostre tres dous regart
Navra mon cuer de l'amoureuse lance,
11. Quant premiers vi vo gent corps que Diex gart;
Si que j'avoie en vous droite fiance
13.   D'avoir aucun bon confort.
Mais se vos cuers prent en mon mal deport,
On verra bien *c'onques mais creature*
A son ami ne pot estre si dure.

17. En vous en est, dame, car il n'est art
Qui me donnast de mes maulz aligence,
19. [S'il] ne me vient de vous; mais c'iert à tart,
Car loing seray de vo douce sanlance
21.   En dueil et en desconfort.
Et se je y muir pour vous amer trop fort,
Qui ne dira *c'onques mais creature*
A son ami ne pot estre si dure?

En haut penser, plein d'amoureus desir,
M'a bonne Amour embatu sans retraire;
3. Si l'en mercy, quant daingnié souvenir
Li a de moy; mais trop me fait de haire
5. Pour ce sans plus que un regart recueilly
Et si ne say se au donner s'assenti;
Mais mon cuer prist par ses yex doucement
Celle que j'aim de cuer entierement.

9. Ne la bele que j'aim tant et desir
Ne scet quant prist mon cuer par son viaire,
11. Ne ne sara par moy; j'aim miex morir.
Car il n'est riens qui tant me puist detraire
13. Com le refus dou haut don de merci;
Car se je l'ay, si vair oueil ont trahi
Moy et mon cuer, par le consentement
Celle que j'aim de cuer entierement.

17. Si qu'il n'est riens qui me puist resjoïr,
Fors que j'espoir qu'elle est si debonnaire
19. Que bien porray par loyaument servir,
Sans estre amez, son bon samblant attraire,
21. Qu'apeller puis ami et anemy;
Car il me fait plourer de cuer joly,
Dueil en joie me fait, joie en tourment,
Celle que j'aim de cuer entierement.

En lieu de ce que je puis deservir
En vous servir de cuer toute ma vie,
3. Douce dame, vueilliez moy remerir
Aucune joie à ceste departie;
5.   Car se de vous me depart
Sans joie avoir de l'ardure qui m'art,
Faurra fenir mon cuer à grant dolour
Pour vous que j'aim de tres loyal amour.

9. Si ferez bien, que je n'aim ne desir
Riens tant com vous, douce dame jolie;
11. Et se riens fait ay contre vo plaisir,
Pardonné soit, d'umble cuer vous en prie;
13.   Car Amours, se Diez me gart,
Qui me destreint pour vous et main et tart
Me tient souvent en léesse et en plour
Pour vous que j'aim de tres loyal amour.

17. Et s'il vous plaist que je doie faillir
A la joie que j'ay tant convoitie,
19. Il me plaist bien, car je vueil obeir
A vous toudis, long et près, quoy qu'on die.
21.   Mais se de vo dous regart
Pooie avoir un amoureus regart
Au departir, je seroie en baudour
Pour vous que j'aim de tres loyal amour.

En l'onneur de ma douce amour
Que j'aim miex que mi proprement
3. Ay mis cuer et cors et vigour,
Ma pensée et mon sentement
5.   En toutes dames loer;
N'onques heure ne m'en pos saouler.
Or vont disant que c'est trop bien menti;
Mais s'il leur plaist, il me plaist bien aussi.

9.   Car leur vueil ay fait sans sejour,
A mon pooir, tres humblement,
11.   Ne ja Diex ne me doint le jour
Veoir que le face autrement.
13.   Pour ce me vueil deporter
De leur loange acroistre et ellever,
Quant pour leur bien se vont moquant de mi;
Mais s'il leur plaist, il me plaist bien aussi.

17.   Or me gart Diex de tel folour
Que face ou die nullement
19.   Riens qui soit contre leur honnour
Que je vueil souvereinnement;
21.   Car ja ne les quier blasmer,
Einsois les vueil toutes pour une amer,
Comment qu'à moy soit povrement meri.
Mais s'il leur plaist, il me plaist bien aussi.

En remirant vo gracieus viaire
Et vo gent corps, belle, qui tant m'agrée,
3. Douce esperence en mon fin cuer repaire,
Qui resjoïst mon cuer et ma pensée.
5. Si doucement que ma joie doublée
En est cent fois, quant je vous puis veoir.
S'en sui amis loyaus, sans decevoir.

8. Car il n'est nuls, s'il atent tel salaire
Comme je fais, douce dame honnourée,
10. Qui ne doie, sans faire nul [contraire],
Servir amours, quant elle est engenrée
12. Dedens son cuer; car chose desirée
Plaist trop à cuer, quant on la puet avoir.
S'en sui amis loyaus, sans decevoir.

15. Et pour ce à vous, tres douce debonnaire,
Dong tout mon cuer, comme à la miex amée
17. Qu'onques amast amis sans rien meffaire,
Sans ce qu'amours y soit en riens faussée,
19. Car à toutes mes loyaus cuers se vée,
Fors qu'envers vous que je serf en espoir.
S'en sui amis loyaus, sans decevoir.

Fueille ne flour ne verdure
Ne douceur de temps pascour
3. Ne nulle autre creature,
Fors vous, dame de valour,
5. Ne [pueent] mettre en baudour
Mon cuer qui muert par desir
De vous veoir et oïr.

8. Comment qu'en envoiseüre
En soient amant plusour,
10. Mais tant plus de mal endure,
Que voy leur joie gringnour,
12. Et tant plus soupir et plour,
Quant il me convient tenir
De vous veoir et oïr.

15. S'en sui à desconfiture,
S'Amours par sa grant douçour
17. De mon desir n'amesure
La desmesurée ardour,
19. Ou se tost ne voy le jour
Qui me face resjoïr
De vous veoir et oïr.

Gais et jolis, liez, chantans et joieus
Sui, ce m'est vis, en gracieus retour,
3. Pleins de desir et en cuer familleus
De reveoir ma dame de valour,
5. Si qu'il n'est mauls, tristece ne dolour
Qui de mon cuer peüst joie mouvoir:
Tout pour l'espoir que j'ay de li veoir.

8. Car mes cuers est si forment convoiteus
De remirer son tres plaisant atour,
10. Son gentil corps, son dous vis gracieus,
Son dous regart et sa fresche coulour,
12. Par qui je sui plains de loyal amour,
Que je ne puis durer ne main ne soir:
Tout pour l'espoir que j'ay de li veoir.

15. Et puis que Diex m'a fait si eüreus
Que je verray la parfaite douçour
17. De ma dame pour qui sui amoureus,
Oubeissans à li sans nul sejour,
19. Je la doy bien honnourer sans folour,
Quant riens ne puet mon cuer faire doloir
Tout pour l'espoir que j'ay de li veoir.

Gent corps, faitis, cointe, apert et joli,
Juene, gentil, paré de noble atour,
3. Simple, plaisant, de bonté enrichi
Et de biauté née en fine douçour,
5. Mon cuer a si conquis par sa vigour
Le dous regart de vo viaire cler,
Qu'autre de vous jamais ne quier amer.

8. S'ay droit, car j'ay si noblement choisi
Que, se je fusse à chois d'amer la flour
10. De ce munde, s'eüsse je failly
A miex choisir qu'en vous, dame d'onnour.
12. S'en remerci vous et loial Amour
Qui tient mon cuer en si plaisant penser
Qu'autre de vous jamais ne quier amer.

15. Tres douce dame, et puis qu'il est einsi
Que je vous aim, sans penser deshonnour,
17. Et qu'en tous lieus avez le cuer de my,
Qui merci prie humblement nuit et jour,
19. Je vous depri par vois pleinne de plour
Que vous vueilliez savoir, par esprouver,
Qu'autre de vous jamais ne quier amer.

Gente de corps et tres belle de vis,
Vraie de cuer, d'onneur la souverainne,
3. [Ymage à droit parfaite, à mon devis,
La grant bonté de vous, entiere et sainne,]
5. Le sens, le pris, la maniere certainne
Et vo douceur vous font estre en ce monde
M'amour premier et ma dame [seconde].

8. Et je l'ottroy moult bonnement; car pris
Tenés mon cuer, sens pensée vilainne,
10. Tres doucement en flun de tous delis
Et de douçour en la droite fontainne
12. Dont li ruissiaus toute joie mondainne
Avoir me fait, quant sentir m'en font l'onde
M'amour premier et ma dame seconde.

15. Voirs est qu'à vous sui durement pensis,
Belle et bonne, quant vous m'estes lontainne,
17. Et qu'en pensant souvent, comme homs ravis,
Remir vos biens; mais cis penser m'amainne
19. Joieuse vie et me fait mettre en peinne
Vers tous, à fin qu'en bien croisse et habonde
M'amour [premier] et ma dame seconde.

Gentil dame de tres noble figure,
Je vous aim miex et de plus vraie amour
3. Que je ne fais autre creature,
Pour la bonté qui tant vous fait d'onnour;
5. Et sachiez bien que vo fine douçour
Tant doucement me maistrie et demainne
Que de mon cuer estes la souvereinne.

8. Si que vers vous ne quier penser laidure
Ne riens qui puist tourner à deshonnour,
10. Eins vueil mettre mon desir et ma cure,
Mon cuer, mon corps et toute ma vigour
12. En vous servir loyaument, sans folour,
Puis qu'Amours vuet sans pensée vileinne
Que de mon cuer estes la souvereinne.

15. Et quant Amours vuet que ma norriture
Preingne en servant vostre haute valour
17. Et je l'ottroy de volenté si pure
Que je ne quier ja faire autre labour,
19. Chiere dame, que je serf et aour,
Vous devez bien estre toute certeinne
Que de mon cuer estes la souvereinne.

Gentil dame, douce, plaisant et sage,
Bonne, bele, gracieuse et jolie,
3. D'umble voloir et de loyal corage
Vous vueil servir tous les jours de ma vie,
5. Sans penser nul villain tour;
Et se vers vous ne puis faire retour,
A mon voloir, ne m'aiez en oubli,
Douce dame, que sans cuer vous en pri.

9. Car au departir de vous en droit servage
Laissay mon cuer en vostre compaignie,
11. Comme vos sers qui de droit et d'usage
Le doy faire, sans penser villennie.
13. Et quant aussi nuit et jour
Il me souvient de vo fine douçour,
Pour Dieu merci, souveingne vous de mi,
Douce dame, que sans cuer vous en pri.

17. Et vraiement, je n'ay pas cuer volage,
Car je ne sçay nulle, tant soit prisie,
19. Qui remouvoir de vostre signorage
Me peüst, ne dont je vosisse mie
21. Avoir le cuer et l'amour.
Et puis qu'einsi vous aim sans deshonnour,
N'entroubliez vostre loial ami,
Douce dame, que sans cuer vous en pri.

Grant merveille ont de ce que plus ne chant
Cil qui m'ont veu chanter de lie chiere,
3. Et dient que je vois en empirant.
Mais il ont tort; car je n'ay pas matiere
5. De mener baudour,
Eins vueil et doy ma vie user en plour,
Sans nul reconfort,
Quant mes cuers maint en grief doleur à tort.

9. Cil font trop mal qui me vont requerant,
Car je n'ay cuer ne volenté [qui quiere]
11. Bien ne solas, ne riens qui tant ne quant
Me peüst mettre en jolie maniere;
13. Eins vueil ma dolour
Plaindre, plourer et gemir nuit et jour,
Jusques à la mort,
Quant mes cuers maint en grief doleur à tort.

17. Pour ce leur pri que dès ore en avant
    Ne me facent plus de chanter priere;
19. Car, par m'ame, j'ay doubtance moult grant
    Qu'eü n'aie ma joie darreniere,
21.   Pour ce que langour
    Dure et obscure et pleinne de tristour
       Me destreint trop fort,
Quant mes cuers maint en grief doleur à tort.

82

Vg, f.17r

Hé! gentils cuers, loyaus, dous, debonnaire,
En qui tous biens sont mis sans departir,
3. Il me convient de vostre dous viaire
    Mon [corps sans cuer] en plourant departir.
5. Las! si ne say que puisse devenir,
    Car je ne puis sans vous veoir durer;
Et si m'estuet ensus de vous aler.

8. Mais de vray cuer, loiaument, sans retraire,
    Vous serviray tous jours sans repentir,
10. Ne ja voloir ne me doint de retraire
    Dieus ne Amours, car plus chier y morir
12. Vorroit mes cuers c'un tout seul souvenir
    Peüst en moy [d'une] autre demourer;
Et si m'estuet ensus de vous aler.

15. Et quant j'aim si loyaument, sans meffaire,
    Que je y met tout, cuer et corps et desir,
17. Certes, moult doit mon dolent cuer desplaire,
    Quant long de vous me convenra languir,
19. Car nuls ne puet plus amer ne cherir
    Que je vous aim, sans folie penser;
Et si m'estuet ensus de vous aler.

83

Vg, f.6v

Hé! gentils cuers, me convient il morir
Pour vous que j'aim miex que mi proprement?
3. Certes, oïl. Amours le vuet souffrir
    Qui loing de vous m'ocist à grief tourment.
5. Mais onques mais nul homs si liement
    Ne reçut mort com je la recevray,
Puis que pour vous et pour amer morray.

8. Car tous li mons le me devra tenir
    A grant honneur, se je muir ensement,
10. Et tuit amant devront Amours fuïr,
    S'elle m'ocist pour amer loyaument.
12. En li en est, face en tout son talent,
    Car ja pour ce maistié n'en penseray,
Puis que pour vous et pour amer morray.

15. C'est drois, car j'ay tous jours eü desir,
    Puis que j'empris l'amer premierement,
17. De son voloir parfaire et acomplir;
    Et se morir puis amoureusement
19. Pour acomplir son dous commandement,
    Il m'est avis que douce mort aray,
Puis que pour vous et pour amer morray.

84

Vg, f.10r

Helas! Amours, que vous ay je meffait,
Qui me volez sans occoison deffaire?
3. Vous savez bien que par dit et par fait
    Vous ai servi loyaument, sans meffaire,
5. Et qu'adès vueil vo dous service faire,
    Com cils qui tous à vo dangier m'encline
De cuer, de corps et de volenté fine.

8. Se je eüsse mon cuer de vous retrait,
    Pour ce qu'adès m'avez esté contraire,
10. Ou dedens moi un seul penser attrait
    Contre l'onneur ma dame debonnaire,
12. Bien [deüssiez] moy destruire et detraire.
    Mais vous savez que d'amer tous m'affine
De cuer, de corps et de volenté fine.

15. Einsi prenez amende sans meffait
    Et pour bien faire me faites tout mal traire;
17. Et si m'avez donné par vostre attrait
    A ma dame, sans changier ne retraire,
19. Contre son gré, car je ne li puis plaire,
    Einsois toudis de moy grever ne fine
De cuer, de corps et de volenté fine.

85

Vg, f.24v/25r

Helas! Desirs, que me demandes tu?
Que t'ai ge fait qui ainsi me destruis
3. Par ton engin navré et confondu,
    Mais si [qu'aler] vers ma dame ne puis?
5.   Et si ne me lais en pais
    D'aler vers li et aler ne m'i lais,
    Soit loing, soit près; toudis y es contre mi.
Certes, trop ay en toy dur ennemi.

9. Souvent me fais, bien l'ay aparceü,
    Plaindre mes jours et enhaïr mes nuis,
11. N'encor ne m'as nule fois repeü
    Des biens dont tant sui familleus et vuis,
13.   Que tant desirer me fais
    Qu'il me vaurroit miex morir à .j. fais
    Qu'ainsi languir en desirant merci.
Certes, trop ay en toy dur [ennemi].

17. Si sui trop fols, quant je t'ay tant creü,
    Car tu pues bien acroistre mes anuis,
19. Mais en toi n'a sens, pooir ne vertu
    De moy aidier, se de moy ne t'en fuis;
21.   Mais ce n'avenroit jamais,
    Qu'en mon cuer [y es] si ardenment pourtrais
    Que ne t'en pars jour, heure ne demi.
    Certes, trop ay en toy dur ennemi.

15. Mais, par m'ame, toudis, sans repentir,
    De loyal cuer et de parfaite amour,
17. La vueil amer et loyaument servir
    Com vrais amis, long de son noble atour,
19. Ja soit einsi qu'en dueil et en tristour
    Me conveingne estre adès, où que je soie,
    Quant je ne voy ma dame simple et coie.

86

Vg, f.17v

Helas! dolens, que porray devenir
Ne où porra mes chetis corps retraire,
3. Quant je ne puis achever mon desir?
   Et si m'estuet long de ma dame traire.
5. J'aim miex morir dalès son dous viaire,
   Com vrais amis, qu'ensus de li languir,
   Car se ma mort li venoit à plaisir,
   Riens fors merci tant ne me porroit plaire.

9. Et se je puis dalès li definir,
   Je suis certeins qu'elle est de tel affaire
11. Qu'elle sara comment j'aim et desir
    Et que je vueil son dous service faire
13. Tres loyaument, de fin cuer, sans meffaire;
    Si que par ce porra elle choisir
    Que, s'à son gré mort me pooit venir,
    Riens fors merci tant ne me porroit plaire.

17. Je ne la puis trop amer ne chierir,
    Car seur toutes a le cuer debonnaire,
19. Corps gracieus, yex pour cuer conquerir,
    Douce, simple, faitice, blonde et vaire;
21. Pitez, Franchise, Honneur ont leur repaire
    Dedens son cuer, dont je di sans mentir
    Que, se à son gré la pooie servir,
    Riens fors merci tant ne me porroit plaire.

87

Vg, f.20r

Helas! dolens, que porray devenir?
Quant si pleins sui d'amoureuse dolour
3. Que je ne puis vivre ne morir,
   Eins suis si hors de joie et de baudour
5. Que je n'ay mais ne force ne vigour,
   Ne riens ne puet mettre mon cuer en joie,
   Quant je ne voy ma dame simple et coie!

8. Je ne le say; car j'ay si grant desir
   De reveoir sa parfaite douçour
10. Qu'il me convient dementer et gemir.
    Mais nulle riens ne requier en mon plour
12. A ma dame n'à Dieu, fors qu'en m'ardour
    Procheinnement de mes maus morir doie,
    Quant je ne voy ma dame simple et coie.

88

Vg, f.30r

Helas! dolent, ma rose est mise en mue
Soudainnement, dont je suis en doubtance
3. Quant sa douçour et son oudeur ne mue
   Et sa coulour en estrange muance,
5.   Car à li hurtent souvent
   Bise, galerne et tuit li autre vent
   Sens zephirus; n'en riens ne prent deport
   Fors seulement en Loyauté qui dort.

9. Helas! dolent, je doubt ne se desnue
   De ses fueilles que j'apelle esperance,
11. Foy, scens, raison, taire, oïr, estre mue
    De desconfort, souffrir en pacience
13.   Et vivre joieusement
    Selonc le temps et amoureusement
    Penser à Dieu n'avoir ailleurs ressort
    Fors seulement [en] Loyauté qui dort.

17. Par ces .xij. puet estre soustenue
    En douce oudeur, en coleur, en vaillance,
19. Et l'agu vent qui renommée tue
    Ne porra faire à son renom grevance,
21.   Et Loyauté temprement
    S'esveillera, car trop dort longuement,
    Pour li aidier; n'i voy autre confort
    Fors seulement [en] Loyauté qui dort.

89

Vg, f.9v/10r

Helas! je sui de si male heure nez
Qu'Amours me het et ma dame m'oublie,
3. Tous biens me fuit, tous mauls m'est destinez.
   Nuls ne saroit comparer ma hachie;
5. Car Pitez s'est pour ma mort endormie,
        Grace et Eür m'ont guerpy
        Et Fortune m'est contraire.
        Assez de meschiés [a] ci,
        Eins que joie en puisse attraire.

10. Sans nul espoir d'estre reconfortez
    Sui et sans cuer; car toudis mercy prie
12. Li las! pour moy, et mes confors est telz
    Que durtez maint où douceur est norrie;
14. Cruautez vaint franchise et courtoisie,
    Loyauté est en oubly,
    Mes services ne puet plaire.
    Assez de meschiés a ci,
    Eins que joie en puisse attraire.

19. Et avec ce si mal sui fortunez
    Que, pour faire moy plus languir en vie,
21. Mors ne me vuet pour mes maleürtez.
    Mais maugré li morray; je n'en doubt mie,
23. Car la durté de ma grief maladie
    A bien la mort desservi,
    Et pis s'on li pooit faire.
    Assez de meschiés a ci,
    Eins que joie en puisse attraire.

90

Vg, f.16v

Helas! mon cuer, bien le doy pleindre,
Quant j'ay perdu ce que j'amoie
3. Plus que moy, de cuer et sans feindre;
Trestoute m'entente y mettoie.
5. Las! or me tolt toute ma joie.
S'en chant de cuer desesperé:
"*Ma dame m'a [congié] donné*".

8. Se Diex ne me laist ja ateindre
A merci, que je la servoie
10. Pour bien et feray, sans refreindre,
De cuer, que qu'avenir m'en doie.
12. Mais trop volentiers je saroie
Pour quoy ne de quel volenté
Ma dame m'a congié donné.

15. Car le mal qui si me fait teindre
Plus aaisiement porteroie,
17. S'Amours ne me voloit desteindre,
Se mon droit en mon tort savoie.
19. Mais je croy bien, se Diex me voie,
Que par deffaut de loyauté
Ma dame m'a congié donné.

91

Vg, f.20v/21r

Helas! pour quoy m'est bonne Amour si dure,
Quant elle scet que j'ay toute ma vie
3. Mis mon desir et mon cuer et ma cure
En li servir loyaument sans folie?
5. Or me tient long de ma dame jolie
Si longuement et en si dur espoir
Qu'il me convient morir ou li veoir.

8. Car mes desirs est pleins de tel ardure
Qu'il art mon corps par si noble maistrie
10. Que nuls n'i voit plaie ne blesseüre.
Mais [il] pert bien à moy que je mendie
De toute joie et que santé n'ay mie,
Eins ay dolour qui tant me fait doloir
Qu'il me convient morir ou li veoir.

15. Et si say bien que sa gente figure
Et sa douçour qui m'esprent et maistrie
17. Jusqu'à lonctemps ne verray; dont j'endure
En desconfort si dure maladie
19. Que je n'ay mais esperence d'aïe
Ne de confort de nelui, eins espoir
Qu'il me convient morir ou li veoir.

92

Vg, f.9v

Helas! pour quoy virent onques mi oueil
Biauté, pour moy decevoir et traïr,
3. Ne corps changant, ne cuer plein de tel vueil
Qu'il faint amer et ne fait que haïr?
5. Miex me vausist estre nez, sans mentir,
Sans yex qu'amer dame, où tant truis contraire,
Quant loyauté ne maint en son viaire.

8. Le dous attrait de son tres bel acueil
Au commencier me volt tant enrichir
10. Que j'estoie de tous biens en l'escueil,
Et me tenoit en l'espoir de joïr.
12. Las! or me fait de haut en bas venir
Et sans raison me vuet dou tout deffaire,
Quant loyauté ne maint en son viaire.

15. Si n'en puis mais, se je m'en plaing et dueil;
Car ailleurs voy donner et departir
17. Les tres dous biens que de li avoir sueil,
Et à grant tort les me voy retollir
19. Et moy guerpir pour un autre enchierir.
Fuiez, fuiez dames de tel affaire,
Quant loyauté ne maint en son viaire.

93

Vg, f.18r

Hé! mesdisans, com je vous doy haïr,
Quant j'ay perdu par vous le dous repaire
3. Où celle maint qui me fera fenir,
S'elle vous croit, par mort crueuse traire.
5. Mais, se Diex plaist, ja ne m'iert si contraire
Ma douce amour qu'elle croie de my
Riens qui ne soit à s'onneur converti,
Car autrement riens ne vorroie faire.

9. Et s'elle croit mesdisans pour mentir,
Qu'elle scet bien qui sont mi adversaire,
11. Pechié fera: si m'en faurra morir
Com vray amy qui si aim sans meffaire
13. Qu'à moy merci d'amours ne porroit plaire
Ne recevoir toute joie d'ami
Fors par son gré; et si sachiez de fi,
Car autrement riens ne vorroie faire.

17. Je ne la puis trop amer ne chierir,
Car seur toutes ha regart debonnaire,
19. Corps gracieus, yex pour cuer conquerir,
Douce, blanche, faitice, blonde et vaire.
21. Pitez, Franchise, Honneur ont leur repaire
Dedens son cuer; pour ce la vueil servir
Tres loyaument toudis jusqu'au morir,
Car autrement riens ne vorroie faire.

94

Vg, f.28r

Honte, paour, doubtance de meffaire,
Attemprence mettre en sa volenté,
3. Large en refus et lente d'ottroy faire,
Raison, mesure, honneur et honnesté
5.   Doit en son cuer figurer,
Et mesdisans seur toutes riens douter
Et estre en tous fais [amoureus] couarde,
Qui de s'onneur vuet faire bonne garde.

9. [Sage] en mainteing, à bien prendre exemplaire,
Celer à point s'amour et son secré,
11. Simple d'atour et non voloir attraire
Pluseurs à li par samblant d'amité,
13.   Car c'est pour amans tuer,
Foy, pais, amour et loyauté garder,
Ce sont les poins que dame en son cuer garde,
Qui de s'onneur vuet faire bonne garde.

17. Quar quant amours maint en cuer debonaire,
Juene, gentil, de franchise paré,
19. Plein de cuidier et de joieus affaire
Et de desir par plaisence engenré,
21.   C'est trop fort à contrester,
Qu'il font souvent scens et mesure outrer;
Pour ce à ces poins pense adès et regarde
Qui de s'onneur vuet faire bonne garde.

95

Vg, f.22v

Hui a .j. mois que je me departi
De celle en qui j'ay mis toute ma cure,
3. Mais onques mais mes las cuers ne senti
Nulle doleur à endurer si dure
5.   Com fu le departement;
Car je ne pos dire: "A Dieu vous comment!"
Au departir de ma dame jolie:
Tant me [fist] mal de li la departie.

9. Car à peinnes que mes cuers ne parti,
Tant fu chargiez de doleur et d'ardure,
11. Quant je perçu que le maintieng joli,
Le dous regart et la noble figure
13.   Et le dous viaire gent
De ma dame laissoie; et vraiement,
En grant paour fui de perdre la vie:
Tant me fist mal de li la departie.

17. Et sans doubtance, onques puis je ne vi
Riens qui peüst mettre en envoiseüre
19. Moy ne mon cuer. Et c'est drois, que sans li
Ne quier avoir nulle bonne aventure
21.   Ne joie n'aligement;
Car à li sui donnez si ligement
Que je ne fis onques puis chiere lie:
Tant me fist mal de li la departie.

96

Vg, f.26r

Il m'est avis, qu'il n'est dons de Nature,
Com bons qu'il soit, que nulz prise à ce jour,
3. Se la clarté tenebreuse et obscure
De Fortune ne li donne coulour;
5.   Ja soit [ce] que seürté
Ne soit en li, amour ne loyauté.
Mais je ne voy homme amé ne chieri,
Se Fortune ne le tient à ami.

9. Si bien ne sont [fors] vent et aventure,
Donné à faute et tolu par irour;
11. On la doit croire où elle se parjure,
Car de mentir est sa plus grant honneur.
13.   C'est .i. monstre envolepé
De [boneür], plein de maleürté;
Car nuls n'a pris, tant ait de bien en li,
Se Fortune ne le tient à ami.

17. Si me merveil comment Raisons endure
Si longuement à durer ceste errour,
19. Car les vertus sont à desconfiture
Par les vices qui regnent com signour.
21.   Et qui vuet avoir le gré
De ceuls qui sont et estre en haut degré,
Il pert son temps et puet bien dire: Aymi!",
Se Fortune ne le tient à ami.

97

Vg, f.27r

Il ne m'est pas tant dou mal que j'endure
Come de ce que je voy loyauté
3. [Mise] au dessous et à desconfiture,
Car en dame, plainne de grant biauté,
5. Maint traïson et toute faussesté:
Foy, loy, raison, droit n'i a ne mesure;
C'est ce pour quoy ma dolour m'est plus dure.

8. Quant j'enamay sa tres douce figure
Qui puis m'a fait avoir mout de grieté,
10. Foy me promist; mais elle en est parjure,
Car je sçay bien qu'elle a autre enamé.
12. Or dit ainsi qu'elle n'a volenté
De plus amer; mais c'est par couverture.
C'est ce pour quoy ma dolour m'est plus dure.

15. Et quant je voy qu'elle est de tel nature
Qu'en li ne truis ne foy ne verité,
17. Et si l'aim plus que nulle creature
Qui soit vivant, n'elle n'en a pité,
19. Bien voy qu'Amours à cuer desesperé
Vuet que je muire et je humblement l'endure.
C'est ce pour quoy ma dolour m'est plus dure.

8. Mais tant languy par deffaut de merir
Ay que mes cuers n'a mais autre vigour,
10. Fors que voloir d'amer et d'obeïr
Et de penser toudis à vostre honnour;
12. N'il ne s'entent à faire autre labour,
En esperant que de moy vous souveingne,
S'Amours le vuet et vos gentils cuers deingne.

15. Si que je sui trop lonteins de garir,
Quant vous n'avez pité de ma langour,
17. Einsois estes contraire à mon desir,
Dont mi jour sont continué en plour.
19. Si voy trop bien qu'il n'i a milleur tour,
Fors que briefment la mort pour vous me preingne-
S'Amours le vuet et vos gentils cuers deingne.

98

A, f.213r

Il ne m'est pas tant dou mal que j'endure
Comme de ce que je voy loyauté
3. Par traïson mise à desconfiture;
Car j'ay lonc temps parfaitement amé,
5.　　Loyaument, en bonne foy,
Celui que plus au jour d'ui haïr doy
Et qui mon cuer tient en plus grant sousci,
Pour ce qu'il m'a mauvaisement traÿ.

9. Je l'amoie d'une amour si tres pure
Qu'onques vers li ne pensay faussété,
11. Et la sienne desloial et parjure
Est et sera et a tous jours esté,
13.　　Si que dès or mais renoy
Lui et son fait et l'amoureuse loy,
Ne je n'aray ja mais fiance en li,
Pour ce qu'il m'a mauvaisement [traÿ].

17. Si me merveil comment Amours endure
Qu'amans ha cuer plein et envolepé
19. De traïson, de fausse couverture,
Et fait cuidier qu'il die verité.
21.　　De ce me plain; car bien voy
Qu'Amours, mon cuer et Faus Samblant, cil troy,
M'ont deceü; dont je pleure et gemi,
Pour ce qu'il m'a mauvaisement [traÿ].

100

Vg, f.26v/27r

Il n'est doleur, desconfort ne tristece,
Annuys, grieté ne pensée dolente,
3. Fierté, durté, pointure ne aspresse,
N'autre meschief d'amour que je ne sente,
5.　　Et tant plain, soupir et plour
Que mes las cuers est tous noiés en plour.
Mais tous les jours me va de mal en pis,
Et tout pour vous, biaus dous [loyals] amis.

9. Car quant je voy que n'ay voie n'adresse
A tost veoir vostre maniere gente
11. Et vo douceur qui [de] loing mon cuer blesse,
Qui toudis m'est par pensée presente,
13.　　Je n'ay confort ne retour
Fors à plourer et à haïr le jour
Que je vif tant; c'est mes plus grant delis.
Et tout pour vous, biaus dous loyals amis.

17. Mais se je sui loing de vous sans léesse,
Ne pensés ja que d'amer me repente,
19. Car Loyauté me doctrine et adresse
A vous amer en tres loyal entente.
21.　　Si que cuer, penser, amour,
Voloir, plaisence et desir, sens retour,
Ay eslongié de tous et arier mis;
Et tout pour vous, biaus dous loyals amis.

99

Vg, f.11v/12r

Il n'est confors qui me peüst venir,
S'il ne venoit de vo fine douçour;
3. Einsois convient moy garir ou morir,
BELE, par vous que j'aim de fine amour,
5. Car de vous vient m'amoureuse dolour.
Et pour ce est drois que mes confors en veingne,
S'Amours le vuet et vos gentils cuers deingne.

101

Vg, f.23r

Ja Diex pooir ne me doint ne loisir
Ne tant durer que j'aie ja pensée
3. Ne volenté ne pooir ne desir
D'entroublier ma dame desirée;
5. Car, par m'ame, mescheoir la journée
Ne me porroit qu'il me souvient de li,
Pour la bonté dont Diex l'a enrichi.

8. Dont n'est il maus qui me peüst venir,
   Car nuit et jour sa face coulourée
10. Et sa fine biauté que tant desir
    Par souvenir m'est adès demoustrée;
12. Et par ce la vraie amour est doublée
    Et loyauté croist et esprent en my,
    Pour la bonté dont Diex l'a enrichi.

15. Et puis que j'ay tel bien, sans desservir,
    Par li que j'aim plus que nulle riens née,
17. Qu'Amours me vuet de tous maus garantir
    Et vuet qu'en moy joie ait sa demourée,
19. De moy sera servie et honnourée
    Ma douce dame à qui mon cuer ottri,
    Pour la bonté dont Diex l'a enrichi.

9. Et si n'ay je nul ottroy de s'amour;
   Mais il m'est vis qu'un petit s'aperçoit
11. Que de fin cuer, loyaument, sans folour,
    L'aim et desir, en quel lieu qu'elle soit.
13. Ce me maintient en baudour et en joie,
    Car tant bele est, douce, plaisant et quoie
    Que j'ay espoir que croistre face en my
    Les tres dous biens qui me viennent de li.

17. Dont vraiement, se par sa grant douçour
    Ses cuers merci par pité me donnoit,
19. Toute joie seroit pure dolour
    Contre celle que mes cuers sentiroit;
21. Car ja mais jour nul mal ne sentiroie,
    Einsois com rois des amans regneroie,
    Com cils qui ne porroit mettre en obli
    Les tres dous biens qui me viennent de li.

102

A, f.213r

J'aim mieux languir en estrange contrée
Et ma dolour complaindre et dolouser
3. Que près de vous, douce dame honnourée,
   Entre les liez, triste vie mener;
5.   Car se long souspir et plour
   On ne sara la cause de mon plour,
   Mais on puet ci veoir legierement
   Que je langui pour amer loyaument.

9. Et s'on congnoit que j'ay face esplourée,
   Ce poise moy, ne le puis amander,
11. Car grant doleur ne puet estre celée;
    Aussi ne fait grant joie, à droit parler.
13.   Comment seroit en baudour
    Cuer qui languist en peinne et en dolour?
    Je ne le say; pour ce pens on souvent
    Que je langui pour amer loyaument.

17. Si vous lairay comme la mieus amée
    Qu'onques amans peüst servir n'amer.
19. Mais au partir mon cuer et ma pensée
    Vous lais pour vous servir et honnourer,
21.   Ne jamais n'aront retour
    Par devers moy; et pour ce à fine Amour
    Pri que savoir vous face clerement
    Que je langui pour amer loyaument.

103

Vg, f.4r

J'aim tant ma dame et son bien et s'onnour
Que nuls amans plus amer ne porroit;
3. Mais se mes cuers de plus parfaite amour
   Qu'il ne l'aimme, s'estre pooit, l'amoit,
5. Et se seur tous scens et valour avoie
   Et drois sires de tout le monde estoie,
   N'aroie je ja mais jour desservi
   Les tres dous biens qui me viennent de li.

104

Vg, f.23v

J'aim trop mon cuer de ce qu'il m'a guerpy
Pour estre sers à ma dame jolie,
3. Si qu'il ne vuet plus demourer en my,
   [Einsois] dit bien que ja jour de sa vie,
5. Pour riens qui soit, n'en fera departie;
   Ne plus ne puis en li clamer pooir,
   Puis qu'il s'i est donnez pour miex valoir.

8. Car vraiement il a si bien choisi
   Qu'en monde n'a nulle, tant soit prisie,
10. Qui se peüst comparer à cely
    Qui l'a dou tout prins en sa signourie.
12. Et pour ce Amours et ma dame deprie
    Qui son service à gré vueille avoir,
    Puis qu'il s'i est donnez pour miex valoir.

15. Car je meisme m'i doing tous et ottri
    Com cilz qui vueil, sens penser tricherie,
17. Servir ma dame [et] bonne Amour aussi.
    [S'ara] le cuer et le corps sans [partie],
19. Car quant mes cuers le vuet, je ne doi mie
    Desobeïr à faire son voloir,
    Puis qu'il s'i est donnez pour miex valoir.

105

Vg, f.5r

Ja mais ne quier joie avoir,
Bien d'amours ne reconfort,
3. Einsois vueil au desespoir
   De la doleur que je port
5. Toute ma vie languir,
   Et puis à dolour morir,
   Se pour longue demourée
   Bonne amour est oubliée.

9. Car j'aim si sans decevoir
Que je vueil jusqu'à la mort
11. Amer de tout mon pooir;
Dont ara ma dame tort,
13. Puis qu'elle a sans departir
Mon cuer et mon souvenir,
Se pour longue demourée
Bonne amour est oubliée.

17. Pour ce pri qu'en bon espoir
Et en gracieus confort
19. Me mainteingne main et soir
Celle dont tous li biens sort;
21. Car riens ne me puet garir
Ne de la mort garantir,
Se pour longue demourée
Bonne amour est oubliée.

9. Car quant amans met son cuer et sa cure
En bien amer et toute s'estudie,
11. Doulce plaisance, esperance seüre
Le nourrissent en amoureuse vie
13. Si plaisant à savourer
Qu'il n'est vie qui s'i puist comparer.
Et se raison vuet dire le contraire,
Je n'en puis mais, je ne li fais pas faire.

17. Et pour ce amer vueil, sans penser laidure,
Ma chiere dame et ma doulce annemie,
19. Qu'esperence doucement m'asseüre
Que m'amour yert à [cent] doubles merie.
21. Si ne vueil plus desirer
Fors seulement li servir et amer.
Et se raison vuet dire le contraire,
Je n'en puis mais, je ne li fais pas faire.

106

Vg, f.13v

J'ay par lonc temps amé et ameray
De vraie amour loial et affinée,
3. Qu'oncques nul jour ne mespris ne faussai
Vers ma dame de fait ne de pensée;
5. Et, par m'ame, pour longue demourée,
Pour riens qui soit vers li ne quier fausser,
N'en fait, n'en dit, n'en desir, n'en penser.

8. Einsois toudis loyaus amis seray,
Car j'ay espoir que bien guerredonnée
10. M'ert la peinne que pour ma dame tray.
Et pour ce vueil que loyauté doublée
12. Soit en mon cuer, tant com j'aray durée,
Ne ja ne vueil ma dame entroublier,
N'en fait, n'en dit, n'en desir, n'en penser.

15. Car il a tant en son plaisant corps gay
Bonté, valour et douçour esmerée,
17. Que vraiement en ce monde ne say
Nulle qui puist estre à li comparée;
19. Et Diex li a tant de grace donnée
Qu'oncques nuls homs ne la vit meserrer,
N'en fait, n'en dit, n'en desir, n'en penser.

107

Vg, f.37r

Je di qu'il n'a en amours vraie et pure
Mal ne pechié, eins est vie jolie,
3. Car amours est de si noble nature
Que, quant amans pense ou quiert villonie,
5. Elle n'i puet demourer,
Einssois s'en fuit seulement dou penser.
Et se raison vuet dire le contraire,
Je n'en puis mais, je ne li fais pas faire.

108

Vg, f.22r

Je m'aim trop miex tous à paressillier
En ma dame servir et honnourer
3. Que j'aie ja voloir ne desirier
Ne pensée de li entroublier;
5. Et miex pour li vorroie definer
Que de toutes joïr à mon talent:
Tant l'aim je et serf et desir loyaument.

8. Et les peüsse avoir par souhaidier
A mon voloir et par tel [deviser]
10. Que chascune m'amast et tenist chier,
Autant com j'aim ma dame qui n'a per,
12. Ne vorroie je changier ne muer
Ma chiere dame au cler viaire gent:
Tant l'aim je et [serf] et desir loyaument.

15. Et quant je l'aim si de fin cuer entier
Que je ne vueil autre de li amer,
17. Bien me deüst bonne Amour aligier
Les grans dolours qu'il m'estuet endurer
19. Pour ma dame que j'aim si sans fausser
Qu'avoir sans li ne puis aligement,
Tant l'aim je et serf et desir loyaument.

109

Vg, f.29v

Je maudi l'eure et le temps et le jour,
La semainne, le lieu, le mois, l'année,
3. Et les .ij. yex dont je vi la douçour
De ma dame qui ma joie a finée.
5. Et si maudi mon cuer et ma pensée,
Ma loyauté, mon desir et m'amour,
Et le dangier qui fait languir en plour
Mon dolent cuer en estrange contrée.

9. Et si maudi l'acueil, l'attrait, l'atour
   Et le regart dont l'amour engendrée
11. Fu en mon cuer, qui le tient en ardour;
   Et si maudi l'eure qu'elle fu née,
13. Son faus semblant, sa fausseté prouvée,
   Son grant orgueil, sa durté où tenrour
   N'a ne pité, qui tient en tel langour
   Mon dolent cuer en estrange contrée.

17. Et si maudi Fortune et son faus tour,
   La planette, l'eür, la destinée
19. Qui mon fol cuer mirent en tel errour
   Qu'onques de moy fu servie n'amée.
21. Mais je pri Dieu qu'il gart sa renommée,
   Son bien, sa pais, et li acroisse honnour
   Et li pardoint ce qu'ocist à dolour
   Mon dolent cuer en estrange contrée.

110

Vg, f.24r/24v

Je ne croy pas c'oncques à creature
Amours partist ses biens si largement
3. Comme à moy seule et de sa grace pure;
   Non pas qu'aye deservi nullement
5.   Les douceurs qu'elle me fait,
   Mais gari m'a de tous maus et retrait,
   Quant elle m'a donné, sens retollir,
   Mon cuer, m'amour et quanque je desir.

9. Et pour ce sui pleinne d'envoiseüre,
   Gaye de cuer et vif tres liement
11. Et ren toudis à Amours la droiture
   Que je li doi; c'est amer loyaument
13.   En foy, de cuer et de fait.
   Et ceste amour pensé ne me laist
   Qui joieuse ne soit pour conjoïr
   Mon cuer, m'amour et quanque je desir.

17. Si qu'il n'est riens où je mette ma cure
   Fors en amer et loer humblement
19. Amours qui me nourrist de [tel] pasture
   Com de merci donnée doucement
21.   D'amoureus cuer et parfait.
   Mais la merci qui ainsi me reffait,
   C'est de veoir seulement et oïr
   Mon cuer, m'amour et quanque je desir.

111

Vg, f.7r

Je ne fine nuit ne jour de penser
A ma dame que j'aim de vraie amour,
3. Et si ne puis nullement saouler
   Mon cuer d'assez penser à sa douçour;
5. Car la joie de la plaisant savour
   Que mes cuers sent en ce dous pensement
   M'i fait penser adès desiramment.

8. Car il a tant en son viaire cler
   De sens, de pris, de bonté, de valour
10. Que vraiement, à raison regarder,
   Il n'est de li plus bele ne millour;
12. Et pour ses biens, qui tant li font d'onnour,
   Mes loiaus cuers, qui siens est ligement,
   M'i fait penser adès desiramment.

15. Si me plaist moult toute ma vie user
   En ce tres dous penser qui nuit et jour
17. Me fait Amours et ma dame honnourer
   De cuer, de corps, de desir, de vigour;
19. Car vrais desirs, pleins d'amoureuse ardour,
   Com liges sers à ma dame au corps gent,
   M'i fait penser adès desiramment.

112

Vg, f.2v

Je ne sui pas de tel valour,
Dame, qu'à vous doie penser,
3. Ne que souhaidier vostre amour
   Deüsse, à raison regarder.
5. Mais plus vous aim, se Diex me voie,
   Que nuls, et puis qu'il est einsi,
   Dame, com povres que je soie,
   J'ay bien vaillant un cuer [d'ami].

9. Car quant Amours si grant honnour
   Me vuet, qu'elle me fait amer
11. De toutes les dames la flour,
   Pas ne me doy povres clamer,
13. Eins sui riches et pleins de joie,
   Quant elle m'a tant enrichi.
   Dame, com povres que je soie,
   J'ay bien vaillant un cuer d'ami.

17. Dame, en amer faut le millour
   Mout de son droit laissier aler,
19. Par quoy de .ij. cuers une amour
   Soit, en desir ou en penser.
21. S'ainsi estoit, miex chanteroie
   De fin cuer amoureus joli.
   Dame, com povres que je soie,
   J'ay bien vaillant [un] cuer d'ami.

113

Vg, f.29r

Je pers mon temps et ma peine est perie,
Tres bien le sçay, et si suy si chetis
3. [Que] ne me puis oster de la folie
   Où mes [fols cuers] m'a entrapé et mis,
5. Car Faus Samblant s'est couvert et tapis
   En dous regart et en plaisant viaire,
   Et si n'en puis moy ne mon cuer retraire.

8. Le dous regart [et] la face polie
De la tres belle à qui je sui amis
10. Croire me font qu'elle me [soit] amie.
Mais trop suis fos, rudes et mal apris,
12. S'en dous regart me fie n'en dous ris,
Car en son cuer truis et voy le contraire;
Et si n'en puis moy ne mon [cuer] retraire.

15. [Las! se] voi bien que ma joie est fenie,
Car ses durs cuers est trop mes anemis,
17. Mais si dous oueil me promettent aÿe,
Et aussi fait son debonnaire vis.
19. Mais pour un bien que j'ay il m'est avis
Que cent [doleurs] me [font] sentir et traire;
Et si n'en puis moy ne mon cuer retraire.

114

A, f.207v/208r

Je pren congié à dames, à amours,
A tous amans, à l'amoureuse vie,
3. Et si renoy le bon temps, les bons jours
Et tous les dieus qu'onques eurent amie;
5. Ne plus ne vueil aourer
Venus n'Espoir, ne vivre en dous penser;
Eins vueil fuir et haïr toute joie,
Quant j'ay perdu la riens que plus amoie.

9. Si vueil user toute ma vie en plours
Et tant plourer que m'ame soit noÿe
11. En mon plourer [et qu'avec] mes dolours
Ma fourme soit en larmes convertie.
13. Une déesse de mer
Arethusa fist en yaue muer
Et Alpheüs; tel devenir vorroie,
Quant j'ay perdu la riens que [plus] amoie.

17. Las! c'est Honneur [qui] est en mainteś cours
Mors à grant tort et Loiauté banie,
19. Et Verité, qui estoit mes recours,
Y est aussi morte et ensevelie.
21. Doit on bien tel mort plourer,
La doit on bien complaindre et regreter?
Moult me plairoit, s'en plours fondre pouoie,
Quant j'ay perdu la riens que [plus] amoie.

115

Vg, f.28r/28v

Je puis trop bien ma dame comparer
A l'ymage que fist Pymalion.
3. D'ivoire estoit, tant bele et si sans per
Que plus l'ama que Medée Jason.
5. Li fols toudis la prioit,
Mais l'ymage riens ne li respondoit.
Einsi me fait celle qui mon cuer font,
Qu'adès la pri et riens ne me respont.

9. Pymalions qui moroit pour amer
Pria ses diex par tele affection
11. Que la froideur de l'ymage tourner
Vit en chaleur et sa dure façon
13. Amolir, car vie avoit
Et char humainne et doucement parloit.
Mais ma dame de ce trop me confont
Qu'adès [la pri] et riens ne me respont.

17. Or vueille Amours le dur en mol muer
De celle en qui j'ai fait de mon cuer don,
19. Et son franc cuer de m'amour aviver,
Si que de li puisse avoir guerredon.
21. Mais Amours en li conjoit
Un fier desdaing, et le grand desir voit
Qui m'occirra; si croy que cil .iij. font
Qu'adès la [pri] et riens ne me respont.

116

Vg, f.6r

La dolour ne puet remaindre
Qui en mon dolent cuer maint,
3. Ne nuls ne la puet estaindre,
Se la bele ne l'estaint,
5. Qui si près dou cuer m'ataint,
En desirant li veoir,
Que j'en muir en desespoir.

8. Las! dolans, si m'estuet plaindre
Souvent en dolereus plaint,
10. Quant trambler, fremir et taindre
Ensus de li et mal maint
12. Me fait; et tant me destraint
Longue demeure, pour voir,
Que j'en muir en desespoir.

15. Mais tant ne me puet destraindre
Li desirs, qui ne se faint
17. De moy grever, que refraindre
Face mon cuer; eins m'ensaint
19. De loyauté qui tout vaint.
Et si me fait tant doloir
Que j'en muir en desespoir.

117

Vg, f.26v

La grant douçour de vostre biauté fine
Que souvenir dedens mon cuer empreint,
3. Vos gentilz corps que bontés enlumine,
Vo maniere qui toutes autres vaint,
5. Vostre dous riant regart
Et vraie amour qui de moy ne se part
M'ont si conquis, douce, plaisant et pure,
Que je vous aim seur [toute] creature.

9. Mais c'est d'amour certainne et enterine
Et de fin cuer qui d'amer ne se faint;
11. Car il est poins d'amoureuse pointure
Par la douçour de vous qui en li maint,
13.   Qui doucement, par son art,
Sans feu sentir et sans fumée l'art.
Mais tant m'est douce et plaisant celle arsure
Que je vous aim seur [toute] creature.

17. Car vo douçour à [ce] faire m'encline,
Douce dame, et amour m'i contraint,
19. Si que toudis de vous servir ne fine
En esperance que [voz] gentilz cuers m'aint.
21.   Et bien croy, se Diex me gart,
Que des dous biens d'amour aucune part
Aray de vous, quant vous serés seüre
Que je vous aim seur toute creature.

118

Vg, f.4v

La loyauté, où mes cuers se norrist,
Et vraie amour qui est sa norriture,
3. C'est ce pour quoy mes cuers en joie vist
Et qu'il est pleins de gaie envoiseüre.
5.   Car se loyauté n'estoit
Et amours qui le pourvoit
[D'un] espoir qui l'asseüre,
Riens garir ne le porroit,
Puis qu'amours li seroit dure.

10. Car puis qu'amours l'aroit pris en despit
Et loyauté, qui tant par est seüre,
12. Faudroit en li, jamais n'aroit delit,
S'il n'estoit dont de trop maise nature,
14.   N'amer nuls ne le devroit.
Et s'aucuns bons cuers l'amoit,
Il feroit contre mesure,
Et assez pis en vaurroit,
Puis qu'amours li seroit dure.

19. Pour ce vueil je toudis, sans nul respit,
Vivre en amour et en loiauté pure,
21. Qu'avoir en puis si tres noble profit
Com de merci qui par pité meüre.
23.   Et s'aucuns amans avoit
De tous biens c'on penseroit
Plus que nulle creature,
Ja pour ce n'en gousteroit,
Puis qu'amours li seroit dure.

119

Vg, f.26r/26v

Langue poignant, aspre, amere et ague
En traïson souvent me mort et point;
3. Mais riens ne doubt que die ne argue,
Ne l'aguillon de son venimeus point,
5. Car je me vueil gouverner si à point
Que par souffrir et estre debonneaire
Je la feray morir de dueil ou taire.

8. Sa fausse jangle estre ne doit creüe,
Pour ce qu'en li de verité n'a point,
10. Car de haÿne et d'envie est venue,
Par traïson qui tout ce li enjoint.
12. Mais ne m'en chaut, se Diex joie me doint,
Car se je sui humble et de bon affaire,
Je la feray morir de dueil ou taire.

15. Sa fausseté n'est pas bien congneüe,
Car par semblant aucune fois elle oint;
17. Mais elle point, envenime et partue
Souvent celi qui près de li la joint.
19. Si en penray vengence par ce point
Que, par joye maintenir et bien faire,
Je la feray morir de dueil ou taire.

120

Vg, f.9r/9v

Las! Amours me soloit estre
Douce, courtoise et po fiere,
3. Et de ses dous biens repestre,
Com vraie amoureuse mere.
5. Or m'est sa grace si chiere
Qu'en dolour me fait languir
Et avoir toute grieté,
Quant je voy autrui joïr
De ce que j'ai tant amé.

10. Si sui com servans sans mestre,
Mis hors de toute priere,
12. N'en moy nuls biens ne puet nestre,
Fors toute doleur pleniere.
14. Ne drois n'est qu'à moy affiere
Riens qui me puist resjoïr,
Fors toute maleürté,
Quant je voy autrui joïr
De ce que j'ai tant amé.

19. J'ay en amours mauvais mestre
Qui m'ocist de mort amere,
21. Pour ce que mon cuer demettre
Ne puis de ma dame chiere.
23. S'en vif comme homs sans maniere,
Pleins de forsené desir,
Dolereus, à cuer iré,
Quant je voy autrui joïr
De ce que j'ai tant amé.

121

Las! j'ay failli à mon tres dous desir,
Pour ce que trop m'est Fortune contraire,
3. Et tant redoubt le veoir et l'oïr
Des mesdisans qui tant me font de haire
5. Que je [ne] m'os devers ma dame traire;
Dont je me muir à dolour et langui,
En desirant de li joie et merci.

8. Pour ce ne sçay qui me puist resjoïr,
Se ce n'est dont ma dame debonnaire,
10. Qui m'a du tout si mis à son plaisir
Qu'elle a pooir de mi faire et deffaire:
12. Et si me puet tout bien et tout mal faire,
Et mettre en mi toute joie d'ami,
En desirant de li joie et merci.

15. Si li depri qu'à son cuer souvenir
Vueille de moy, car adès sans meffaire
17. L'aim d'umble cuer loyalment et desir.
Mais s'aprochier son gracieux viaire
19. Ne puis souvent ne devers li retraire,
[Ce] poise moy, car je l'aim miex que mi,
En desirant de li joie et merci.

122

Las! je voy bien que ma dame de pris
Est courroucie envers moy durement
3. Et qu'en son cuer li desplaist, ce m'est vis,
Ce que je sui lez li si longuement.
5. Si m'en iray à son commandement,
Mais s'elle tient son courrous envers mi,
Mort m'ont li oueil dont primiers je la vi.

8. Helas! dolens, maleüreus, chetis,
Je l'aim trop miex que tout le remenant
10. De ce monde, et si la serf et pris,
Doubte et desir de fin cuer humblement.
12. Las! or me het. Si ne me say comment
Reconforter, fors qu'en disant: "Aymi!
Mort m'ont li oueil dont primiers je la vi".

15. Et par m'ame, quant je seray fenis
Pour li amer et servir loyaument,
17. Celui perdra qui plus est ses amis
Sans feintise et qui plus liement
19. Est desirans de faire son talent.
Mais petis sui et po puis, dont je di:
"Mort m'ont li oueil dont primiers je la vi".

123

Las! tant desir l'eure que je vous voie,
Tres douce, où nuls ne saroit amender,
3. Qu'il me samble bien, se Diex me doint joie,
Qu'il a .c. ans que ne vi vo vis cler:
5. Einsi desirs fait mon cuer embraser;
Si que j'en pleure et soupir main et soir
Pour le desir que j'ay de vous veoir.

8. Car je say bien, einsi je ne porroie
Ensus de vous se petit non durer;
10. Et si ne say trouver ne tour ne voie,
Comment lès vous peüsse demourer.
12. Si ne me say de quoy reconforter,
Car je met tout, fors vous, en nonchaloir
Pour le desir que j'ay de vous veoir.

15. Pour ce vous pri, ma dame, simple et coie,
Que vous vueilliez penser et aviser
17. Qu'aveques vous sans departement soie,
Sans vostre honnour amenrir n'empirer;
19. Car, vraiement, nuls ne porroit penser
La grief dolour que j'ay, sans joie avoir,
Pour le desir que j'ay de vous veoir.

124

Le bien de vous qui [en] bonté florit,
Dame, me fait amer de fine amour;
3. Vostre biauté qui tousdis embelist
De dous espoir me donne la savour;
5. Vostre douçour adoucist ma dolour;
Vo maniere m'enseingne et me chastoie,
Et vos regars maintient mon cuer en joie.

8. Vos dous [parlers] me [soustient] et nourrit
En flun de joie et de toute douçour;
10. Vostre saige maintieng si m'enrichist
Qu'il me contraint à haïr deshonnour;
12. Vos gentilz cuers me fait plus de tenrour
Qu'en cent mil ans deservir ne porroie,
Et vos regars maintient mon cuer en joie.

15. Einsi vos biens à cent double merist,
Sens deserte, mon amoureus labour,
17. Et sans rouver, qu'en moy n'a fait ne dist,
Grace, pooir, sens, bonté ne valour
19. Pour recevoir de ces biens la menour.
Mais vos dous ris maint m'en donne et envoie,
Et vos regars maintient mon cuer en joie.

Vg, f.4r

Le grant desir que j'ay de repairier
Devers la flour de toute creature
3. M'art et m'esprent et me fait tout sechier,
Et si m'a si mis à desconfiture
5. Que je n'ay mais force n'envoiseüre,
Ne plus ne chant einsi com je soloie,
Quant je ne voy ma dame simple et coie.

8. Las! cis desirs ne laist amenuisier
La grant dolour qui longuement me dure,
10. Einsois la fait toudis monteplier
En acroissant ma langour et m'ardure,
12. Si que mes cuers qui aimme outre mesure
En desirant se despoire et marvoie,
Quant je ne voy ma dame simple et coie.

15. Mais ja pour ce ne verra nuls changier
Moy ne mon cuer pour dolour que j'endure,
17. Ains vueil servir de fin cuer et d'entier
En loyauté ma douce dame pure;
19. Ne je ne quier que joie ait de moy cure.
Helas! dolens, et d'où me venroit joie,
Quant je ne voy ma dame simple et coie?

Vg, f.21v

Li dous parler, plein de toute [douçour],
Li tres dous ris et li regart joli,
3. Par qui mes cuers soloit estre en baudour
Par promesse de joie et de merci
5. De ma dame, me sont si enchieri
Que je ne say mais dont joie me veingne,
Qu'Amours ne vuet et ma dame ne deingne.

8. Si me merveil trop de loial Amour,
Quant elle scet que j'ay lonc temps servi
10. Si loyaument ma dame de valour
Qu'onques vers li ne faussay ne menti.
12. Mais vraiement, je les excuse einsi
Que je croy bien qu'il ne leur en souveingne,
Qu'Amours ne vuet et ma dame ne deingne.

15. Mais, par m'ame, se ma dame d'onnour
Savoit comment je n'aimme fors que li,
17. Je sui certeins que pité et tenrour
Aroit ses cuers dou mal qui est en my.
19. Mais si près sui d'estre mis en oubli
Que dous espoirs de joie me desdaingne,
Qu'Amours ne vuet et ma dame ne deingne.

Vg, f.25r

Li plus grans biens qui me veingne d'amer
Et qui plus fait aligier mon martire,
3. C'est de mes maus complaindre et dolouser
Et de mon cuer qui pour les siens soupire.
5. Autrement ne sçay mercy
Rouver à vous que j'aim trop miex [que my];
Mais bien poés veoir à mon semblant
Qu'assés rueve qui se va complaingnant.

9. Car je n'ay pas hardement dou rouver,
Pour ce que po sui dignes, à voir dire,
11. Dou recevoir; et si doi moult doubter
Et moy garder que ne m'oie escondire,
13. Car s'il avenoit ainsi,
Vous occirriés vostre loyal ami,
Tres douce dame; et vous savés bien tant
Qu'assés rueve qui se va complaingnant.

17. Si m'en atens à vous, dame sens per,
Qui tant valés; et savez que souffire
19. Ne porroit tous li mondes pour loer
Assés vos biens n'a vo biauté descrire.
21. Et se vos cuers n'a oÿ
Moy complaindre des maus dont je langui,
Vueille me oïr, riens plus ne vous demant,
Qu'[assés] rueve qui se va complaingnant.

Vg, f.13r

[Loing] de mon cuer et de ma douce amour,
Sans reconfort de nulle creature,
3. M'estuet languir en obscure langour,
Com cils qui n'a de nulle joie cure;
5. N'en moy ne puet manoir envoiseüre,
Eins en est hors, quant je ne puis veoir
Mon cuer, m'amour, ma joie et mon espoir.

8. Ne je ne say à qui faire clamour
De la dolour qu'en desirant endure,
10. Pour ce que riens, fors ma dame d'onnour,
Ne me porroit aligier de m'ardure.
12. Dont puis je attendre une dure aventure,
Car j'eslonge tout adès main et soir
Mon cuer, m'amour, ma joie et mon espoir.

15. Et pour ce pri ma dame de valour,
Qui tant par est douce, plaisant et pure,
17. Que, se je sui long de son noble atour,
Qu'elle vueille de moy estre seüre
19. Que je la serf et aim sans mespresure,
Et qu'avec li demeurent, sans mouvoir,
Mon cuer, m'amour, ma joie et mon espoir.

Loing de vous souvent souspir,
Douce dame debonnaire,
3. Pour ce que trop fort desir
A veoir vo dous viaire.
5. Mais se vers vous ne puis traire
A mon voloir, je vous pri,
Ne me metez en oubli.

8. Car se Diex ne doint joïr
De vous que j'aim sans meffaire,
10. Mi penser et mi desir
Sont en vo service faire,
12. Ne ja ne m'en quier retraire.
Dame, et puis qu'il est einsi,
Ne me metez en oubli.

15. Si ferez bien, que languir
En doleur, sans joie attraire,
17. M'estuet pour le souvenir
De vous, qui en moy repaire;
19. Car doutance m'est contraire
Que vous, pour trop lonc detri,
Ne me metez en oubli.

Loyal amour est de si grant noblesse
Que, quant amans pense ou quiert vilenie,
3. Honneur, amour et sa dame si blesse
[Que] dou penser doit estre s'anemie;
5.   N'onques ne fit deshonnour
Avec amour et loyauté sejour;
Dont il s'ensuit que qui a tel desir,
S'il cuide amer, ne fait il que haïr.

9. Et se uns amans dit qu'il vit en tristesse
Et qu'il languist en paour de sa vie,
11. Quant sa dame est de s'onneur si maistresse
Que deshonneur et fole amour renie,
13.   Elle ne doit de son plour
Avoir pité n'entroïr sa clamour,
Pour ce que bien puet veoir et sentir,
S'il cuide amer, ne fait il que haïr.

17. Si que la dame est fole qui s'adresse
A telle amour dont s'onneur est perie,
19. Et cil fait mal qui le quiert, car simplesce
La mauvaitiet dou fait n'excuse mie.
21.   Pour ce dame nuit et jour
Doit avoir l'ueil et le cuer [à] s'onnour
Et tel amant fuir, car, sans mentir,
S'il cuide amer, ne fait il que haïr.

Ma dame a tout ce [qu'il] faut
A dame de pris,
3. Car en li riens ne deffaut,
Et ses corps gentis
5. De tous biens est assevis,
Si qu'en monde n'a si belle.
Tele doit on amer tele.

8. Et s'est vraie qui miex vaut,
[Dont] je l'aim et pris.
10. Pour ce d'autre ne me chaut,
Tant qu'en soie espris,
12. Car chascuns, ce m'est avis,
Tres bonne et belle l'apelle.
Tele doit on amer tele.

15. Onques ne senti l'assaut
D'amours, j'en sui fis,
17. Ses cuers qui le mien assaut;
Dont je sui jolis,
19. Car son dous gracieus vis
Ma joie en moy renouvelle.
Tele doit on amer tele.

Ma dame, n'aiez nul espoir
De faire mon cuer departir
3. De vous pour mi faire doloir
Ne pour doubtance de morir;
5. Car pour riens qui puist avenir,
Puis qu'en vous mis mon cuer ay,
Jamais autre n'ameray.

8. Eins vueil cuer et corps et pooir,
Volenté, penser et desir
10. Mettre pour faire vo voloir
Et pour vous loyaument servir,
12. Et, quant Amours vuet, consentir
Que, tant com durer porray,
Jamais autre n'ameray.

15. Ne me faites plus mal avoir,
Douce dame, eins vueilliez souffrir
17. Que par vous puisse miex valoir,
Sans vostre honnour point amenrir;
19. Car, s'adès devoie languir
Pour vo gracieus corps gay,
Jamais autre n'ameray.

Martyrez sui de l'amoureus martyre
Plus durement assez que je ne sueil,
3. Car j'ay desir qui m'ocist et martyre
De reveoir la bele sans orgueil
5. Qui fait en moy demourer si grant dueil
Que pour s'amour souvent soupire et pleure,
Pour ce que trop ensus de li demeure.

8. Mais ma dolour ne puet mie souffire
A mon desir, dont durement me dueil,
10. Eins nuit et jour, pour moy plus desconfire,
M'art et m'esprent, dont tel doleur recueil
12. Pour la tres belle au dous plaisant accueil
Qu'en desirant tout mal me courent seure,
Pour ce que trop ensus de li demeure.

15. Helas! einsi pleins de doleur et d'ire
Jusque au retour user ma vie vueil,
17. Ne ja ne quier tant faire qu'on puist dire
Que j'aie en moy cuer, pensée ne vueil
19. De li guerpir; que [si] tres dous vair oueil
Me feront lié encor en aucune heure,
Pour ce que trop ensus de li demeure.

Maugré mon cuer me convient eslongier
De vous que j'aim miex que mi proprement,
3. Et si ne say terme de repairier
Ne de veoir vo dous viaire gent,
5. Si que durer ne puis pas longuement
En la doleur qu'il me convient avoir,
Pour ce que trop vous desir à veoir.

8. Car cils desirs me tient en son dangier
Et me destreint adès si asprement
10. Qu'anientir me fait tout et sechier
Pour l'ardure qui m'alume et esprent.
12. Helas! einsi pour amer loyaument
M'estuet grief mal sans joie recevoir,
Pour ce que trop vous desir à veoir.

15. Mais vraiement, se jamais aligier
Ne me devoit mon dolereus tourment,
17. Si vueil je adès de fin cuer et d'entier
Vous honnourer et servir humblement
19. Et estre vrais loyaus amis, comment
Que bonne Amour me face moult doloir,
Pour ce que trop vous desir à veoir.

Mercy, merci de ma dure dolour
Pri et repri en moult lontein païs,
3. Mais je ne puis faire tant de clamour
Que je puisse de ma dame estre oïs,
5. Car trop lonteinne est de moy, ce m'est vis.
Si me convient gemir et dementer
Et en plaingnant sa douceur regreter.

8. Car quant je pense à sa haute valour
Et aus dous yex de son gracieus vis
10. Et aus parlers qui par si grant douçour
En riant m'ont de li esté tramis,
12. Je m'entroublie et sui si esbahis
Qu'il me convient ma dolour dolouser
Et en plaingnant sa douceur regreter.

15. Ne je ne sui onques ne nuit ne jour
Que je ne soie adès à li pensis;
17. Car mes cuers est de li et de s'amour
Par sa bonté si durement espris,
19. Qu'elle me fait souvent, com vrais amis,
Teindre, palir, fremir et tressuer
Et en plaingnant sa douceur regreter.

Mes cuers ne puet à nulle riens penser
Fors qu'à l'amour de ma dame honnorée,
3. Ne je ne puis nulle riens desirer,
Fors que veoir sa face coulourée;
5. Et puis qu'einsi loyal amour l'agrée,
Je vueil mon temps user, sans repentir,
En ce penser et en ce dous desir.

8. Car la joie de ce plaisant penser
Fait qu'en moy est doleur entroubliée,
10. Et li desirs fait croistre et embraser
L'amour qui n'iert ja de moy dessevrée;
12. Et la biauté ma dame desirée,
Qui n'a nul per, souventes fois remir
En ce penser et en ce dous desir.

15. S'en vueil Amours mercier et loer
Qui m'a donné si noble destinée
17. Que j'aim et serf et desir sans fausser
Celle envers qui nulle n'est comparée.
19. Pour ce li pri, com ma dame et m'amée,
Qu'elle vueille mon cuer adès tenir
En ce penser et en ce dous desir.

Vg, f.38r

Mes dames c'onques ne vi,
    Je vous depri
3. Qu'à monsigneur de Loupy
    Faciés depri
5. Qu'il li souveingne de mi.
    S'arés de fait
A .v^c. doubles meri
Tout ce que j'ay pour vous fait.

9. Car lonc temps vous ay servi
    Et obéi
11. Et honnouré et chieri
    De cuer d'ami.
13. Et se le faites einsi,
    C'iert mon souhait,
Et s'en [vaurra] miex aussi
Tout ce que j'ay pour vous fait.

17. Se vous en failliez, je di
    Et vous plevi
19. Que mon sentement joli
    Sera feni
21. Et mi chant seront tari
    Et contrefait,
Se vous mettés en oubli
Tout ce que j'ay pour vous fait.

A, f.212r

Mes esperis se combat à Nature
Dedens mon corps, dont trop sui esbahis,
3. Car se Nature est à desconfiture,
Durer ne puet en moy mes esperis.
5. Si me convient sans cause estre peris
Par j. refu qui en riant m'a mort,
Se ma dame n'en fait briefment l'acort.

8. Leur bataille est si crueuse et si dure
Et de dolour m'a si fort entrepris
10. Qu'en moy n'a mais joie n'envoiseüre,
Esperence, scens, maniere n'avis.
12. Helas! einsi morray, ce m'est avis,
Tout par deffaut de joie et de confort,
Se ma dame n'en fait briefment l'acort.

15. Et quant elle n'a de ma santé cure,
Et si nc puis cstre sans li garis,
17. A ma folour, à sa gente faiture,
A ses dous yex, à son gracieus vis,
19. A son dur cuer, plus dur que marbre bis,
Et à Amours demanderay ma mort,
Se ma dame n'en fait briefment l'acort.

Vg, f.29v/30r

Morray [je] dont sans avoir vostre amour,
Dame, que j'aim, crein et desir, par m'ame,
3. Plus loyaument, miex et plus par honnour
Qu'onques amans ne pot desirer dame?
5.   Certes, je croy bien qu'oïl,
Quant mon service et moy tenez si vil
Que ne daingniez veoir ne resgarder
Moy, las! dolent, qui muir pour vous amer.

9. Douce dame, vostre fine douçour
Mon loyal cuer art sans feu et sans flame
11. Et le norrist en amoureuse ardour
Qui par desir croist toudis et enflame;
13.   Et quant vostre corps gentil
Remir, il fait par engin trop soutil
Trambler sans froit et sans chalour suer
Moy, las! dolent, qui muir pour vous amer.

17. Helas! dolens, souvent souspir et plour,
Bien le savez, pour vous qu'aime sans blame,
19. Mais vos durs cuers n'a pité de mon plour
Ne des meschiés; dont mis seray sous lame,
21.   Car je vif en tel essil
Que cuer et corps pour vostre amour essil,
Quant ne daingniez d'un regart conforter
Moy, las! dolent, qui muir pour vous amer.

Vg, f.24v

Ne cuidiés pas que li cuers ne me dueille,
Tres douce dame, et que l'amoureus dueil
3. Mout durement ne m'assaille et [acueille],
Quant je me part de vostre bel acueil,
5. Qu'au departir si grant doleur recueil
Qu'à vo dous vis dire "A Dieu" ne puis mie:
Tant me fait mal de vous la departie.

8. Car quant je voy vo biauté nonpareille
Et vo gent corps qui n'a point de pareil
10. Et vo fresche coulour qui à merveille
Coulourée est de blanc et de vermeil,
12. Resplendissant si com or en soleil,
Je n'ay vigour ne sens qui ne [m'oublie]:
Tant me fait mal de vous la departie.

15. Adont desirs asprement me traveille,
Art et bruïst et demainne à son vueil
17. N'à riens qui soit il ne pense ne vueille
Fors au retour que tant desir et vueil.
19. Ainsi partirs et desirs, dont me dueil,
Me font languir en paour de ma vie:
Tant me fait mal de vous la departie.

Vg, f.18v

Ne cuidiez pas que d'amer me repente,
Se je ne voy souvent vo dous viaire,
3. Douce dame, car vostre amour me tente
Et me prie de vo service faire
5. Plus que ne suet; et pour ce, sans meffaire,
Vous aim et ser com loiaus et certeins,
Dame, comment que vous soie lonteins.

8. Einsois ay mis tout mon cuer et m'entente
En vous servir, tres douce debonnaire,
10. Et en amer vo noble façon gente;
Certes, s'ay droit, car j'en ay tel salaire:
12. Car par pensée en moy maint et repaire
La grant biauté dont vostre corps est plains,
Dame, comment que vous soie lonteins.

15. Si que, tres belle où j'ay toute m'atente,
Qui me povez dou tout faire ou deffaire,
17. Pour Dieu mercy, ne soiez d'otroy lente,
S'à mon voloir ne puis devers vous traire;
19. Car je [n'oy] riens ne voy qui me puist plaire,
Eins avez tous mes regrés et mes plains,
Dame, comment que vous soie lonteins.

Vg, f.24r

Ne pensés pas que je retraie
Mon cuer, dame, de vous servir
3. Pour bien ne pour doleur que j'aie;
Car ce ne porroit avenir,
5. Tant suis je vostres de cuer fin.
Et quant si m'arés mis à fin
Que char, sanc n'aray ne repos,
S'arés vous le cuir et les os.

9. Car plaisance, volenté vraie,
Fin cuer loyal, tres grant desir
11. Et corps ay qui pas ne s'esmaie
Pour vostre voloir soustenir.
13. Et se vous mettés à declin
Moy qui tous sui et qui m'enclin
A vo dous vueil, bien dire l'os,
S'arés vous le cuir et les os.

17. Et se de l'amoureuse plaie
Que j'ai au cuer m'estuet morir,
19. Si vueil je, bonne, belle et gaie,
Après ma mort vous obéir
21. Et amer de cuer enterin.
Et se vis langui par [l'engin]
De vous qui de tous avés los,
S'arés vous le cuir et les os.

Vg, f.34v/35r

Ne qu'on porroit les estoiles nombrer,
Quant on les voit luire plus clerement,
3. Et les goutes de pluie et de la mer,
Et l'areinne seur quoy elle s'estent,
5. Et compasser le tour dou firmament,
Ne porroit on penser ne concevoir
Le grant desir que j'ay de vous veoir.

8. Et si ne puis par devers vous aler
Pour Fortune qui le vuet et deffent,
10. Dont maint souspir me convient estrangler,
Quant à vous pense et je sui entre gent
12. Et quant je sui par moy secretement;
Adonc me fait tous meschiés recevoir
Le grant desir que j'ay de vous veoir.

15. Car il me fait compleindre et dementer
Et regreter vostre viaire gent
17. Et vo biauté souvereinne et sans per
Et la tres grant douceur qui en descent.
19. Einsi me fait languir piteusement,
Mon cuer esprent et esteint mon espoir
Le grant desir que j'ay de vous veoir.

Vg, f.12v/13r

N'est pas doleur qui me tient, eins est rage,
Dont Amours veut mon las cuer partuer,
3. Qui en nul temps n'amenrist n'assouage,
Eins monteplie et croist, si qu'endurer
5. Ne la puis plus nullement.
Einsois m'estuet, pour amer loyaument,
Morir en dueil et en lontein desir
Pour ma dame que j'aim sans repentir.

9. Et vraiement de tres humble corage
Penray la mort qu'Amours me vuet donner,
11. Com cils qui siens liges en heritage
Sui et seray, tant com porray durer,
13. Et ay esté longuement.
Mais elle m'a, sans nul aligement,
En desirant fait trop lonc temps languir
Pour ma dame que j'aim sans repentir.

17. Et s'Amours ha de coustume et d'usage
Qu'elle face morir pour li amer
19. Ceuls qui sont sien et en son dous servage
Et qui vers li ne saroient fausser,
21. Ce poise mi vraiement;
Car je sui cils qui sui siens ligement
A tous jours mais; si m'en convient morir
Pour ma dame que j'aim sans repentir.

Vg, f.17v

Nulle dolour ne se puet comparer,
Ce m'est avis, à la moie dolour
3. N'il n'est nuls cuers humains qui puist penser
La destrece de ma dure langour;
5. Et c'est raison que je languisse en plour,
Sans rien avoir qui me puist resjoïr,
Puis qu'il m'estuet de ma dame partir.

8. Car quant lonteins de son viaire cler
Seray sans cuer, sans joie et sans baudour,
10. Moult me devra anuier et grever;
Et si seray en doubte et en paour
12. Qu'entroubliez ne soie de m'amour.
Pour ce ne say que doie devenir,
Puis qu'il m'estuet de ma dame partir.

15. Mais ja pour mal ne pour peinne endurer
Je ne lairay qu'adès, sans deshonnour,
17. Je ne vueille ma douce dame amer
Et honnourer et servir sans faus tour,
19. Car je penray cuer, maniere et vigour
En bien amer et loyaument servir,
Puis qu'il m'estuet de ma dame partir.

Vg, f.14v

Nuls homs ne puet en amours pourfiter
Qui n'est souffrans et d'estable corage
3. Et qui ne vuet à tous maus resister
Et en tous biens maintenir son usage;
5. Car cils qui est garnis de cuer volage
Ne doit avoir par raison don d'amie:
Tele est d'Amours la noble seignourie.

8. Mais cils qui puet avoir cuer sans amer
Et sans orgueil, humble, courtois et sage,
10. Loyal, doubteus, secret pour mieus celer
Et atempre à point et sans haussage,
12. Cils doit avoir par raison l'avantage
D'avoir mercy; n'autres n'i a partie:
Tele est d'Amours la noble seignourie.

15. Amours scet bien ses biens abandonner
Aus fins amans qui sont en son hommage;
17. Et les mauvais qui cure n'ont d'amer
Et font samblant d'estre en son dous servage
19. Comme musars leur fait paier musage,
N'il n'aront ja merci, je n'en doubt mie:
Tele est d'Amours la noble seignourie.

Vg, f.16r

Nuls homs ne puet plus loyaument amer
Ne honnourer, sans estre desloyaus,
3. Qu'Amours m'a fait, sans folie penser,
Celle qui dist et tient que je sui faus.
5. Mais se ja Diex ne m'alige mes maus,
Qu'en li servir onques jour de ma vie
Je n'i pensay qu'onneur et courtoisie,

8. Si m'en convient meinte peinne endurer
Et recevoir les tres crueus assaus
10. Qu'Amours me vuet baillier et delivrer,
Pour ce qu'on dist que pas ne sui loyaus.
12. Mais Amours scet, qui scet tous mes consaus,
Qu'onques pour bien, pour mal ne pour hachie
Je n'i pensay qu'onneur et courtoisie.

A, f.192v

15. [Quant ses regars me vint enamourer,
J'estoie liez, gais et jolis et baus.
17. Las! or ne fais fors moy pleindre et plourer
En acroissant les dolereus travaus;
19. Et se j'en muir, n'est pas par mes deffaus,
Qu'Amours scet bien qu'onques mal ne folie
Je n'i pensay qu'onneur et courtoisie.]

Vg, f.10r/10v

Nuls ne me doit d'ore en avant reprendre,
Se je suis liez, gais, chantans et jolis,
3. Car j'aim et serf et desir, sans mesprendre,
De toute fleur la biauté et le pris.
5. Et s'ay espoir, qui de joie est norris,
Qui ne me laist onques entroublier
Loyal Amour et ma dame sans per.

8. Si vueil d'Amours les dous voloirs atendre
Et endurer, tant com je seray vis,
10. L'ardeur qu'Amour fait en mon cuer descendre
Par dous regars et par gracieus ris;
12. Ne je ne vueil à riens estre ententis,
Fors qu'à servir de cuer et honnourer
Loyal Amour et ma dame sans per.

15. Et se jamais ne devoie plus prendre
En dous service, où je me sui tous mis,
17. Fors tant qu'Amours me fait à bien entendre
Et que j'en ay tous vices enhaïs,
19. Si m'est il bien et hautement meris.
S'en vueil de cuer mercier et loer
Loyal Amour et ma dame sans per.

On dist souvent que longue demourée
Fait cuer d'amy et d'amie changier;
3. Mais quant plus sui en estrange contrée,
Tant ai je en moy plus ardant desirier,
5. Et plus convient l'amour monteplier,
Dont mes cuers est enracinez et pleins,
Dame, comment que vous soie lonteins.

8. Car souvenirs vo face coulourée
Et vo bonté qu'on ne puet esprisier,
10. Et vo biauté qu'est de douceur parée
Me ramentoit si fort qu', à droit jugier,
12. Cils souvenirs me fait souvent cuidier
Que je soie de vo biau corps prochiens,
Dame, comment que vous soie lonteins.

15. Pour ce vous pri, dame, s'il vous agrée,
Que moy de vous ne vueilliez estrangier,
17. Car de vray cuer et de ferme pensée
Vueil vivre adès en amoureus dangier;
19. Et miex morir vorroie qu'eslongier
Mon cuer de vous, qui tous vous est remeins,
Dame, comment que vous soie lonteins.

On ne doit pas croire en augure,
Car c'est pechiez contre la foy
3. Car c'est sorcerie et laidure
Et grant deshonneur; car je croy,
5.   Quant homs voit ses annemis
Qui destruisent sa gent et son païs,
Qu'il ne se puet excuser de combatre,
S'il a pooir de leur orgueil abatre.

9. Car la victoire et l'aventure
Gist en Dieu et en bon arroy
11. Et en grant avis qui n'a cure
De folier ne de desroy;
13.   Car quant uns fais entrepris
Est sagement et de tres bon avis,
Comment ose homs la bataille debatre,
S'il a pooir de leur orgueil abatre?

17. Et se magique m'asseüre
Ou astronomie est pour moy,
19. Et Fortune estre me vuet dure,
Asseürer pas ne me doy.
21.   Dont qui vuet honneur et pris,
Ait sa fiance en Dieu de paradis
Et pense adès qu'il ha sept contre quatre,
S'il a pooir de leur orgueil abatre.

On ne porroit penser ne souhaidier
Miex qu'en celle que j'aim de fine amour,
3. Car il n'a rien en li à reprochier,
Eins est parfaite et souvereinne flour
5. De quanqu'il faut à dame de valour.
S'en loe Amours d'umble volenté pure,
Quant j'aim la flour de toute creature.

8. Si n'en puis mais, se je l'aim et tieng chier;
Car il n'est maus, tristece ne dolour
10. Qui se peüst en mon cuer herbegier,
Eins suis toudis en joie et en baudour;
12. Nès de penser à sa fine douçour
Preng soustenance et douce norriture,
Quand j'aim la flour de toute creature.

15. Et quant je vif en si plaisant dangier
Que mon cuer maint en son noble sejour
17. Et je la serf, sans muer ne changier,
Tres loiaument de toute ma vigour,
19. Certes moult doy amer l'eure et le jour
Que je senti l'amoureuse pointure,
Quant j'aim la flour de toute creature.

On ne puet riens savoir si proprement
D'oïr dire comme on fait de veoir;
3. Mais ce c'on tient et voit tout clerement
Doit en croire sens nulle doubte avoir.
5.   Et qui legierement croit,
Souvent sa pais et sa joie en descroit,
Car maint meschié sont venu et nourri
De legier croire encontre son ami.

9. Pour ce le di que j'ay mout longuement
De cuers, de corps, à mon loyal pooir,
11. Servi, cheri et loé humblement
Ma chiere dame où j'ai tout mon espoir.
13.   Las! dolens, or me mescroit,
Par faus rapors, qu'ailleurs mes cuers ne soit.
Mais mort m'ara, se je li voy ainsi
De legier croire encontre son ami.

17. Helas! je l'aim si amoureusement,
De si vray cuer et si sens decevoir
19. Qu'onques en moy n'ot .i. seul pensement,
Ne loing ne près, d'autre amer ne voloir;
21.   Et certes bien sceit et voit
Que mes vrais cuers autre amer ne porroit.
Mais c'est retraite et samblance d'oubli
De legier croire encontre son ami.

Vg, f.33r

Onques dame ne fu si bele
Ne pleinne de si grant douçour,
3. N'onques en may rose nouvelle
Ne fu d'odeur et de coulour
5.   Si plaisant com le dous vis
De celle qui seur toutes ha le pris
    Desà mer ou delà mer.
    Tele la doit on amer.

9. Mais ce ma joie renouvelle
Qu'elle a tant biauté et valour
11.   Que chascuns à bon droit l'apelle
De tous biens l'onneur et la flour,
13.   Et dit que ses corps faitis
Est de tous biens parez et assevis,
    Si qu'on n'i puet amender.
    Tele la doit on amer.

17. Mais de l'amoureuse estincelle
N'ot onques ses cuers la chalour,
19. Einsois vueil bien qu'on sache qu'elle
Ne sot onques que c'est d'amour;
21.   Dont se je l'aim, serf et pris
Seur toute riens, n'en doy estre repris,
    Car, par m'ame, elle n'a per.
    Tele la doit on amer.

Vg, f.30v

Onques mes cuers ne senti
    Si dure dolour,
3. Com quant je me departi
    De ma douce amour;
5. Mais ce me rendi vigour
    Qu'elle vis à vis
Me dit par tres grant douçour:
    "A Dieu, dous amis!"

9. De ce mot, quant je l'oÿ
    La douce savour
11. Fut emprainte et fit en mi
    Mon cuer son sejour.
13. Lors ma dame à cointe atour
    Escript, ce [m'est] vis,
De sa belle bouche entour:
    "A Dieu, dous amis!"

17. Si ne quier autre merci
    De mon dous labour;
19. Car j'ay cent joies en mi
    Pour une tristour,
21. Quant la souverainne [flour]
    Dou monde et le pris
Vuet que je porte en s'onnour:
    "A Dieu, dous amis!"

Vg, f.6v

On verroit maint amant desesperer
De la doleur que mes las cuers endure,
3. Et bonne Amour fuïr et eschuer,
Einsi con gent qui n'ont de joie cure.
5. Mais ja pour ce n'en penserai laidure,
Einsois en vueil treshumblement loer
Loyal Amour et ma dame sans per.

8. Et si me fait tant de mal endurer
Que perdu ay toute m'envoiseüre,
10. Ne nulle riens ne me puet conforter,
Qu'Eürs me het et Fortune m'est dure.
12. Et s'ay paour, comment que mauls me dure,
Qu'assez ne puisse en ma vie honnourer
Loyal Amour et ma dame sans per.

15. Ainsi me va de loyaument amer;
Car je y ai mis mon desir et ma cure,
17. Et si ne puis veoir ne remirer
Le gentil corps ne la douce figure
19. De ma dame, que j'aim sans mespresure.
Mais bon pooir ont dou guerredonner
Loyal Amour et ma dame sans per.

Vg, f.2v

Or voy je bien, ma dolour renouvelle
Et ma joie prent son definement,
3. Quant il m'estuet partir de la tres belle
Qui a mon cuer en son commandement.
5. Si ne say mais la maniere comment
Vivre puisse longuement, sans morir,
Puis qu'il m'estuet de ma dame partir,

8. Car mes fins cuers dedens mon corps sautele,
Fant et fremist, mue si asprement
10. Qu'en moy Paour par Dangier se resveille
Et Desespoirs, qui d'un consentement
12. Sont alié pour moy faire tourment.
Las! si ne say qui me puist garantir,
Puis qu'il m'estuet de ma dame partir.

15. Mors! vien à moy, si me prent, je t'apelle,
Car j'aim trop miex morir procheinnement
17. Que recevoir si crueuse nouvelle,
Com de m'amour faire departement;
19. Quar, sans cesser, mes maus trop aigrement
Destreint mon cuer et le vient assaillir,
Puis qu'il m'estuet de ma dame partir.

Vg, f.3r/3v

Ou païs où ma dame maint
Sont mi desir et mi penser
3. Et mes cuers qui pas ne se feint
De li bien servir et amer,
5. Car il ne fait fors que penser
A s'onneur qui toute autre veint;
Et je aussi, pour li honnourer,
Pri Dieu qu'à joie m'i remaint.

9. Si j'ay eü peinne et mal maint,
Encor me vient, par desirer,
11. Une doleur qui me destreint,
Si doleureuse à endurer
13. Que morir ou desesperer
Me fera, s'Amours ne l'estaint.
Mais ains que me face finer,
Pri Dieu qu'à joie m'i [remaint].

17. Espoir ay qu'en aucun temps m'aint
Ma douce dame et que muer
19. En joie fera mon complaint,
Quant vers li porray retourner,
21. Mais que loyal me puist trouver.
S'en dist mes cuers qui siens remaint,
Et je, pour joie recouvrer,
Pri Dieu qu'à joie m'i remaint.

Vg, f.21r

Peinnes, dolours, larmes, souspirs et plains,
Griès desconfors et paours de morir
3. Sont en mon corps en lieu de cuer remains,
Qui ne se puet de ma dame partir.
5. Si me font tant dementer et gemir,
Trambler sans froit et sans chalour suer
Que j'ay espoir de morir pour amer.

8. Tous biens me fuit et tous maus m'est procheins,
Si qu'il n'est riens qui me puist resjoïr,
10. Quant je me sens de ma dame lonteins.
Certes, trop m'est griès maus à soustenir;
12. Car tant desir à veoir et sentir
La grant douceur de son viaire cler
Que j'ay espoir de morir pour amer.

15. Helas! einsi de toute dolour pleins
Me fait Amours pour ma dame languir,
17. Et si n'ose penser n'estre certeins
Qu'il deignast nès de moy souvenir.
19. Las! ce me fait souvent teindre et palir
En souspirant et tel mal endurer
Que j'ay espoir de morir pour amer.

Vg, f.16v/17r

Plaisant Accueil et Gracieus Attrait
Me font amer ma douce dame gente,
3. En qui je vueil de sentement parfait
Mettre mon cuer et mon corps et m'entente;
5. Car Vrais Desirs et Fine Amour m'en tente
Qu'en regardant ma dame m'a tramis;
Si l'en mercy com ses loyaus amis.

8. Quant en mon cuer si doucement a trait
Son dous regart, sans menacier, qu'elle ente
10. Un dous penser et souvenir parfait
Dedens mon cuer, raisons est que je sente
12. Les grans deduis, qu'on reçoit en attente,
Les quels en moy parfaitement a mis;
Si l'en mercy com ses loyaus amis.

15. Et c'est raisons, que j'ay si grant bienfait
De son regart, que son cuer me presente,
17. Qu'enamourer mon loyal cuer en fait,
Muer, fremir, quant elle m'est presente.
19. Einsi me donne Amours si bonne rente
Qu'à li servir sans retraire suis mis;
Si l'en mercy com ses loyaus amis.

Vg, f.23r

Plaisant dame de noble acueil,
Que nuls ne porroit trop loer,
3. Plus loyaument que je ne sueil
Vous vueil servir et honnourer;
5. Et sachiez bien, tout sans doubter,
Que mes cuers point de vous ne part,
Se mes corps de vous se [depart].

8. Einsois vous demeure à vo vueil
Com cils qui ne saroit amer
10. Autre de vous; et je le vueil,
Puis qu'Amours le vuet commander
12. Qui me fait en joie esperer
Reveoir vostre dous regart,
Se mes corps de vous se [depart].

15. Si vous pri, bele sans orgueil,
Que j'aim loyaument, sans fausser,
17. Pour le regart dont vo vair oueil
Vorrent mon cuer enamourer,
19. Que il vous vueille ramembrer
Dou mal que j'arai main et tart,
Se mes corps de vous se [depart].

Plaisant dame, je recueil plaisenment
Tout ce qui est à vostre cuer plaisance;
3. Car vostre grant douçour si doucement
Me radoucist mes dous maus, sans doutance,
5. Que le plaisir tant me plaist et avance
Que ma dolour me samble douceur fine:
Amours le vuet qui ainsi me doctrine.

8. Dame, et, pour vous servir plus loyaument,
Mes loiaus cuers ha fait une alience
10. A Loyauté qui maint loyal amant
Lie en amours et fait mainte aligence.
12. Si me plaist tant sa tres douce acointance
Qu'à li amer dou tout en tout m'encline:
Amours le veut qui ainsi me doctrine.

15. Et puis qu'Amours vuet que de sentement
Je soie amis pleins de bonne esperence,
17. Vueilliez me amer ainsi parfaitement
Com je vous aim: si ferez grant vaillance;
19. Car j'ay tout mis en vostre oubeïssance,
Mon cuer, mon corps, sans penser mauvais signe:
Amours le vuet qui ainsi me doctrine.

Plourez, dames, plourez vostre servant,
Qui toudis ay mis mon cuer et m'entente,
3. Corps et penser et desir en servant
L'onneur de vous que Diex gart et augmente.
5.   Vestez vous de noir pour my,
Car j'ay cuer teint et viaire paly,
Et si me voy de mort en aventure,
Se Diex et vous ne me prenez en cure.

9. Mon cuer vous lais et met en vo commant,
Et l'ame à Dieu devotement presente,
11. Et voist où doit aler le remanant:
La char aus vers, car c'est leur droite rente;
13.   Et l'avoir soit departi
Aux povres gens. Helas! en ce parti
En lit de mort sui à desconfiture,
Se Diex et vous ne me prenez en cure.

17. [Mais certeins sui qu'en vous de bien a tant
Que dou peril, où je sui sans attente,
19. Me geterez, se de cuer en plourant
Priez à Dieu qu'à moy garir s'assente.
21.   Et pour ce je vous depri
Qu'à Dieu pour moy vueilliez faire depri,
Ou paier crien le treü de Nature,
Se Diex et vous ne me prenez en cure].

Pluseurs se sont repenti
    D'amer loyaument,
3. Pour ce que le nom d'ami
    N'ont apertement.
5. Mais einsois faut autrement
Les biens d'Amours comparer
    Qu'on les ait heüs;
Et qui ne se vuet brusler,
Si se traie ensus.

10. Li bien d'Amours sont parti
    Si seürement
12. Que li loyal de mercy
    Ont leur paiement
14. Et li faus si durement
Sont demené en amer
    Com de joie nus;
Et qui ne se vuet brusler,
Si se traie ensus.

19. Mais je n'ay pas fait einsi,
    Que moult longuement
21. Ay en sa prison langui
    Sans departement,
23. N'onques un alignement
Amours ne me volt donner:
    Tels en est li jus;
Et qui ne se vuet brusler,
Si se traie ensus.

Plus qu'onques mais vous desir à veoir,
Dame, que j'aim, ser, desir et aour;
3. Car chascuns dit, et je le tien pour voir,
Que vous estes la souverainne flour
5. De quanque Diex et Nature et Amour
Puelent creer. *Or me doint Diex tel joie,*
Douce dame, que temprement vous voie.

8. Car s'il avient einsi, com je l'espoir,
Que je voie vo parfaite douçour,
10. Doubler ferez ma joie et mon espoir,
Et si penray scens, maniere et vigour
12. En remirant vostre faitis atour
Et vo biauté. *Or me doint Diex tel joie,*
Douce dame, que temprement vous voie.

15. Et quant desirs fait que d'umble voloir
Vous aim et ser, sans penser deshonnour,
17. Ne me devez pas mettre en nonchaloir.
Einsois devés et pité et tenrour
19. Avoir de moy, en gardant vostre honnour
Et vostre pais. *Or me doint Diex tel joie,*
Douce dame, que temprement vous voie.

Pour Dieu, dame, n'amez autre que mi,
Car, par m'ame, je n'aim ne ne tien chier
3. Autre de vous, n'unques nulle ne vi
Que je vosisse avoir pour vous laissier;
5. Et sachiez bien que j'aim si sans trichier,
Car je sui cils qui onques ne faussay
N'onques nul jour à fausser ne pensay.

8. Car vous m'avez si franchement saisi,
Pris et espris et mis en vo dangier,
10. Qu'à riens qui soit ne me doing ne ottri
Fors à vous seul que j'aim sans delaissier,
12. Et puis que j'aim de fin cuer et d'entier
Si loyaument que ja ne fausseray
N'onques nul jour à fausser ne pensay,

15. Douce dame, je vous requier mercy
Que vous m'amez sans nul autre acointier
17. Et que je soie à vous amis par si
Que, se j'ay ja voloir de vous changier,
19. Que je vous perde et que vis enragier
Puisse pour vous; car j'aim de cuer si vray,
[*N'onques*] *nul jour à fausser ne pensay.*

Pour Dieu vous pri que de moy vous souveingne,
Douce dame, car adès me souvient
3. De vo fine beauté, que qu'il aveingne,
A qui nulle biauté ne s'apartient;
5. Et moult souvent en m'ardour,
Par pensée, sens vo fine douçour.
Mais quant je voi que mes pensers foloie,
C'est ma doulour et la fin de ma joie.

9. Car il n'est riens, qui à mal aparteingne,
Qui en mon cuer ne soit, quand il avient
11. Que souvenirs me demonstre et enseingne
Vostre douceur; si qu'adont me convient
13. Aler seul en un destour
Et regreter, par vois pleinne de plour,
Les tres dous biens que recevoir soloie:
C'est ma doulour et la fin de ma joie.

17. Dame, et comment que moult fort me destreingne
Li souvenirs qui en mon cuer se tient,
19. Ne pensez ja pour ce que je me feingne
D'amer, qu'en moy cils souvenirs soustient
21. Loyauté et vraie amour
Et fin desir de veoir vostre atour.
Mais quant ne puis faire que je le voie,
C'est ma doulour et la fin de ma joie.

Près durer ne long garir
Ne puis de ma dame chiere,
3. Et si m'en faut departir
Sans cuer, à dolente chiere.
5. S'en ay si grant dueil
Que li mauls dont je me dueil
M'ocira, se Diex me gart,
Pour ce que de li me part.

9. Si ne sçay que devenir,
Ne penser en quel maniere
11. Je me doie meintenir,
Car requeste ne priere
13. Vers son dous accueil
Ne me vaurroit. Si me vueil
Partuer dou mal qui m'art,
Pour ce que de li me part.

17. [Et quant joie ne joïr
Ne riens qui à joie affiere
19. Ne me deingnent resjoïr,
Long ne près, et Amour fiere
21. M'est par son orgueil,
Estre doy plus que ne sueil
En tristece main et tart,
Pour ce que de [*li*] *me part*].

Puis qu'Amours faut et Loyauté chancelle
Et Pité dort et ma dame d'onnour
3. Est en tous cas à mon desir rebelle
N'oncques de moy n'ot pité ne tenrour,
5. Ma dame et Amours renoy
Et leur service et l'amoureuse loy;
Car miex me vaut de leur dangier partir
Qu'en eaulz servant sans joie adès languir.

9. Si seray frans, qui est chose si belle
C'on ne porroit esprisier sa valour,
11. Et d'autre part n'i a celuy ne celle
Qui de moy puist oster joie et baudour.
13. Eingsi seray sans annoy
Et drois sires de mon cuer et de moy,
C'on doit .c. fois plus amer et cherir
Qu'en eaulz servant sans joie adès languir.

17. Et se ma dame a fait amour nouvelle,
Eüreus yert cilz qui ara s'amour,
19. Et plus se doit amer qu'autre amans, qu'elle,
Si comme on prent les livres au tabour,
21. Li portera bonne foy!
A tant m'en tais; mais il vaut miex, ce croy,
Dame et Amour eslongier et fuir
Qu'en [*eaulz*] *servant sans joie adès languir.*

Puis que Desirs ne me laisse durer,
Ainsois me fait en desirant languir,
3. Mettre me vueil dou tout à endurer,
Ne plus ne quier aÿde requerir;
5. Car de si loing ne me porroit venir,
Com ma dame est, ne riens ne me vaurroit
Autres confors, se de li ne venoit.

8. Car il n'est riens [qui] me peüst donner
Aligement pour ma dolour garir,
10. Se par la belle au douls viaire cler,
Qui a mon cuer et moy, sans repentir,
12. N'estoit donnés; ne pour riens amenrir
La grief dolour que je port ne porroit
Autres confors, se de li ne venoit.

15. Einsi m'estuet pour loyalment amer
En desconfort et en lontaing desir,
17. Com vrais amis qui aimme sans fausser,
Pour ma dame joie defenir.
19. Et s'Amours vuet que je doie morir,
Il me plait bien, car pour nient seroit
Autres confors, se de li ne venoit.

Puis que j'empris l'amer premierement,
Je [n'eus] onques matere de chanter
3. Qui de dolour ne fust ou de tourment.
Mais plus ne vueil einsi ma vie user,
5. Einsois me vueil dou tout reconforter
Et estre liés, chantans et pleins de joie,
Qu'Amours le vuet et ma dame m'en proie.

8. Si vueil mettre tout mon entendement,
Voloir, desir, cuer, pooir et penser
10. Pour jolis estre et pour joliement
Servir Amours et ma dame honnourer,
12. Comme humbles sers qui ne saroit fausser
Et qui seray loyaus, où que je soie,
Qu'Amours le vuet et ma dame m'en proie.

15. Et d'autre part je say certeinnement
Qu'on ne puet miex valoir, fors empirer,
17. De faire dueil. Pour ce vueil liement
User mon temps et loyaument amer,
19. Ne plus ne vueil desconfort osteler,
Ains chanteray plus que je ne soloie,
Qu'Amours le vuet et ma dame m'en proie.

Puis qu'Eürs est contraire à mon desir
Et Fortune me grieve nuit et jour
3. Et Pitez dort pour moy faire morir
Et de moy plus ne souvient bonne Amour
5. Et ma dame ne chaut de ma dolour,
Certes, je doy la mort plus desirer,
Qu'einsi languir sans merci esperer.

8. Car il n'est biens qui me peüst venir,
Dont je peüsse entroublier mon plour,
10. Et si ne puis de ma dolour garir,
Puis qu'il ne plaist la belle que j'aour.
12. S'ay trop plus chier, en lieu de ma tristour,
Qu'à un seul cop me face definer,
Qu'einsi languir sans merci esperer.

15. Et quant ses cuers ne me vuet resjoïr,
A tout le mains daingne que ma langour
17. Pregne sa fin: si fera mon plaisir,
Mais que morir puisse pour sa douçour;
19. Car il vaut miex, et s'est plus grand honnour,
Morir à joie humblement pour amer,
Qu'einsi languir sans merci esperer.

Quant de vous departiray,
Plaisant dame, simple et coie,
3. Pour moy nelui me lairay
Qui ramentevoir me doie,
5. Ne fier ne m'oseroie
En nul qui vous peüst dire
Ma dolour [et] mon martyre.

8. Helas! einsi languiray
Tous seuls, sans cuer et sans joie,
10. Et en doubtance seray
De vous qu'oubliez ne soie.
12. Las! c'est ce qui me desvoie
Et qui durement empire
Ma dolour et mon martyre.

15. Einsi sui en grief esmay,
Car nullement ne porroie
17. Endurer les maus que j'ay
Se de vous secours n'avoie.
19. Mais se morir n'en devoie,
Bien vous deveroit souffire
Ma dolour et mon martyre.

Quant je commensay l'amer,
Si douce vie menoie
3. Que n'osasse demander
Plus de bien que j'en avoie.
5. Or n'ay bien qui me resjoie,
Dont souvent di en mon plour
Qu'amours commencent en joie
Et fenissent en dolour.

9. Comment que m'amour finer
Ne puis ne quier ne vorroie,
11. Eins ameray sans fausser
Ma dame plaisant et coie
13. Loyaument, où que je soie.
Mais je voy de jour en jour
Qu'amours commencent en joie
Et fenissent en dolour.

17. Car je soloie esperer
Qu'amés et cheris seroie
19. De ma dame qui n'a per.
Las! dolens, or sui en voie
21. De desespoir. Qu'en diroie?
Bien l'ont esprouvé plusour
Qu'amours commencent en joie
Et fenissent en dolour.

Quant ma dame est noble et de grant vaillance,
Et je me sens de tres petit affaire,
3. Je n'en puis mais, se je sui en doubtance
Que je n'aie moult durement à faire,
5.   Einsois que j'aie s'amour;
Car moult petit prisera la clamour
De mon vray cuer et [ma] grant loyauté.
Si m'ara tost selonc droit oublié.

9. Et s'aucuns ont parlé pour ma grevence,
Qui sont à moy haïneus et contraire,
11. S'elle les croit, s'iert pechiez et enfance;
Mais en li est de moy faire ou deffaire.
13.   Or en face son millour!
Qu'en moy ja mais mes cuers n'ara retour,
Ains sera siens tous et contre son gré.
Si m'ara tost selonc droit oublié.

17. Amours scet bien que j'ai grant desplaisence
Toudis en ce qui li porroit desplaire,
19. Et que j'ay mis cuer, desir et plaisence
En faire ce qui li puet et doit plaire.
21.   Si ne seroit pas s'onnour,
S'elle en amer muoit si grant douçour;
Et s'il avient, mors sui pour sa biauté.
Si m'ara tost selonc droit oublié.

Quant vrais amans de sa dame se part
Qui ne se vuet ne puet de li partir,
3. Grant merveille ay que li cuers ne li part:
Tant a meschief et doleur à sentir;
5. Quar quant il pert le veoir et l'oïr
Et le regart de sa tres douce dame,
Comment [vit il], je ne le sçay, par m'ame.

8. Il laist son cuer navret d'amoureus dart
Qui demeure gaiges de revenir;
10. Et s'il [retient] Dous Espoir de sa part,
Tres-dous Penser et Plaisant Souvenir,
12. Riens ne valent sans cuer; et quant Desir
L'art et bruist de l'amoureuse flame,
Comment vit il, je ne le sçay, par m'ame.

15. Et quant mes corps n'a cuer n'espoir, ains art
Pour ma dame qu'aim seur tout et desir,
17. Et Dous Pensers ne Souvenirs regart
N'ont qu'il puissent ma dolour amenrir,
19. Et loing de li ne [fait] fors que languir
Pour le desir qui nuit et jour l'enflame,
Comment vit il, je ne le sçay, par m'ame.

Qui [des] couleurs saroit à droit jugier
Et dire la droite signefiance,
3. On deveroit le fin asur prisier
Dessus toutes; je n'en fais pas doubtance.
5.   Car jaune, c'est faussseté,
Blanc est joie, vert est nouvelleté,
Vermeil ardeur, noir deuil; mais ne doubt mie
Que fin azur loyauté signefie.

9. Si vueil amer l'azur et tenir chier
Et moy parer de li en ramembrance
11. De loyauté qui ne saroit trichier,
Et li porter honneur et reverence.
13.   Car, en bonne verité,
Riens ne vaut chose, où il n'a verité,
N'il n'est amans qui ne tesmongne et die
Que fin azur loyauté signefie.

17. Si l'ameray de fin cuer et entier
Et porteray sans nulle difference,
19. Car moult me puet valoir et avancier
Et donner pais, joie et bonne esperence.
21.   Et mes amis qui bouté
Ha dessus tous m'en sara tres bon gré;
Car il scet bien, entre amy et amie,
Que fin azur loyauté signefie.

Vg, f.5r/5v

Riens ne me puet anuier ne desplaire
Que je puisse pour ma dame endurer,
3. Fors tant que long de son plaisant viaire,
Sans joie avoir, me convient demourer.
5. Et si ne say terme de retourner
Par devers li, dont j'ay tant de martyre
Que je ne say congnoistre joie d'ire.

8. Ne riens ne puis veoir qui me puist plaire,
Ne je ne say nulle chose penser
10. Qui tout ne soit à mon desir contraire,
Ne je ne cuit plus mes yex saouler
12. De sa biauté veoir et remirer
Qui si destruit mon las cuer et martyre
Que je ne [say] congnoistre joie d'ire.

15. Einsi me vuet loyal Amour deffaire
Qui me deüst, par droit, reconforter
17. Et aucun don des biens amoureus faire,
En lieu dou mal qu'elle me fait porter.
19. Mais tenrement me fait pleindre et plorer,
Et en plaingnant tant ma doleur empire
Que je ne say congnoistre joie d'ire.

G, f.66v

Riens ne me puet annuier ne desplaire
Que je puisse pour ma dame sentir,
3. Quar la douçour de son tres dous viaire
Fait doucement mes doulz maus adoucir;
5. Son cuer joieus fait le mien esjoïr.
Mais se un petit tient mon cuer en effroy,
Que sur tout l'aim et pou souvent la voy.

8. Riens n'est qu'elle ne peüst dire ou faire
Qui me fut dur n'enuieus à souffrir,
10. Car son gent corps est de si bon afaire
Et si parfait [que] n'en puet riens issir
12. Que je ne preingne en saveur de joïr.
Or [m'ont si] ueil pris et mis en tel ploy
Que sur tout l'aim et [pou] souvent la voy.

15. Mais doulz espoirs maint en moy et repaire
Qui ne s'en puet à nulle heure partir,
17. Ains me conforte et joït et esclaire
Par doulz penser et plaisent souvenir.
19. Et se Diex veult que la voie à loisir,
Je li diray et jurray par ma foy
Que sur tout l'aim et [pou] souvent la voy.

Vg, f.37r

Sans departir est en mon cuer entrée
Nouvelle amour par si noble maistrie
3. Que la millour et la plus belle née
Qui onques fust amée ne servie
5. Vuet que mette sens, temps, cuer, corps et vie,
Penser, desir en son tres dous demeinne
Et qu'elle soit ma dame souvereinne.

8. Si que onques mais si noble destinée
Ne pot venir à ami n'a amie:
10. Pour ce en chantant sera de moy loée
Et humblement adourée et chierie.
12. Plus ne li quier fors tant qu'elle m'ottrie
Que par son gré de li loer me peinne
Et qu'elle soit ma dame souvereinne.

15. Si vueil mettre dès or mais ma pensée,
Ma plaisance, mon cuer et m'estudie
17. En li loer, dont meinte autre honnourée
Sera de moy pour li, je n'en doubt mie.
19. Si li suppli que de li soit oÿe
Ceste chanson qui est la premereinne
Et qu'elle soit ma dame souvereinne.

Vg, f.27v

Se bons et biaus, plains de toute valour,
Saiges, courtois, nobles, preus et gentis
3. M'aimme de cuer et de loyal amour,
Et je sçay bien qu'il m'est loiaus amis,
5. Par droit de son bien voloir,
Ne me doit nulz blasmer, qu', à dire voir,
Il m'est avis que trop fort mesprendroie
Envers Amours, se son bien ne voloie.

9. Car Raisons vuet, s'il aimme [sens] folour
Et sans partir, qu'il en soit remeris,
11. Et d'autre part bonne Amour son labour
Ne vuet, ne doit souffrir qu'il soit peris;
13. Si que je ne puis veoir,
Ymaginer, penser ne concevoir,
Par quel moyen excuser m'en porroie
Envers Amours, se son bien ne voloie.

17. Et avec ce, se foy, pais et honnour
Et loyauté me vuet faire toudis,
19. En moy n'ara franchise ne retour,
Pité, douçour n'amour, s'il en vaut pis
21. Qu'il n'en doie pis valoir,
Car se son bien ne vueil, c'est decevoir.
Dont vraiement mortelment pecheroie
Envers Amours, se son bien ne voloie.

Vg, f.22v

Se Diex me doint de ma dame joïr,
Que je ne sui onques ne temps ne heure
3. Que je n'aie penser ou souvenir
De sa biauté, comment que je demeure
5.   Long de sa fine douçour;
Dont il avient souvent que pour s'amour
Je sui à li si durement pensis
Que je ne say se je sui mors ou vis.

9. Car je pers tout le veoir et l'oïr
Et le parler, quant en pensant saveure
11. Sa tres fine douçour que tant desir
A reveoir, si qu'adont me court seure
13.   Desirs par si grant ardour
Que je n'ay sens ne pooir ne vigour,
Einsois me sens de s'amour si ravis
Que je ne say se je sui mors ou vis.

17. Et quant à moy me convient revenir,
Toute doleur prent en moy sa demeure,
19. Car il m'estuet dementer et gemir
En desirant; et si tenrement pleure
21.   Que qui n'en aroit tenrour,
Trop dur aroit le cuer, car en mon plour
De rechief sui par dolour si transis
Que je ne say se je sui mors ou vis.

Vg, f.9v

Se faire say chanson desesperée,
Faire la doy ja par bonne occoison,
3. Quant celle où j'ay mis toute ma pensée
Et tout mon cuer me fait tel desraison
5. Qu'elle me tolt mon confort sans raison;
Et si me vuet dou tout en tout tuer,
Quant je li voy autre que moy amer.

8. Elle scet bien que plus l'aim que riens née
Et que je l'ay servi sans mesprison;
10. Si m'en donne si mauvaise soudée
Que mal pour bien en est le guerredon.
12. Si m'en convient morir ou garison,
Car je ne puis en ce point plus durer,
Quant je li voy autre que moy amer.

15. Si pri Amours et ma dame honnourée
Qu'à moy vueillent faire ceste parson,
17. Que, se ma dame est de moy miex amée,
Qu'elle me laisse vivre en sa prison;
19. Mais je croy bien que la serf en pardon:
Si m'en convient dure mort endurer,
Quant je li voy autre que moy amer.

Vg, f.12v

Se j'ay esté de maniere volage,
Ce a fait Amours dont je sui embrasez,
3. Qui m'a esté trop longuement sauvage.
Mais puis qu'à vous, dame, me sui donnez,
5. Fermes, loyaus vous seray et secrez,
Et de fin cuer parfait vous ameray,
Sans repentir, tant com durer porray.

8. Ne ja muer ne verrez mon corage,
Einsois de moy par tout faire poez,
10. Com de celui qui est en vo servage
Et qui ne vuet fors ce que vous volez,
12. Qu'estre ne puis de nulle confortez,
Se de vous n'est, à qui sui et seray
Sans repentir, tant com durer porray.

15. Si vous suppli humblement, sans haussage,
Gentil dame, que vous me secourez
17. Par moy daingnier tenir en vostre hommage;
Car vos dous vis rians, fres, coulourez,
19. Qui est seur tous de grant biauté parez,
M'a si conquis que je vous serviray
Sans repentir, tant com durer porray.

Vg, f.4v

Se je me fusse envers Amours meffais,
Bien me deüst de ma dame eslongier;
3. Mais je say bien qu'onques n'en dis n'en fais
Ne le meffis, dont se deüst courcier,
5. Ce m'est avis, qui vuet à droit jugier.
Quant je me plaing, nuls ne m'en doit blamer,
Puis qu'en amer ne puis trouver qu'amer.

8. Trop compere ses gracieus biens fais
Cils qui la sert de fin cuer et entier;
10. Car quant il cuide avoir passé son fais,
Lors li sera dou tout à racointier,
12. Et li sera pis qu'à l'encommencier.
Dont dire puet: 'Je me muir pour amer,
Puis qu'en amer ne puis trouver qu'amer.''

15. Pour moy le di, qui de ses dars sui trais;
Et si m'a fait de ma dame estrangier
17. Si cruelment que je ne la voy mais
Ne que mes mauls ne li puis anoncier.
19. Einsi me vuet fine Amour guerrier,
Dont moult souvent me fait chetif clamer,
Puis qu'en amer ne puis trouver qu'amer.

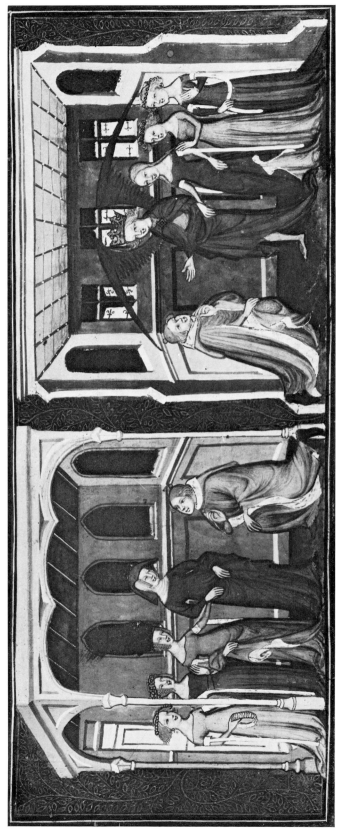

NATURE PRESENTS HER DAUGHTERS *SENS, RETORIQUE* AND *MUSIQUE* TO MACHAUT

Paris, B.N., f.fr. 9221 *f.* 1r

Se je n'avoie plaisance
En ma dure maladie,
3. Ja mais n'aroie puissance
Dou souffrir; je n'en doubt mie.
5. Car desirs la monteplie
    Toudis en ardour
De repairier vers la flour
Qui seur toutes est prisie.

9. C'est celle qui a puissance
De donner joieuse vie,
11. Mort crueuse ou aligence
A moy qui en sa baillie
13. Sui et seray, que qu'on die,
    Adès, nuit et jour,
Pour ce qu'en li [maint] douçour
Qui seur toutes est prisie.

17. Et se sa douce samblance
Et sa maniere jolie,
19. Où j'ay toute ma fiance,
Ne voy souvent, je le prie
21. Pour Dieu qu'elle ne m'oublie,
    Car toute m'amour
Li ay donné pour s'onnour,
Qui seur toutes est prisie.

Se je ne say que c'est joie d'amy
Ne quels biens est de mercy la douçour,
3. Si n'ai je pas pour ce mis en oubli
Que je n'aimme de tres loial amour
5. Et que toudis ne serve sans sejour,
A mon pooir, de cuer, de corps et d'ame,
Au gré d'Amours et à l'onneur ma dame

8. Comment que j'aie en desirant langui
Moult longuement en tristece et en plour;
10. Dont j'ay perdu si le pooir de mi,
Que je n'ay mais maniere ne vigour.
12. Pour ce vueil bien morir de la dolour
Qui par desir mon cuer d'amer enflame,
Au gré d'Amours et à l'onneur ma dame.

15. Mais tost m'arient par franchise gari
Grace et Pité de toute ma langour,
17. Se un ferme espoir avoie de merci
Dont je me truis plus loing de jour en jour.
19. Mais je n'en quier garison par nul tour,
Se ce n'est dont que je l'aie sans blasme,
Au gré d'Amours et à l'onneur ma dame.

Se je vous aim de fin loyal corage
Et ay amé et amerai toudis,
3. Et vous avez pris autre en mariage,
Doy je pour ce de vous estre ensus mis,
5.   Et de tous poins en oubly?
Certes, nennil; car puis que j'ay en my
Cuer si loyal qu'il ne saroit meffaire,
Vous ne devez vo cuer de moy retraire.

9. Eins me devez tenir en vo servage
Comme vo serf qu'avez pris et acquis,
11. Qui ne vous quiert villenie n'outrage.
Et si devez amer, j'en suis tous fis,
13.   Vo mari com vo mari
Et vostre amy com vostre dous amy;
Et quant tout ce poez par honneur faire,
Vous ne devez vo cuer de moy retraire.

17. Et s'il avient que cuer aiez volage,
Onques amans ne fu si fort trahis
19. Com je seray; mais vous estes si sage,
Et s'est vo cuers si gentement norris
21.   Qu'il ne deingneroit einsi
Moy decevoir pour amer. Et se di:
Puis que seur tout aim vostre dous viaire,
Vous ne devez vo cuer de moy retraire.

Selonc ce que j'aim chierement
Et que j'ay longuement servi
3. Vostre dous viaire plaisant,
Dame, d'umble cuer vous depri
5. Qu'au retour d'un regart joli,
Pour moy donner sens et maniere,
Secourez moy, ma dame chiere.

8. Trop compere amours chierement,
Car j'ay une dolour en my
10. Dont Amours nul aligement
Ne me donne, ne vous aussi.
12. Mais se vous oez mon depri,
Par amours de vo douce chiere,
Secourez moy, ma dame chiere.

15. Et se vo douce chiere ment,
Dont m'ara bonne Amour trahi,
17. Car je vous aim si loyaument
Que pour loyauté je languy.
19. Et quant vers nul loyal ami
Onques amours ne fu si chiere,
Secourez moy, ma dame chiere.

Se ma dame me mescroit, c'est à tort,
Que jamais jour ne vueille departir
3. Ne dessevrer de li jusqu'à la mort,
Einsois la vueil amer sans repentir,
5. Servir, celer, doubter et oubeïr,
Com cils qui vueil miex la mort recevoir
Que moy partir de son noble pooir.

8. Car si seroie arrivez à mais port
Que jamais biens ne me porroit venir,
10. Fors que doleur, tristece et desconfort.
Pour ce de cuer et d'amoureus desir,
12. Com fins loyaus amis, la vueil servir;
Car riens si fort ne me feroit doloir
Que moy partir de son noble pooir.

15. Si pri ma dame, à cui tuit mi ressort,
Mon cuer, m'amour, mi penser, mi plaisir,
17. Tout mon espoir, mi bien et mi deport
Sont et seront à tous jours sans faillir,
19. Que pour son serf me vueille retenir;
Car plus chier ay languir par son voloir
Que moy partir de son noble pooir.

Se mes dous amis demeure
Longuement ensus de mi,
3. Je me doubt que sa demeure
Ne m'occie; car ainsi
5. Ne puis vivre en tel sousci
N'en telle dolour
Com j'ay esté dusqu'à ci,
Et tout pour s'amour.

9. Qu'en desir qui me court seure
Truis trop mortel ennemi,
11. Dont souvent soupire et pleure
Parfondement et [gemi]
13. Pour mon dous loyal ami.
Lasse! en tel langour
Ay moult longuement langui,
Et tout pour s'amour.

17. Il m'aime, sert et honneure,
Crient, obeït, et je li;
19. Et doy mout desirer l'eure
Que voie son corps joli,
21. Car puis qu'il s'en departi,
Je n'os un bon jour;
S'en port viaire pali,
Et tout pour s'amour.

Se par amour ou par fiance
Vous me monstrés estrangeté,
3. Dame, mes cuers en grant plaisence
Le penroit et en tres bon gré;
5. Et se vos cuers le faisoit
Autrement, il m'ocirroit,
Car tant vous aim que vivre ne porroie,
Douce dame, [s'en vo grace n'estoie.]

9. Car mon confort et m'esperance
Sont en vous, dame de bonté,
11. Ne riens de bien n'ay, sens doubtance,
Fors de vo bonne volenté.
13. Et se confors me venoit
D'ailleurs, riens ne me vaurroit.
Pour ce ne sçay penser que je feroie,
Douce dame, s'en vo grace n'estoie,

17. Fors tost morir, qu'autre aligence
Ne [vorroie] n'autre santé
19. [N'autre bien n'autre soustenance
N'autre joie n'autre amité.]
21. Et vraiement ce seroit
Mon milleur, s'il advenoit.
Dont Diex me gart, car trop chetis seroie,
Douce dame, s'en vo grace n'estoie.

Se pleins fusse de matiere joieuse,
Je feïsse mes chans joieusement,
3. Mais point n'en ay qui ne soit dolereuse;
Pour ce les fais dolereusement.
5. S'ay droit, que j'ay de dueil et de tourment
Tant que je n'ay nulle joieuse vie,
Quant lonteins sui de ma dame jolie,

8. Qui tant par est doucette et gracieuse
Que sa douceur m'a gracieusement
10. Pris et espris en prison amoureuse,
Où je langui si amoureusement
12. Que je ne puis avoir aligement
Ne reconfort n'esperence d'aÿe,
Quant lonteins sui de ma dame jolie.

15. Et s'Amours vuet vers moy estre piteuse,
Je li requier merci piteusement
17. Que tost voie ma dame savoureuse
Qui maintes fois m'a savoureusement
19. De ses dous yex conforté doucement.
Las! or sui cils qui de confort mendie,
Quant lonteins sui de ma dame jolie.

Se pour ce muir, qu'Amours ay bien servi,
Sy fait mauvais servir si fait signour,
3. Ne je n'ay pas, [ce] croy, mort desservi
Pour bien amer de tres loyal amour.
5. Mais je voy bien que finé sont mi jour,
Quant je congnois et voy tout en appert
Qu'en lieu de bleu, dame, vous vestés vert.

8. Helas! dame, je vous ay tant chieri,
En desirant de merci la douçour,
10. Que je n'ay mais sens ne pooir en mi:
Tant m'ont mué mi souspir et mi plour.
12. Et m'esperence est morte sens retour,
Qu'en souvenirs me monstre à descouvert
Qu'en lieu de bleu, dame, vous vestés vert.

15. Pour ce maudi les yex dont je vous vi,
L'eure, le jour et le tres cointe atour,
17. Et la biauté qui ont mon cuer ravi,
Et le plaisir enyvré de folour,
19. Le doulz regart qui me mist en errour,
Et loyauté qui sueffre et a souffert
Qu'en lieu de bleu, dame, vous vestés vert.

Se pour longue demourée
    Sui mis en oubli,
3. Certes, mar vi la journée
    Que premiers vous vi;
5.   Car je vous aim si
Que jamais entroubliée
    Ne serez de [mi].

8. Et certes, dame honnourée,
    S'il estoit einsi,
10. Mes las cuers sans demourée
    Partiroit par mi,
12.   Qui tant enchieri
Vous a qu'en mal desirée
    Ne serez de mi.

15. Or soit si com vous agrée,
    Gentil dame, à qui
17. Cuer, corps, povoir et pensée
    Bonnement ottri.
19.   Mais sachiez de fi
Que ja pour ce meins amée
    Ne serez de mi.

Seur tous amans me doy pleindre et loer
D'amours qui m'a mis en joie et en plour.
3. Loer m'en doy en tant que desirer
Tres loiaument, sans penser deshonnour,
5. Me fait dame qui est des flours la flour.
Mais je m'en doy pleindre aussi durement,
Car tant ne puis faire que nullement
Sache m'amour, qu'à li me sui rendus;
Et si l'aim tant c'on ne puet amer plus.

10. Car, quant je voy son dous viaire cler
Et je li vueil descouvrir ma dolour,
12. Honte m'assaut, Paour me fait trambler,
Amours m'esprent, Biauté et Grant Douçour
14. Me font perdre sens, maniere et vigour;
Si que je sui en un transissement,
Ne je ne sens ne joie ne tourment.
Las! einsi sui dou veoir esperdus,
Et si l'aim tant c'on ne puet amer plus.

19. Si ne me say de quoy reconforter,
Car ma dame, que je serf et aour,
21. Ne scet comment, sans changier ne muer,
L'aim et desir de tres loyal amour,
23. Ne ne sara par moy, car j'ay paour,
Se je li di, d'avoir son mautalent;
Ne je ne puis avoir aligement
Sans li, de qui je sui descongneüs;
Et si l'aim tant c'on ne puet amer plus.

Se vo grandeur vers moy ne s'umilie,
Tres dous amis, que j'aim sans decevoir,
3. Povre esperence avoir doy en ma vie,
Car j'ay doleur qui trop me fait doloir
5.   Pour vous, où j'ay mon cuer mis,
Si que ja mais n'en puet estre partis.
Si ne doi pas toudis à vous penser
Sans vostre amour avoir ou esperer.

9. En .ij. amans qui s'aimment signourie
Estre ne doit, einsois doivent avoir
11. Un cuer, une ame et une maladie,
Une pensée, un desir, un voloir;
13.   Dont se vos cuers n'est onnis
A mon desir, li miens sera honnis,
Car je ne puis pas longuement durer
Sans vostre amour avoir ou esperer.

17. Et se des biens de Fortune n'ay mie
Si largement comme autre puet avoir,
19. S'ay je aussi bien vaillant .i. cuer d'amie,
Comme tele est roïne, à dire voir.
21.   Et bonne Amour, ce m'est vis,
No demande que le cuer, si qu', amis,
Le mien avez; si ne doy demourer
Sans vostre amour avoir ou esperer.

197

Vg, f.2r

Se vos regars, douce dame, n'estoit,
Jamais pooir n'aroie d'endurer
3. Vostre refus qui me tient si destroit
Qu'il fait maniere et scens en moy muer.
5.   Mais quant vos cuers m'escondist,
Vos dous regars s'i mesle et l'en desdist
Si doucement que plus en gré reçoy
Vostre refus que [d'une] autre l'ottroy.

9. Car d'autre en moy nulle riens ne vaurroit
Mercy n'ottroy qu'om me peüst donner,
11. Ne riens sans vous conforter ne porroit
Mon cuer dolent qui sans joie esperer
13.   Doleuresement languist.
Mais ce qu'il est vostres tant m'abelist
Et tant me plaist que plus assez conjoy
Vostre refus que d'une autre l'ottroy.

17. Si pri Amours, par grace, non par droit,
Qu'elle pité face en vous tant ouvrer
19. Que mes confors et vostre honneur y soit,
Ou qu'à vos yex vo cuer face acorder,
21.   Si que tost par l'escondist
De bouche, de yex et de cuer sans respit
Muire pour vous; car plus chier avoir doy
Vostre refus que d'une autre l'ottroy.

198

Vg, f.23v

Si com je sueil ne puis joie mener,
Pour ce que j'ay en moy trop grant desir
3. De reveoir le dous viaire cler
De ma dame que j'aim tant et desir
5. Qu'il me convient li veoir ou morir.
Mais quant veoir ne la puis nullement,
Dont sui je mors, que riens ne m'en deffent.

8. Car il m'estuet long de li demourer,
Tout seul, sans cuer, et tant mal soustenir
10. Qu'on en verroit meint amant desperer.
Mais pour ce nuls ne verra repentir
12. Mon cuer, pour riens qui li puist avenir;
Et si say bien, s'il n'a aligement,
Dont sui je mors, que riens ne m'en deffent.

15. Mais se je puis ma vie definer
En desirant li veoir et oïr,
17. Plus douce mort ne porroie endurer.
Pour ce me met dou tout au [dous plaisir]
19. De bonne Amour; mais s'aucun souvenir
Ma dame n'a de moy certeinnement,
Dont sui je mors, que riens ne m'en deffent.

199

Vg, f.4v

Souvenirs fait maint amant resjoïr,
Mais il me fait toute doulour avoir;
3. Car il m'estuet tout adès souvenir
De ma dame que j'aim sans decevoir,
5. Et quant ne puis ne sentir ne veoir
La parfaite douceur dont elle est pleine,
Joie me fuit et doleur m'est procheinne.

8. Si n'est nuls biens qui me peüst venir,
Car je sui tous cheüs en desespoir;
10. Et c'est raisons qu'il me doie fuïr,
Quant je ne puis les doulz biens recevoir
12. Qui m'ont tenu en gracieus espoir.
Et quant Amours de moy grever se painne,
Joie me fuit et doleur m'est [procheinne].

15. S'ay moult plus chier de ma dolour morir
Que pour amer languir et main et soir,
17. Car l'ardure de mon triste desir
Me fait adès de plus en plus doloir;
19. Et quant je fais d'amer tout mon pooir
Et ma douce dame m'est si lonteinne,
Joie me fuit et doleur m'est procheinne.

200

Vg, f.5v/6r

Souvent me fait soupirer,
Dementer, pleindre et gemir,
3. Et grief dolour endurer
L'ardure dou grant desir
5. Qui me fait à la mort traire
Et dire adès main et soir:
"Hé! tres douce, debonnaire,
Quant vous [porray] je veoir?"

9. Trop m'est grief à consirrer
De vous veoir et oïr,
11. Quant vo dous viaire cler
Soloit mon cuer resjoïr.
13. Las! or ay tant de contraire
Qu'en plourant chant de cuer noir:
"Hé! tres douce, debonnaire,
Quant vous porray je veoir?"

17. Las! einsi ne say penser
Que je doie devenir,
19. Fors que la mort esperer;
Et si m'en convient morir.
21. Bien puis dire sans meffaire,
Puis que plus n'en puis avoir:
"Hé! tres douce, debonnaire,
Quant vous porray je veoir?"

201

Vg, f.28r

Tant ay perdu confort et esperence,
Joie et solaz, sans nuls bien recevoir,
3. Que je n'ay mais fors qu'en la mort fience,
Car Fortune, qui trop me fait doloir,
5. De moy grever fait tous jours son pooir,
Dont j'ay cuer teint et viaire pali.
S'on ne m'en croit, si pert il bien à my.

8. Las! et si n'ay en moy nulle plaisence
Ne pensée, souvenir ne voloir,
10. Qui ne soient tuit fait pour ma grevence.
Et si langui en si grief desespoir
12. Que cure n'ay de garison avoir,
Puis que je fail dou tout à nom d'amy.
S'on ne m'en croit, si pert il bien à my.

15. Et tout pour ce que de perdre ay doubtance
Ma douce amour que j'aim sans decevoir,
17. Pers je toute maniere et contenance,
Pais et repos, dous penser et espoir;
19. N'en moy ne puet riens de joie manoir,
Eins sont tuit bien mi mortel anemy.
S'on ne m'en croit, si pert il bien à my.

202

Vg, f.15v

Tant sui chetis, las et maleüreus,
Dolens de cuer et plains de desconfort,
3. Que, par m'ame, mes cuers n'est convoiteus
De nulle riens, fors que d'avoir la mort;
5. N'avoir ne quier jamais bien ne deport
Ne riens qui en joie me mette,
Puis qu'à vous ay failli, doucette.

8. Eins vueil morir, com loyaus amoureus
A qui la mort est jugie à grant tort,
10. Et je say bien que ce sera mes preus,
Car je sui si arrivez à mais port
12. Que toute riens à moy grever s'amort.
Et drois est que tout me degette,
Puis qu'à vous ay failli, doucette.

15. Mais se vos yex attraians, amoureus,
Dous et plaisans, qui en riant m'ont mort,
17. Et vos gens corps, qui tant est savoureus
Que nuls ne scet le bien qui de li sort,
19. Peüsse veoir, la doleur que je port
Me fust douce. Or m'est trop durette,
Puis qu'à vous ay failli, doucette.

203

Vg, f.6r/6v

Tenus me sui longuement de chanter,
Mais orendroit ay loyal ocoison
3. D'estre envoisiez et de joie mener,
Car mes cuers est getez hors de prison
5.   Où il fut mis doucement.
Mais puis qu'il est mis hors delivrement,
Mener m'estuet bonne vie et joieuse,
Pris de rechief en prison amoureuse.

9. S'il n'est einsi que, par trop desirer
Celle en qui maint sens, maniere et raison,
11. Mon cuer conveingne en dolour demourer;
Car tant desir à veoir la façon
13.   De son dous viaire gent
Et sa fine biauté, que [vraiement]
Languir m'estuet en langueur dolereuse,
Pris de rechief en prison amoureuse.

17. Mais ja pour bien ne pour mal endurer
Je ne lairai qu'adès, sans mesprison,
19. De cuer, de corps, de desir, de penser
Je ne serve, sans faire traïson,
21.   Ma douce dame humblement.
Car loing de li est mes fins cuers souvent,
Par sa biauté plaisant et gracieuse
Pris de rechief en prison amoureuse.

204

Vg, f.27r/27v

Tout ensement com le monde enlumine
Li biaus solaus, quant il rent sa clarté
3. Et que ses rais la froidure decline
Et fait venir les biens à meürté,
5.   Einsi le haut bien parfait
De ma dame vaint tout vice et deffait:
Par tout [resplent] sa vaillance et habunde;
Mais de son bien, certes, c'est tout le monde.

9. Tant sceit, tant vaut, tant puest que c'est la mine
Que nulz ne puet espuiser de bonté:
11. Chascuns qui tent à bien y puise et mine;
Mais plus en a, quant plus en a donné.
13.   Et tant a adroit souhait,
Corps gent et joint, par mesure pourtrait'
Qu'en biauté n'a pareille ne seconde;
Mais de son bien, certes, c'est tout le monde.

17. Tant est parfaite en tout et enterine
Que tretuit cil qui sont et ont esté
19. S'onneur, son pris, son sens, sa douceur fine
En cent mil ans n'aroient recité.
21. Chascun à bien faire attrait
Par son maintien et par son dous attrait,
Humble envers tous et d'orgueil pur et monde;
Mais de son bien, certes, c'est tout le monde.

15. Quant ou dous gracieus repaire,
[Ne puis mais venir ne aler,
17. Où vos gens corps maint et repaire,
Las! einsi m'estuet consirrer
19. De veoir vo viaire cler;
Dont je vif en trop grief tourment,
Selonc ce que j'aim chierement.]

205

Tout ensement que la rose à l'espine
Se differe d'odeur et de biauté
3. Et de couleur, la vraie biauté fine
De ma dame et sa pure bonté
5. Tout veint, tout passe et tout a seurmonté;
Si que tous a, sans riens à reprochier,
Les biens que Diex et Nature ont plus chier.

8. S'en loe Amours qui a par sa doctrine
Moi et mon cuer si tres bien assené
10. Que j'aim la fleur et la douce racine
De tous les biens; car Grace, Loyauté,
12. Franchise, Honneur et Debonnaireté
Font nuit et jour en li monteplier
Les biens que Dieus et Nature ont plus chier.

15. Et quant Amours à li amer m'encline,
De vray desir et d'umble volenté,
17. Et je l'aim tant qu'onques mes cuers ne fine
De li servir sans nulle fausseté,
19. Mercy li pri, qu'elle ait de moy pité,
Par si qu'en li ne voie amenuisier
Les biens que Dieus et Nature ont plus chier.

207

Trop est crueus li maus de jalousie
Et trop greveus qui en est entrepris:
3. On en perd sens, maniere, courtoisie,
Pais, joie, amour, raison et tous delis
5. Dont tous frans cuers puet estre resjoïs.
En tel doleur sont cil qui sont jalous.
Il vaurroit miex, cent contre [un], estre cous.

8. Qui l'est, il est pleins de merencolie,
Estre vuet seuls, tristes, mournes, pensis;
10. Ne puet veoir qu'on joue ne qu'on rie,
Contre lui pense, et si le prent au pis.
12. Et s'est ses corps de son cuer si haïs
Qu'en volenté maise s'encline tous.
Il vaurroit miex, cent contre un, estre cous.

15. Pour moy le di, qui de tel maladie
Ay longuement esté si fort espris,
17. Qu'il n'est rage, maus ne forcenerie
Dont assaillis ne soit mes esperis
19. A toute heure; si en seray peris,
Car je derve de dueil et de courrous.
Il vaurroit miex, cent contre un, estre cous.

206

Tres douce dame debonnaire,
Que nuls ne porroit trop loer
3. De gent corps ne de dous viaire,
Ne nuls n'i saroit amender,
5. Amours fait en mon cuer durer
Mon grant desir trop longement,
Selonc ce que j'aim chierement.

8. Car je vous aim si sans meffaire
Que nuls cuers ne porroit amer
10. Plus loyaument, et sans retraire
Vous vueil servir et honnourer.
12. Mais trop me convient endurer
Ma dolour sans aligement,
Selonc ce que j'aim chierement.

208

Trop me seroit grief chose à soustenir,
Se ma dame, qui tant est honnourée,
3. Veoie en riens de s'onneur amenrir,
Ou de son pris, pour estre renommée
5. Qu'en pluseurs lieus fust mise sa pensée.
Pour ce li pri qu'elle n'ait c'un amy,
Tant pour s'onneur, com pour la pais de my.

8. Car ja si bien ne se saroit couvrir
Qu'elle n'en fust de mesdisans blasmée,
10. S'en tant de pars voloit son cuer partir;
Car, ains qu'on ait la chose pourpensée,
12. L'ont il ja dit par tout et revelée.
Or face dont qu'il soient tuit onny,
Tant pour s'onneur, com pour la pais de my.

15. Fors que moy seul, qui tant l'aim et desir
    Qu'onques dame, ce croy, ne fu amée
17. Plus loyaument ne de plus vray desir.
    Et quant je sui tous siens, sans dessevrée,
19. Ne me doit pas s'amour estre veée
    Pour nul autre, ne sa douce mercy,
    Tant pour s'onneur, com pour la pais de my.

209

A, f.208r

Trop ne me puis de bonne Amour loer
Qui m'a donné m'amour et mon desir
3. Et qui m'esprent si fort que desirer
   Ne porroie n'autre amer ne chierir
5.   Fors le bel, le bon, le gay,
   Que j'aim de cuer et toudis ameray
   Si fermement, sans muer ne changier,
   Qu'autre de li jamais avoir ne quier.

9. Et je voy bien qu'il m'aimme sans fausser
   Et que tous miens est si sans retollir
11. Qu'il ne porroit autre que mi amer,
    Et qu'il ne prent en autre amour plaisir.
13.   Et certeinnement bien say
    Qu'une autre amoit, quant premiers l'amay.
    Or ay son cuer si franc et si entier
    Qu'autre de li jamais avoir ne quier.

17. Or vueille Amours qu'en juenesse durer
    Puist ceste amour toudis, [sans] envieillir
19. Et sans morir; si serons sans finer
    En paradis d'amours; car, sans mentir,
21.   Là n'a tristesse n'esmay
    Ne riens qui puist tollir joie à cuer vray.
    C'est uns drois fluns de douceur qu'ai si chier
    Qu'autre de li jamais avoir ne quier.

210

Vg, f.22v/23r

Trop se peinne de mi mettre à la mort
Le grant desir qui adès me destreint,
3. Et pour tenir mon cuer en desconfort
   Eürs me het et Fortune se feint
5. De moy aidier, car où ma dame maint
   Ne puis aler n'envoier; dont je croy
   Que j'en morray, se briefment ne la voy.

8. Car vraiement, la dolour que je port
   Fait que mes cuers souvent soupire et plaint,
10. Si que je n'ay ne joie ne deport,
    Einsois suis cils qui toudis se complaint;
12. Ne il n'est riens à nelui de mon plaint,
    Nès à celle qui me fait tant d'anoy
    Que j'en morray, se briefment ne la voy.

A, f.199v

15. [Helas! si suis arrivez à mais port
    Que mon desir mon esperence veint
17. Et ma dolour desconfist mon confort
    Et mon penser toute ma joie esteint;
19. Et quant biens n'est, qu'esperence m'amaint,
    Dites, amant se je bien dire doy
    Que j'en morray, se briefment ne la voy.]

211

Vg, f.14v

Un dous regart par desir savouré,
Pris et donné tres savoureusement
3. A plaisence de cuer enamouré
   Qui aimme et sert tres amoureusement,
5. Me fait tenir si tres joieusement
   Quant dou veoir je puis avoir la joie,
   Que cuer et corps et [penser] m'en resjoie.

8. Ce dous resgart en plus grant savour hé,
   Quant maint y ont grant savour ensement
10. Qui onques n'ont sous Amours demouré;
    Et quant en moy ha son demeurement,
12. Bien doy servir et celer sagement
    Li et Amours qui tel douceur m'envoie
    Que cuer et corps et penser m'en resjoie.

15. Douce dame, j'ay bien assavouré
    Ce dous regart par tel savourement
17. Qu'encor en ay je le dart tout amouré
    Dedens mon cuer; ce sachiez vraiement.
19. Et quant j'en sens le point si doucement,
    M'avez acquis, tres bele à qui m'ottroie,
    Que cuer et corps et penser m'en resjoie.

212

Vg, f.35r/35v

Veoir n'oïr ne puis riens qui destourne
Moy ne mon cuer, quel part que face tour,
3. Qu'à vous toudis ma pensée ne tourne
   Et que vostres ne soie sans retour.
5. Si que de loing voy vostre cointe atour
   Et vo gent corps où il n'a riens à dire.
   Pour ce toudis ma pensée à vous tire.

8. Cils dous pensers à vous amer m'atourne
   Tres loyaument, et je aussi m'i atour;
10. Mais mon desir mon memoire bestourne,
    Dont maintes fois de la gent me destour.
12. Là vois souffrir sa pointure en destour,
    Là doucement m'assaut et me martyre.
    Pour ce toudis ma pensée à vous tire.

103

15. Mais cils desirs n'atent pas qu'il adjourne
    Pour moy faire maint amoureus estour;
17. Dont mes vrais cuers qui demeure et sejourne
    En vo prison qui n'est chastiau ne tour,
19. Et s'est pleinne de joie et de tristour,
    Reçoit pour vous souvent joie et martyre.
    Pour ce toudis ma pensée à vous tire.

213

Vo dous gracieus samblant
            Que j'aim tant,
Douce dame desirée,
4. Me fait joie si tres grant,
            En chantant,
Puis que ma doleur agrée,
7. Que bien m'est guerredonnée
            Ma dure dolour,
            Et tout par honnour.
10. Car se j'estoie devant
            Fin amant,
Cent fois yert m'amour doublée;
13. Et s'aray d'ore en avant
            Cuer joiant,
Pour ce que j'ay savourée
16. De vo face coulourée
            La fine douçour,
            Et tout par honnour.

19. Si vueil user mon vivant,
            En servant
Vo biauté fine esmerée,
22. Et faire vo dous commant.
            Ne commant
Qu'ailleurs face demourée,
25. Si maint en vous ma pensée,
            Mon cuer et m'amour,
            Et tout par honnour.

214

Vg, f.4v/5r

"Dame plaisant, nette et pure,
[Delitable à regarder,]
3. Vo gracieuse figure
Et vo dous viaire cler
5. Desir tant à remirer
Que tous mes sens s'en desvoie,
S'ainsi n'est, que ne vous voie".

8. —"Se vostre dolour est dure,
Dous amis, à endurer
10. Sachiez que ma norriture
Est de pleindre et de plourer.
12. Einsi ne puis plus durer,
Eins desir que morte soie,
S'ainsi n'est, que ne vous voie".

15. —"Helas! douce creature,
Qu'on ne porroit comparer,
17. Sentez vous dont la pointure
De vostre ami desirer?
19. Certes, or doit bien doubler
La dolour qui me maistroie,
S'ainsi n'est, que ne vous voie".

22. —"Emy! elle m'est si dure,
Dous amis, loiaus, sans per,
24. Que toute m'envoiseüre
Et ma joie entroublier
26. Me fait; ne reconforter
Nullement ne me porroie,
S'ainsi n'est, que ne vous voie".

29. —"Ma dame, or soiez seüre
Que je muir pour vous amer.
31. Car li desirs et l'ardure
Que j'ay de tost retourner
33. Vers vous me font desperer;
Si que jamais n'avray joie,
S'ainsi n'est, que ne vous voie".

36. —"Amis, c'est dure aventure
Que Diex vuet à nous donner.
38. Mais ja mon cuer ne ma cure,
Mon desir ne mon penser
40. Ne verra nuls remuer,
Pour grieté qu'Amours m'envoie,
S'ainsi n'est, que ne vous voie".

215

A, f.208r

1. *Amis, comment que m'aiez en oubli,*
2. *Ne sui je pas vers vous fausse ne double.*

3. Le desir qu'ay de vous veoir double y,
4. *Amis, comment que m'aiez en oubli.*

5. Certes oïl, qu'onques ne vous oubli;
6. Dont vraie amour en moy s'avive et double.

7. *Amis, comment que m'aiez en oubli,*
8. *Ne sui je pas vers vous fausse ne double.*

216

Vg, f.10r

1. *Au departir de vous mon cuer vous lais*
2. *Et je m'en vois dolens et esplourez.*

3. Pour vous servir, sans retraire jamais,
4. *Au departir de vous mon cuer vous lais.*

5. Et par m'ame, je n'aray bien ne pais
6. Jusqu'au retour, einsi desconfortez

7. *Au departir de vous mon cuer vous lais*
8. *Et je m'en vois dolens et esplourez.*

217

Vg, f.38r

1. *Biauté, douceur et maniere jolie*
2. *Tristesse osté ont de moy liement.*

3. Mener me faut vie joieuse et lie,
4. *Biauté, douceur et maniere jolie.*

5. Et vraie amour qui mon cuer point et lie
6. Me fait chanter de cuer joliement.

7. *Biauté, douceur et maniere jolie*
8. *Tristesse osté ont de moy liement.*

218

Vg, f.12v

1. *Blanche com lis, plus que rose vermeille,*
2. *Resplendissant com rubiz d'Oriant,*

3. En remirant vo biauté nonpareille,
4. *Blanche com lis, plus que rose vermeille,*

5. Sui si ravis que mes cuers toudis veille
6. A fin que serve à loy de fin amant,

7. *Blanche com lis, plus que rose vermeille,*
8. *Resplendissant com rubiz d'Oriant.*

219

Vg, f.35r

1. *Certes, mon oueil richement visa bel,*
2. *Quant premiers vi ma dame bonne et belle,*

3. Pour ce que gent maintieng et vis a bel;
4. *Certes, mon oueil richement visa bel.*

5. Ne fu tel fleur dès que fu vis Abel,
6. Quant [fleur] des fleurs tous li mondes l'apelle.

7. *Certes, mon oueil richement visa bel,*
8. *Quant premiers vi ma dame bonne et belle.*

220

Vg, f.12v

1. *Cuer, corps, [pooir, desir], vie et usage*
2. *En vous servir, douce dame, mis ay,*

3. Pour ce que tant avez plaisant et sage
4. *Cuer, corps, pooir, desir, vie et usage;*

5. Mais s'iert toudis, sans penser nul outrage,
6. Car certeins sui que bien emploieray.

7. *Cuer, corps, pooir, desir, vie et usage*
8. *En vous servir, douce dame, mis ay.*

221

Vg, f.23v

1. *Dame, de moy tres loyaument amée,*
2. *En moy avez un tres loial amy.*

3. Moult bien devez de tous estre clamée,
4. *Dame, de moy tres loyaument amée;*

5. Qu'en mon cuer est vostre amour enflamée,
6. Si que souvent m'en convient dire: "aymi!"

7. *Dame, de moy tres loyaument amée,*
8. *En moy avez un tres loial amy.*

222

Vg, f.14v

1. *Dame, je muir pour vous, com pris*
2. *Pour bien amer, dont miex m'enprise.*

3. Pour le bien qu'en vous ay compris,
4. *Dame, je muir pour vous, com pris.*

5. Riens n'ameroie tant com pris
6. De vous avoir, tout pour m'emprise.

7. *Dame, je muir pour vous, com pris*
8. *Pour bien amer, dont miex m'enprise.*

223

Vg, f.19v

1. *Dame, lonteins de vostre noble atour,*
2. *Tres loyaument de vous servir me peinne,*

3. Et se vous aim de fin cuer, sans faus tour,
4. *Dame, lonteins de vostre noble atour.*

5. Or pri Amours que vers vous mon retour
6. Face briefment, car j'endure grief peinne.

7. *Dame, lonteins de vostre noble atour,*
8. *Tres loyaument de vous servir me peinne.*

224

Vg, f.15r

1. *Dame, pour moy desconfire*
2. *M'estuet de vous departir.*

3. Cils partirs tout me martyre,
4. *Dame, pour moy desconfire;*

5. Et plains de dolour et d'ire
6. Vueil bien à tous mauls partir.

7. *Dame, pour moy desconfire*
8. *M'estuet de vous departir.*

225

B, f.309v

1. *Dame, qui veult vostre droit nom savoir*
2. *Voie ce dit qui en chantant l'enseingne.*

3. Ma .v. de VIS faut oster et mouvoir,
4. *Dame, qui veult vostre droit nom savoir.*

5. Or le vueillés EN BON GRÉ recevoir,
6. Car je l'ai fait pour vous à telle enseigne.

7. *Dame, qui veult vostre droit nom savoir*
8. *Voie ce dit qui en chantant l'enseigne.*

226

Vg, f.22v

1. *De morir sui pour vous en grant paour*
2. *Pour le desir dont je [sui] entrepris,*

3. Douce dame, que je ser et aour.
4. *De morir sui pour vous en grant paour.*

5. Car quant je pense à vo fine douçour
6. Et je ne puis veoir vostre dous vis,

7. *De morir sui pour vous en grant paour*
8. *Pour le desir dont je sui entrepris.*

227

Vg, f.21v

1. *De moy ferez toute joie eslongier,*
2. *Si [qu'en] mon cuer toute dolour sera,*

3. S'entroublier me volez et laissier.
4. *De moy ferez toute joie eslongier*

5. Pour autre amer, car mon corps essillier
6. Ne porrez miex, dame, quant ce venra.

7. *De moy ferez toute joie eslongier,*
8. *Si qu'en mon cuer toute dolour sera.*

228

Vg, f.22r

1. *De plus en plus ma grief dolour empire,*
2. *Dont [moult] souvent mes cuers soupire et pleure,*

3. Puis que desir mue mon mal en pire.
4. *De plus en plus ma grief dolour empire.*

5. Car je voy bien qu'Amour me vuet occire
6. Pour ma dame servir, car en toute heure

7. *De plus en plus ma grief dolour empire,*
8. *Dont moult souvent mes cuers soupire et pleure.*

229

Vg, f.12v

1. *De vous servir loyaument et amer,*
2. *Douce dame, tenir ne me porroie,*

3. Pour ce que je me puis moult amender
4. *De vous servir loyaument et amer.*

5. Que nulle riens n'en puis tenir d'amer,
6. Einsois en puis recevoir toute joie,

7. *De vous servir loyaument et amer,*
8. *Douce dame, tenir ne me porroie.*

230

Vg, f.13r

1. *De vraie amour, loyal et affinée,*
2. *Vous vueil adès honnourer et servir,*

3. Douce dame, de moy tres bien amée;
4. *De vraie amour, loyal et affinée.*

5. Se je ne voi vo douçour esmerée
6. A mon voloir, sachiez que, sans partir,

7. *De vraie amour, loyal et affinée,*
8. *Vous vueil adès honnourer et servir.*

231

A, f.208r

1. *Douce dame, cointe, aperte et jolie,*
2. *Servir vous vueil de fin cuer liement.*

3. Moult est cils fols qui dit que c'est folie,
4. *Douce dame, cointe, aperte et jolie,*

5. Quant vo dous cuer [à] ce faire me lie
6. Pour vivre en joie et plus joliement.

7. *Douce dame, cointe, aperte et jolie,*
8. *Servir vous vueil de fin cuer liement.*

232

Vg, f.10v

1. *Douce dame, quant vers vous fausseray,*
2. *Tuit bien [devront] en mon cuer defaillir;*

3. Car [traïtres] mauvais et faus seray,
4. *Douce dame, quant vers vous fausseray.*

5. Et se talent jamais de fausser ay,
6. Vivre et languir puisse je sans faillir!

7. *Douce dame, quant vers vous fausseray,*
8. *Tuit bien [devront] en mon cuer defaillir.*

233

Vg, f.35r

1. *Douce dame, tant com vivray,*
2. *Sear mes cuers à vos devis;*

3. Car mis en vos las mon vivre ay,
4. *Douce dame, tant com vivray.*

5. Par un dous regart que vi vray,
6. Naissant de vo gracieus vis,

7. *Douce dame, tant com vivray,*
8. *Sera mes cuers à vos devis.*

234

Vg, f.17v

1. *En souspirant vueil à Dieu commander*
2. *Celle qui a tout mon cuer et m'amour.*

3. La grant biauté qui est douce sans per
4. *En souspirant vueil à Dieu commander.*

5. Et se li pri que moy entroublier
6. Ne vueille; car par vois pleinne de plour,

7. *En souspirant, vueil à Dieu commander*
8. *Celle qui a tout mon cuer et m'amour.*

235

Vg, f.18r

1. *Faites mon cuer tout à .i. cop morir,*
2. *Tres douce dame, en lieu de guerredon,*

3. Puis que de riens nel volez resjoïr.
4. *Faites mon cuer tout à .i. cop morir;*

5. Car il vaut miex assez qu'einsi languir
6. Sans esperer joie ne garison.

7. *Faites mon cuer tout à .i. cop morir,*
8. *Tres douce dame, en lieu de guerredon.*

236

Vg, f.5r

Gentils cuers, souveingne vous
Des maus que li miens senti,
3. *Quant de vous se departi.*

4. Puis que je sui vostres tous,
Et se vous aim miex que mi,
6. *Gentils cuers, souveingne vous*
Des maus que li miens senti,

8. Car de dueil et de courrous
A po qu'en .ij. ne parti.
10. Pour ce humblement vous [pri],

11. *Gentils cuers, souveingne vous*
Des maus que li miens senti,
13. *Quant de vous se departi.*

1. *Helas! dolens, or vueil je bien morir,*
2. *Car, par m'ame, de plus vivre n'ai cure,*

3. Quant ma dame me fait de li partir.
4. *Helas! dolens, or vueil je bien morir.*

5. Et si ne vuet mon las cuer detenir
6. Et me dit bien qu'elle n'a de moy cure.

7. *Helas! dolens, or vueil je bien morir,*
8. *Car, par m'ame, de plus vivre n'ai cure.*

238

Vg, f.26r

1. *Helas! pour ce que Fortune m'est dure,*
2. *Ce que plus aim n'a mais cure de mi.*

3. Vie m'estuet changier et nourreture,
4. *Helas! pour ce que Fortune m'est dure,*

5. Et maint [samblent] mi ami, se ce dure,
6. Qui me seront haÿneus anemy.

7. *Helas! pour ce que Fortune m'est dure,*
8. *Ce que plus aim n'a mais cure de mi.*

239

Vg, f.38r

1. *Je ne porroie en servant desservir*
2. *Ce qu'Amours vuet, dame, que je vous serve,*

3. Ne les grans biens que j'ay en vous servir
4. *Je ne porroie en servant desservir.*

5. Car nullement ne me puis asservir,
6. Puis qu'espoir ay que vo grace desserve.

7. *Je ne porroie en servant desservir*
8. *Ce qu'Amours vuet, dame, que je vous serve.*

240

Vg, f.15r

1. *La grant ardeur de mon plaisant desir*
2. *Ne m'entrelaist force, [pooir] ne joie;*

3. Par grans souspirs me fait teindre et palir
4. *La grant ardeur de mon plaisant desir.*

5. Et si me fait le cuer si fort fremir
6. Que tous li corps m'en tramble; einsi me loie.

7. *La grant ardeur de mon plaisant desir*
8. *Ne m'entrelaist force, [pooir] ne joie.*

241

Vg, f.15v

1. *Li cuers me tramble et la char me tressue,*
2. *Si que j'en pers ma force et ma vigour,*

3. Quant de paour voy ma dame esperdue.
4. *Li [cuers] me tramble et la char me tressue.*

5. Car je me doubt que s'onneur descreüe
6. Ne soit pour moy; et pour ce en grant dolour

7. *Li [cuers] me tramble et la char me tressue,*
8. *Si que j'en pers ma force et ma vigour.*

Vg, f.10r

1. *Loiaus pensers et desirs deliteus*
2. *Ne me laissent m'amour mettre en oubli.*

3. Par dous espoir me font estre amoureus
4. *Loiaus pensers et desirs deliteus.*

5. Pour ce vous pri qu'un cuer faciés de .ij.,
6. Et, s'il vous plaist, que me clamez ami.

7. *Loiaus pensers et desirs deliteus*
8. *Ne me laissent m'amour mettre en oubli.*

243

Vg, f.37r/37v

1. *Ma dame à qui sui donné ligement*
2. *Riens ne demant pour mes maulz aligier,*

3. Car mestier n'ay d'aucun aligement,
4. *Ma dame à qui sui donné ligement.*

5. Et se d'amours me pleing à li, je ment,
6. Pour ce que tuit mi mal me sont legier.

7. *Ma dame à qui sui donné ligement*
8. *Riens ne demant pour mes maulz aligier.*

244

A, f.212r

1. *Mi mal seront dous, plaisant et legier*
2. *De l'espoir qu'ay d'avoir aligement.*

3. Se d'un regart les daigniés aligier,
4. *Mi mal seront dous, plaisant et legier.*

5. Si le devez faire assez de legier,
6. Pour ce qu'à vous sui donnez ligement.

7. *Mi mal seront dous, plaisant et legier*
8. *De l'espoir qu'ay d'avoir aligement.*

1. *Mon cuer, m'amour, ma déesse, m'amie,*
2. *Toutes les fois que vous parlés à mi,*
   Trop bien vous siet à dire: "mon ami!"

4. Mais entre "mon" et "ami" "dous" n'a mie,
5. *Mon cuer, m'amour, ma déesse, m'amie.*

6. Or ne soiés de l'i mettre endormie.
7. Si meterez parfaite joie enmy
   Mon loial cuer sans jamais dire: "aimy!"

9. *Mon cuer, m'amour, ma déesse, m'amie,*
10. *Toutes les fois que vous parlés à mi,*
    Trop bien vous siet à dire: "mon ami!"

246

1. *Mon cuer, qui mis en vous son desir a,*
2. *Morra, s'à lui ne vous voit desirée;*

3. Car en tous lieus vers vous adès ira,
4. *Mon cuer, qui mis en vous son desir a.*

5. Et s'en vous trop hautement desira,
6. Pardonnez li, tres douce desirée.

7. *Mon cuer, qui mis en vous son desir a,*
8. *Morra, s'à lui ne vous voit desirée.*

247

1. *Où loyauté ne repaire*
2. *Nuls ne devroit esperer*
   Qu'amours y ait son repaire;

4. *N'amis vrais ne se doit traire*
5. *Où loyauté ne repaire,*

6. Eins s'en doit dou tout retraire,
7. Car trop en puet empirer,
   N'il ne porroit son preu faire.

9. *Où loyauté ne repaire*
10. [*Nuls ne devroit esperer*
    Qu'amours y ait son repaire.]

248

1. *Par souhaidier est mes corps avec vous,*
2. *Dame, et mes cuers en tous temps y demeure,*

3. Pour vous servir comme li vostres tous.
4. *Par souhaidier est mes corps avec vous.*

5. Mais ce ne puet estre loiaus cuers dous;
6. Et pour ce einsi, par trop longue demeure,

7. *Par souhaidier est mes corps avec vous,*
8. *Dame, et mes cuers en tous [temps] y demeure.*

249

1. *Partuez moy à l'ouvrir de vos yex,*
2. *Dame, de qui mercy ne puis attraire,*

3. Puis que de vous n'averay jamais miex.
4. *Partuez moy à l'ouvrir de vos yex.*

5. Si ferez bien, car mes desirs est tiex
6. Qu'il m'estuet dire à vous, tres debonnaire:

7. *"Partuez moy à l'ouvrir de vos yex,*
8. *Dame, de qui mercy ne puis attraire".*

250

1. *Pour Dieu, dame, n'amés autre que my,*
2. *Car, par ma foy, je n'aim autre que vous.*

3. Quant vous avés en moy un vrai ami,
4. *Pour Dieu, dame, n'amés autre que my,*

5. Et quant je sui tous vostres, sans demi.
6. Dont se faire volés mon amer dous,

7. *Pour [Dieu], dame, n'amés autre que my,*
8. *Car, par ma foy, je n'aim autre que vous.*

251

1. *Pour Dieu, frans cuers, [soies] mes advocas*
2. *Vers mesdisans qui de mon bien n'ont cure,*

3. Puis que tiens sui et [seray] en tous cas.
4. *Pour Dieu, frans cuers, soies mes advocas.*

5. [Deffen m'onneur] et moustre l'amour qu'as
6. A moy qui t'aim seur toute creature.

7. *Pour Dieu, frans cuers, soies mes advocas*
8. *Vers mesdisans qui de mon bien n'ont cure.*

252

1. *Puis que Desirs me vuet dou tout grever,*
2. *Je ne me puis contre lui garentir,*

3. Einsois m'estuet morir et desperer,
4. *Puis que Desirs me vuet dou tout grever;*

5. Car il m'esprent et si m'art, sans cesser,
6. Si que ne say que puisse devenir.

7. *Puis que Desirs me vuet dou tout grever,*
8. *Je ne me puis contre lui garentir.*

A, f.212r

1. *Puisqu'en douceur vos gentils cuers se mue,*
2. *Esperence ay belle qu'il m'amera.*

3. Ja ne serez pour moy de pité nue,
4. *Puis qu'en douceur vos gentils cuers se mue,*

5. Se la parole est de bon cuer venue
6. Qui dou mien vray ja mais ne partira.

7. *Puis qu'en douceur vos gentils cuers se mue,*
8. *Esperence ay belle qu'il m'amera.*

254

Vg, f.35r

1. *Quant Colette Colet colie,*
2. *Elle le prent par le colet.*

3. Mais c'est trop grant merencolie,
4. *Quant Colette Colet colie*

5. Car ses .ij. bras à son col lie
6. Par le dous samblant de colet.

7. *Quant Colette Colet colie,*
8. *Elle le prent par le colet.*

255

Vg, f.18r

1. *Quant j'aproche vo dous viaire cler,*
2. *Dame, trop sui dou veoir esperdus;*

3. Car il m'estuet fremir et tressuer,
4. *Quant j'aproche vo dous viaire cler.*

5. Ne je ne say vous n'autre arraisonner,
6. Tant sui de sens et de paour perdus.

7. *Quant j'aproche vo dous viaire cler,*
8. *Dame, trop sui dou veoir esperdus.*

256

Vg, f.35r

1. *Quant je me depars dou manoir,*
2. *Où ma treschiere dame maint,*

3. Mon cuer li convient remanoir,
4. *Quant je me depars dou manoir.*

5. Et quant sans cuer m'estuet manoir,
6. Ateins sui de mort, se ne maint,

7. *Quant je me depars dou manoir,*
8. *Où ma treschiere dame maint.*

A, f.212r

1. *Quant je ne voy ma dame n'oy,*
2. *Riens ne me plaist et tout m'anoie.*

3. Onques tel mal, par m'ame, n'oy,
4. *Quant je ne voy ma dame n'oy.*

5. Qu'en moy font mes cucrs comme noy
6. Pour mon oueil qui en plour me noie.

7. *Quant je ne voy ma dame n'oy,*
8. *Riens ne me plaist et tout m'anoie.*

258

G, f.66v

1. *Quant je ne voy ma dame n'oy,*
2. *Je ne voy rien qui ne m'anoye.*

3. Mes cuers font en moy comme noy,
4. *Quant je ne voy ma dame n'oy.*

5. N'onques tel mal, par m'ame, n'oy
6. Pour mon oeil qui en plour me noye.

7. *Quant je ne voy ma dame n'oy,*
8. *Je ne voy rien qui ne m'anoye.*

259

Vg, f.29r

1. *Quant je vous voi autre de mi amer,*
2. *Vo plus loyal ami, dame, avés mort;*
   [Petite] honneur prenés en ceste mort.

4. Dure vous vueil et crueuse clamer,
5. *Quant je vous voi autre de mi amer.*

6. Plus sans pité que nul peril de mer,
7. Pour ce qu'einsi m'assaut, me point et mort
   Vostre durté sens merci ne remort.

9. *Quant je vous voi autre de mi amer,*
10. *Vo plus loyal ami, dame, avés mort;*
    Petite honneur prenés en ceste mort.

260

Vg, f.17v/18r

1. *Quant je vous voy crier: "à l'arme",*
2. *Pris sui par moult douce armeüre.*

3. Talent n'ay de crier: "alarme",
4. *Quant je vous voy crier: "à l'arme".*

5. Car vos fins cuers mon vis alarme,
6. Dont amours en moy se meüre.

7. *Quant je vous voy crier: "à l'arme",*
8. *Pris sui par moult douce armeüre.*

261

M, f.207r

1. *Quant ma dame les maulz d'amer m'aprent,*
2. *Elle me puet aussi les biens aprendre,*

3. Qu'en grant douceur mon cuer tient et esprent,
4. *Quant ma dame les maulz d'amer m'aprent.*

5. Dont qui les biens a droit saveure et prent,
6. Riens n'est plus dous; c'est legier à comprendre.

7. *Quant ma dame les maulz d'amer m'aprent,*
8. *Elle me puet aussi les biens aprendre.*

262

Vg, f.21v

1. *Quant ma dame ne m'a recongneü,*
2. *Je doy [moult] bien scens perdre et congnoissance.*

3. Avoir me doit joie descongneü,
4. *Quant ma dame ne m'a recongneü.*

5. Car com son serf lige adès congneü
6. M'a; or me muir pour sa descongnoissance.

7. *Quant ma dame ne m'a recongneü,*
8. *Je doy moult bien scens perdre et congnoissance.*

263

A, f.212v

. *Qui sert, se faire vuet à point,*
2. *Avoir doit toudis en memoire*
   Qu'on doit bien servir et mal croire.

4. Et trop bien doit [garder ce point]
5. *Qui sert, se faire vuet à point.*

6. Car largesse de lieu n'a point,
7. Promesse est vent, honneur n'a gloire,
   Et Amours dort, c'est chose voire.

9. *Qui sert, se faire vuet à point,*
10. *Avoir doit toudis en memoire*
    Qu'on doit bien servir et mal croire.

264

Vg, f.21r

1. *Sans cuer, dolens de vous departiray,*
2. *Et sans avoir joie jusqu'au retour.*

3. Puis que mon corps dou vostre à partir ay,
4. *Sans cuer, dolens de vous departiray.*

5. Mais je ne say de quele part iray,
6. Pour ce que pleins de doleur et de plour,

7. *Sans cuer, dolens de vous departiray,*
8. *Et sans avoir joie jusqu'au retour.*

265

Vg, f.25v

. *Se j'avoie coraige de fausser,*
2. *Si preingne en vous si tres bon examplaire*
   Qu'il m'osteroit le faire ou le penser.

4. Car vo bonté me feroit amender,
5. *Se j'avoie coraige de fausser;*

6. Vostre biauté, vo plaisant regarder
7. Et vo dous ris m'en feroient retraire,
   N'amour loyal ne me lairoit durer.

9. *Se j'avoie coraige de fausser,*
10. *Si preingne en vous si tres bon examplaire*
    Qu'il m'osteroit le faire ou le penser.

266

Vg, f.7r

1. *Se je vous ay riens meffait,*
2. *Dame, pardonnez le moy,*

3. Et s'en prenez le meffait,
4. *Se je vous ay riens meffait.*

5. Car vostres courrous me fait
6. Morir. Pour ce je vous proy,

7. *Se je vous ay riens meffait,*
8. *Dame, pardonnez le moy.*

267

A, f.212r

. *Se li espoirs qui maint en moy ne ment,*
2. *J'aray ma joie eins que soit desservie,*
   Car desservir ne la porroie mie.

4. Mes maus sera meris procheinnement,
5. *Se li espoirs qui maint en moy ne ment.*

6. Et s'il me faut, je say certeinnement
7. Que je suis mis en la fin de ma vie
   Pour trop amer ma tres douce anemie.

9. *Se li espoirs qui maint en moy ne ment,*
10. *J'aray ma joie eins que soit desservie,*
    Car desservir ne la porroie mie.

268

Vg, f.29r

1. *Se par amours n'amiés autrui ne moy,*
2. *Ma grief doleur en seroit assez mendre.*

3. Car m'esperance aroie en bonne foy,
4. *Se par amours n'amiés autrui ne moy.*

5. Mais quant amer autre et moy laissier voy,
6. C'est pis que mort; pour ce vous fais entendre

7. *Se par amours n'amiés autrui ne moy,*
8. *Ma grief doleur en seroit assez mendre.*

SINGERS PERFORMING FROM A *ROTULUS*

Paris, B.N., f.fr. 9221, f. 16r

Vg, f.36v/37r

    Se tenir vues le droit chemin d'onneur,
2. *Ce que tu as, aus bons liement donne;*
    Et ce que n'as, promet à chiere bonne.

4. De ce qu'aquiers, soies abandonneur
5. *Se tenir vues le droit chemin d'onneur.*

6. Chascuns dira: "ci a large donneur!"
7. De vaillance porteras la couronne,
    Et tes renons n'ara terme ne bonne.

9.   *Se tenir vues le droit chemin d'onneur,*
10. *Ce que tu as, aus bons liement donne;*
    Et ce que n'as, promet à chiere bonne.

270

Vg, f.11r

1. *Se vos courrous me dure longuement,*
2. *Je ne puis pas avoir longue durée;*

3. Einsois morir m'estuet procheinnement,
4. *Se vos courrous me dure longuement.*

5. Car ma santé et mon aligement
6. Me vient de vous, douce dame honnourée.

7. *Se vos courrous me dure longuement,*
8. *Je ne puis pas avoir longue durée.*

271

Vg, f.37v

1. *Se vos courrous me dure longuement,*
2. *Je ne puis pas avoir longue durée,*

3. Einssois morray pour vous piteusement,
4. *Se vos courrous me dure longuement.*

5. Car je vous aim si amoureusement
6. Que ma vie sera par vous finée.

7. *Se vos courrous me dure longuement,*
8. *Je ne puis pas avoir longue durée.*

Vg, f.22r

1. *S'il me convient morir par desirer,*
2. *Douce dame, vous perdez vostre amant.*

3. En grief doleur me faurra definer,
4. *S'il me convient morir par desirer.*

5. Car j'aim si fort qu'on ne puet plus amer
6. De loyal cuer; pour ce, di en plaingnant:

7. *S'il me convient morir par desirer,*
8. *Douce dame, vous perdez vostre amant.*

273

Vg, f.18r

1. *Trop est mauvais mes cuers qu'en .ij. ne part*
2. *Pour vous que j'aim loyaument sans partie.*

3. Puis que de vous, sans joie avoir, me part,
4. *Trop est mauvais mes cuers qu'en .ij. ne part.*

5. Et quant des biens amoureus nulle part
6. Ne puis avoir à ceste departie,

7. *Trop est mauvais mes cuers qu'en .ij. ne part,*
8. *Pour vous que j'aim loyaument sans partie.*

274

Vg, f.17r

1. *Vueilliez avoir de moy le souvenir,*
2. *Dame, de qui tout adès me souvient.*

3. Quant devers vous je ne porray venir,
4. *Vueilliez avoir de moy le souvenir.*

5. Et si laissiez bonne Amour convenir
6. Pour moy adès, s'a plaisence vous vient.

7. *Vueilliez avoir de moy le souvenir,*
8. *Dame, de qui tout adès me souvient.*

275

Vg, f.329v

Cils a bien fole pensée
Qui me cuide à ce mener
Que celui, où sui donnée,
Laisse pour un autre amer.

5. Ce ne porroit avenir,
      Que guerpir
   Le peüsse nullement
8. Ne qu'en moy peüst venir
      Le plaisir
   D'autre amer, car vraiement

11. En s'amour sui si fermée
    Et mise sans decevrer
    Que pour créature née
    Ne le porroie oublier.

15. *Cils a bien fole pensée*
    Qui me cuide à ce mener
    Que celui, où sui donnée,
    Laisse pour un autre amer.

19. Mi penser, mi souvenir,
       Mi desir
    Et m'amour entierement
22. Sont en li, sans departir,
       Qu'avenir
    Ne puis à joie autrement,

25. Car sans li riens ne m'agrée,
    Sans li tout doulz m'est amer.
    D'autre ne quier estre amée
    Fors de li qu'aim sans fausser.

29. *Cils a bien fole pensée*
    Qui me cuide à ce mener
    Que celui, où sui donnée,
    Laisse pour un autre amer.

33. Ne plus c'on porroit tarir
       Et tenir
    La mer sans nul mouvement
36. Ne porroit on repentir
       N'alentir
    Mon cuer d'amer loyaument

39. Li qui dessus tous m'agrée.
    S'en doy bien Amours loer,
    Quant je sui enamourée
    Dou milleur c'on puist nommer.

43. *Cils a bien fole pensée*
    Qui me cuide à ce mener
    Que celui, où sui donnée,
    Laisse pour un autre amer.

276

Vg, f.329r

Dame, le doulz souvenir
   Qu'ay nuit et jour
De vo parfaite douçour
   Que tant desir
Me fait en joie languir
   Et en dolour.

7. Car quant je puis bien penser,
   Par doucement ramembrer
      Et à loisir,
10. Qu'il n'a en vous point d'amer
    Fors tout doulz à savourer
       Et que au plaisir

13. De tous, des dames tenir
       Vous oy la flour
    Et des bonnes la millour,
       Pas ne m'aïr;
    Car en moy joie grignour
       Ne puet venir.

19. *Dame, le doulz souvenir*
       Qu'ay nuit et jour
    De vo parfaite douçour
       Que tant desir
    Me fait en joie languir
       Et en dolour.

25. Mais quant de ce dous penser,
Par vo douçour desirer,
M'estuet partir,
28. Desirs ne me laist durer,
Einssois me fait endurer
Tant et souffrir

31. Que ne sçay que devenir
Fors que tant plour
Qu'amoistie soit l'ardour
De mon desir
Et que son aspre vigour
Puisse amenrir.

37. *Dame, le doulz souvenir*
Qu'ay nuit et jour
De vo parfaite douçour
Que tant desir
Me fait en joie languir
Et en dolour.

43. Mais pour tenrement plourer
Ne le puis faire cesser
Ne alentir,
46. Qu'einssi comme on voit getter
[Yaue] en feu pour embraser
Et enasprir,

49. Fait mon desir agrandir
Mon triste plour,
Et fait souvent ma colour
Teindre et pallir,
Quant ne puis vostre valour
Veoir n'oïr.

55. *Dame, le doulz souvenir*
Qu'ay nuit et jour
De vo parfaite douçour
Que tant desir
Me fait en joie languir
Et en dolour.

277

Je ne me puis saouler
De penser, d'ymaginer
Que je feray
Ne quel maniere j'aray,
Quant le vis cler
De ma dame qui n'a per
Premiers verray.

8. Certains sui que pris seray
Si fort que je ne saray
A li parler
11. Et que sans froyt trambleray
Et sans chaleur sueray,
Et souspirer

14. Me faurra et recoper
Mes souspirs pour moy celer;
Là n'oseray
Mot sonner. Pour ce en lairay
Amours ouvrer,
Qui scet comment sans fausser
L'aim de cuer vray.

21. *Je ne me puis saouler*
De penser, d'ymaginer
Que je feray
Ne quel maniere j'aray,
Quant le vis cler
De ma dame qui n'a per
Premiers verray.

28. Hé! Diex, comment porteray
Le tres dous amourex ray
Dou regarder
31. De ses doulz yex? je ne sçay;
Car assés à porter ay
Des maus d'amer.

34. Vers eaulz ne porray durer,
Car, pour telz cops endurer,
Foible me sçay.
S'Espoirs, qui scet mon esmay,
Reconforter
Ne me vient, sans arrester
Me partiray.

41. *Je ne me puis saouler*
De penser, d'ymaginer
Que je feray
Ne quel maniere j'aray,
Quant le vis cler
De ma dame qui n'a per
Premiers verray.

48. Et nompourquant trop m'esmay,
Car je me deliteray
En remirer
51. Son dous vis riant et gay,
Trop plus dous que rose en may
A odorer.

54. Et se je puis esperer
Qu'elle me deignast amer,
Je oublieray
Tous maus; einssi gariray
Nès dou penser.
[Si] ne doi pas tant doubter
Les maus que tray.

61. *Je ne me puis saouler*
De penser, d'ymaginer
Que je feray
Ne quel maniere j'aray,
Quant le vis cler
De ma dame qui n'a per
Premiers verray.

L'ueil qui est li droit archier
D'amours, pour traire et lancier
Mignotement,
N'a pas peü bonnement
Mon cuer blecier.
Et s'aim de fin cuer entier
Tres loyaument.

8. Vecy pour quoy: vraiement,
Onques ne vi le corps gent,
Cointe et legier
11. De celle qui liement
Me tient et joliement
En son dangier,

14. Ne il moy; mais je l'ay tant chier,
Car ja mais faire n'en quier
Departement.
Il puet bien crueusement
Moy menassier,
Mais ne le prise un denier,
Quant à present.

21. *L'ueil qui est li droit archier*
D'amours, pour traire et lancier
Mignotement,
N'a pas peü bonnement
Mon cuer blecier.
Et s'aim de fin cuer entier
Tres loyaument.

28. Qu'onquez ne me fist present
De joie ne de tourment;
Ne empeschier
31. Ne me porroit nullement
A vivre joieusement
Son menassier.

34. Envis ne puis l'aprochier
Ne il moy fors par souhaidier.
Pour ce souvent
Mon amoureus pensement
Me fait cuidier
Qu'il me doie trespercier
Soudeinnement.

41. *L'ueil qui est le droit archier*
D'amours, pour traire et lancier
Mignotement,
N'a pas peü bonnement
Mon cuer blecier.
Et s'aim de fin cuer entier
Tres loyaument.

48. C'est cilz qui trop doucement
Scet .j. cuer et soustieument
Penre et liier
51. Et contreindre tellement
Que il le fait tres humblement
Humilier.

54. C'est l'amourex messagier
Qui use de son mestier
Si saigement
Que cuers scet si proprement
Entrelassier
C'on ne les puet deslacier
Legierement.

61. *L'ueil qui est le droit archier*
D'amours, pour traire et lancier
Mignotement,
N'a pas peü bonnement
Mon cuer blecier.
Et s'aim de fin cuer entier
Tres loyaument.

Plus belle que le biau jour,
Plus douce que n'est douçour,
Corps assevi
De riche maintieng joli,
Pris sans retour
M'avés par vo cointe atour
Qu'onques ne vi.

8. Mais j'ay tant de vous oÿ
Par vostre bon renon qui
Croist nuit et jour,
11. Que vous estes le droit tri,
Le fruit et la fleur aussi
De toute honnour;

14. Et quant vous avés valour
Seur toute mondeinne flour,
Se à vous m'ottri
Et doing mon cuer sans detri,
Trop fort m'onnour
De mettre en si dous sejour
Le cuer de mi.

21. *Plus belle que le biau jour,*
Plus douce que n'est douçour,
Corps assevi
De riche maintieng joli,
Pris sans retour
M'avés par vo cointe atour
Qu'onques ne vi.

28. Si ne vueil autre merci,
Car vous m'avés assevi,
Si que mi plour
31. Et mi souspir sont tari,
Dame, dont je vous merci
Et bonne Amour

34. Qui fait cesser ma dolour
Et joie de ma tristour,
Et enrichi
M'a de souffissance si,
Que la savour
Doucement en assavour;
Ce m'a gari.

41. *Plus belle que le biau jour,*
Plus douce que n'est douçour,
Corps assevi
De riche maintieng joli,
Pris sans retour
M'avés par vo cointe atour
Qu'onques ne vi.

48. Si n'ay peinne ne sousci
Ne de riens ne me sousci,
Car mon labour
51. Me norrit et a norri
Ou flun, où cuer esbahi
Prennent vigour;

54. C'est en la tres douce odour,
De vo bonté que j'aour,
Qui m'a ravi
Mon fin cuer, qui m'a guerpy
Pour son millour,
Qu'il a trop milleur demour
En vous qu'en mi.

61. *Plus belle que le biau jour,*
Plus douce que n'est douçour,
Corps assevi
De riche maintieng joli,
Pris sans retour
M'avés par vo cointe atour
Qu'onques ne vi.

280

Se Loyauté m'est amie,
Je n'ay mie
Doubtance de ma dolour;
Et [s'elle] m'est annemie,
Amenrie
Ne puet estre ne garie
Par nul tour.

Vg, f.329r

8. Qu'adès [croistera] l'ardour
Qui sejour
Fait en moy sans departie,
11. Se ma dame de valour
Que j'aour
Vers moy son cuer ne humilie,

14. Tant que s'amour qui me lie
Soit onnie
A tous fors à moy qui plour
Pour doubte que ne m'oublie.
Ce detrie
Ma joie et ma maladie
Fait gringnour.

21. *Se Loyauté m'est amie,*
Je n'ay mie
Doubtance de ma dolour;
Et s'elle m'est annemie,
Amenrie
Ne puet estre ne garie
Par nul tour.

28. Quant premiers vi son atour,
Sa douçour
Et sa maniere envoisie,
31. De mon cuer et de m'amour,
Sanz demour,
Li donnay la signourie,

34. Si que despuis l'ay chierie
Et servie
De cuer, de corps, de vigour,
Loyaument, sans tricherie,
Qu'eins folie
N'i pensay ne vilonnie
Fors honnour.

41. *Se Loyauté m'est amie,*
Je n'ay mie
Doubtance de ma dolour;
Et s'elle m'est annemie,
Amenrie
Ne puet estre ne garie
Par nul tour.

48. Las! or sui en grant freiour
Pour paour
Qu'elle ailleurs s'amour n'ottrie;
51. Et s'il avient, en langour,
Par tristour,
Convendra qu'elle m'occie,

54. Car toute joieuse vie
M'iert faillie
Ne ja mais n'arai bon jour,
Cuer joiant ne chiere lie,
Et ma vie
Sera de merencolie
Et de plour.

61. *Se Loyauté m'est amie,*
    Je n'ay mie
    Doubtance de ma dolour;
    Et s'elle m'est annemie,
    Amenrie
    Ne puet estre ne garie
    Par nul tour.

281

Vg, f.28v/29r

Tres bonne et belle, mi oueil
    Joieuse pasture
Prennent en vostre figure
    Simple et sans orgueil,
Et mes cuers en vostre acueil
Vie et douce nourreture.

7. Quant vo maniere meüre,
       [Rassise] et seüre
    Voy, d'onneur sui en [l'escueil];
10. Et quant vo regardeüre
       Riant par mesure
    Vient seur moy, tout bien recueil;

13. Car je sui si en mon vueil
       Qu'en moi joie dure
    Qui de plus grant m'asseüre.
       Adont le fruit cueil
    D'espoirs, se vrais estre vueil
    Vers vous, dame nette et pure.

19. *Tres bonne et belle, mi oueil*
       Joieuse pasture
    Prennent en vostre figure
       Simple et sans orgueil,
    Et mes cuers en vostre acueil
    Vie et douce nourreture.

25. Si que chose ne m'est dure
       [Que] pour vous endure,
    Qu'il n'a dessous le soleil
28. Feminine creature,
       Où mis ait Nature
    Si dous vis ne corps pareil.

31. Et pour ce à vous servir vueil,
       Sens penser laidure,
    Com cilz qui d'autre n'ai cure,
       N'autre amer ne sueil,
    Ainsois à ce m'apareil
    Humblement, sans mespresure.

37. *Tres bonne et belle, mi oueil*
       Joieuse pasture
    Prennent en vostre figure
       Simple et sans orgueil,
    Et mes cuers en vostre acueil
    Vie et douce nourreture.

43. Se Desirs par sa pointure
       Me tient en ardure
    Loing de vous, dont mon vis mueil
46. Sous [celée] couverture,
       Dame, c'est droiture,
    Si que pas ne me merveil.

49. Mais lors vo grace concueil
       Qu'en mon cuer figure;
    Là repreing envoiseüre,
       Et pas ne me dueil,
    [Se] mesdisans en ont dueil,
    Car c'est leur desconfiture.

55. *Tres bonne et belle, mi oueil*
       Joieuse pasture
    Prennent en vostre figure
       Simple et sans orgueil,
    Et mes cuers en vostre acueil
    Vie et douce nourreture.

282

Vg, f.35r

Dire scens et folie faire,
C'est chose en cuer humein contraire,
Car qui scens dit et folour fait,
Il doit meins joïr de son fait.
Mais qui fait scens et dit folie,
Il prent la plus seinne partie.
Qui bien fait et dit sagement
Et bien pense, certeinnement
En nombre doit estre des parfais,
Par dit, par pensée et par fais.
Qui vorra, seur ceci se mire,
Car je n'en pense plus à dire.

MUSICAL SETTINGS

Here follow the twenty-two musical settings Machaut himself made of poems whose text he included in the *Louange des Dames*. There are settings of sixteen Ballades, five Rondeaux and one Virelai, and all are to be found among the other musical compositions in the musical folios of the Machaut manuscripts. The settings vary from one for solo voice to pieces in two, three and four parts in which the voice (Cantus) is accompanied by one, two or three instruments. Whether or not the voice should be doubled by an instrument is best left to the discretion of the performers. The instrumental lines may be taken by any suitable instruments, for example (if mediaeval instruments are not available) 'cello, viola, bassoon, recorders, lute, glockenspiel.

The musical transcription here is based on the manuscript named at the head of each piece; the text, however, has in all cases been standardised to conform to the one printed in the body of this edition.

Et Musique est une science
Qui vuet qu'on rie et chante et dance.
Cure n'a de merencolie
Ne d'homme qui merencolie
A chose qui ne puet valoir,
Eins met tels gens en nonchaloir.
Partout ou elle est, joie y porte;
Les desconfortez reconforte,
Et nès seulement de l'oïr
Fait elle les gens resjoïr.
N'instrument n'a en tout le monde
Qui seur musique ne se fonde,
Ne qui ait souffle ou touche ou corde
Qui par musique ne s'acorde.
Tous ses fais plus à point mesure
Que ne fait nulle autre mesure.
Elle fait toutes les karoles
Par bours, par citez, par escoles,
Ou on fait l'office divin
Qui est fais de pain et de vin.
Puet on penser chose plus digne
Ne faire plus gracieus signe
Com d'essaucier Dieu et sa gloire,
Loer, servir, amer et croire,
Et sa douce mere, en chantant,
Qui de grace et de bien a tant
Que le ciel et toute la terre
Et quanque li mondes enserre,
Grant, petit, moien et menu
En sont gardé et soustenu?

(*Prologue* V, ll. 85–114)

BALLADES
1 (14)

123

2 (29)

Cantus

1.Da-   -me, com-   -ment
3.Moy   ne mon   cuer,

Tenor

quà-més de vous ne soi — e,   2.Si n'est il   riens   qui
com ce que je sa-voi — e.   4.Que vos- sis-   siés   au

tant me peust   gre-
-fie que moy   a —

-ver,   5.Car riens
-mer;

con- for- -ter 6.Ne me por-roit ja- mais ne res- jo-

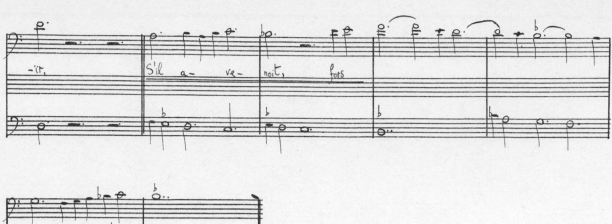

-ir,

S'il a- ve- noit, fors

seu- le- ment mo- rir,

3 (37)

Cantus

1. Da-
3. Ne-

-me,
a

Tenor

ne-
moy,

re-
se

127

4 (42)

Cantus

1. Da— —me, se vous n'es—tes lon—tein—ne, 2. Pas

3. Car par ra— mem=bran— ce pro— chein— ne 4. Est

n'est mes cuers de vous lon— teins,

nuit et jour de

vous pro— cheins;

5. Et en lieu dou cuer est re—

—meins 6. En mon corps li maus a— mou— rous,

7. Com—ment que soi—e long de vous.

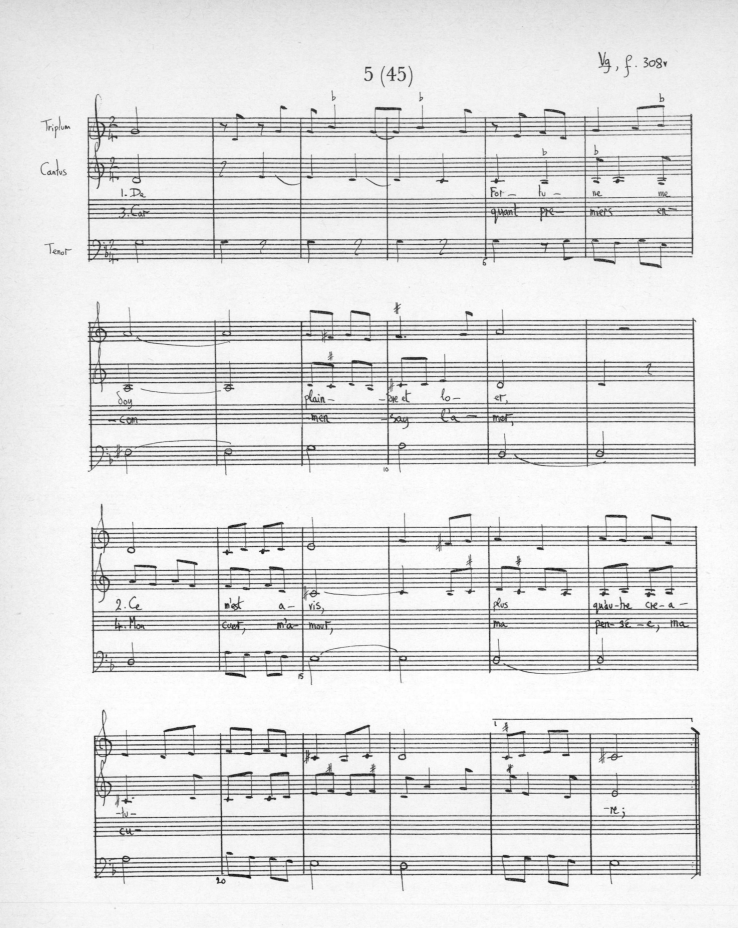

131

-e 8.Da - me qui fust si

tres bien as-se - né-

-e.

132

(69) 9

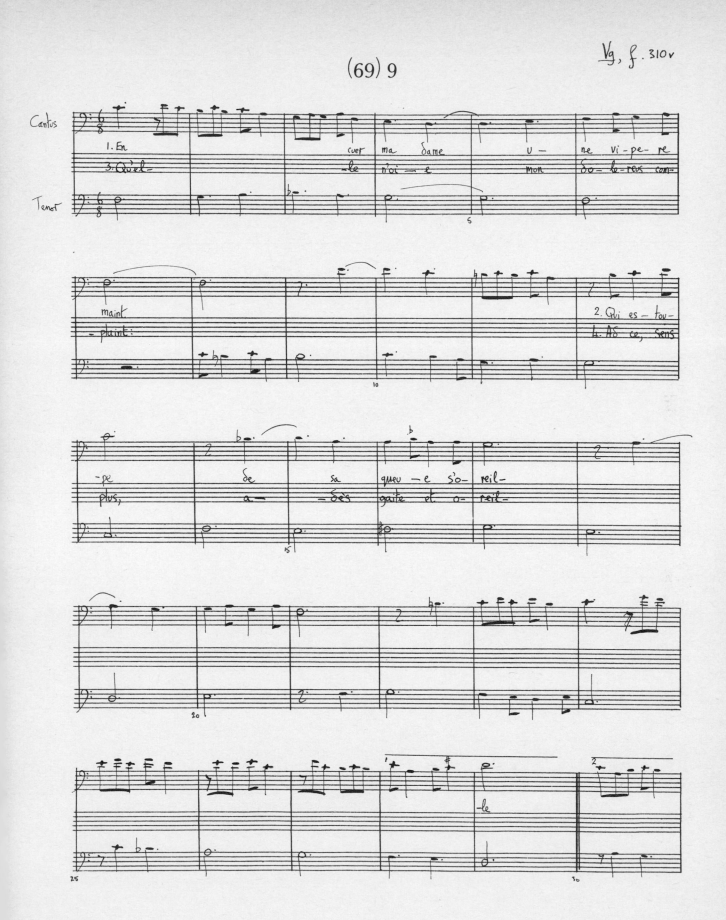

7 (76)

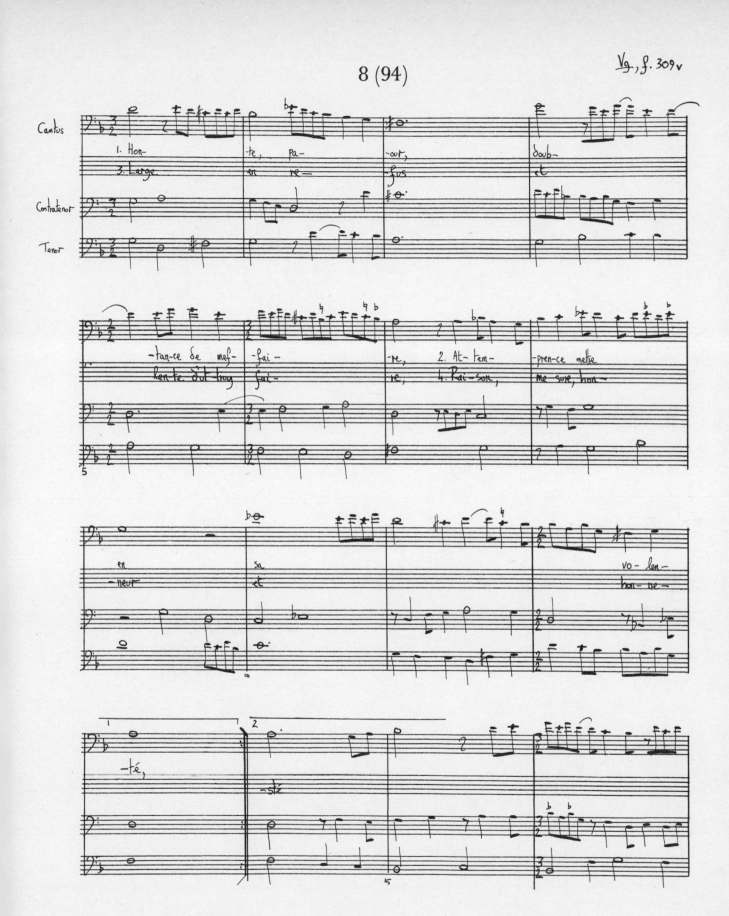

li,   a- mour ne loy-au- té.   7. Mais je ne voy   homme a-mé ne chie-

-ri,   8. Se   Fot- tu- -ne   ne

le   tient   à a- -mi.

* ms. f

10 (110)

11 (115)

Vg, f. 311r

143

12 (138)

146

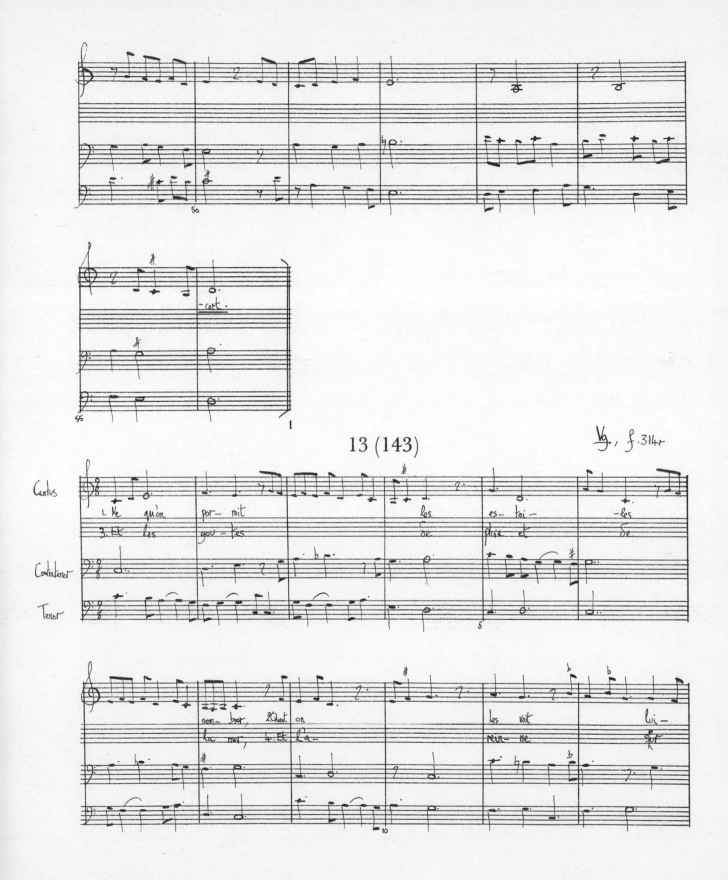

13 (143)

V₉, f.314r

147

* omitted in ms.

14 (151)

Vg, f 297v

5. Ve— —stez vous de noit pour mi, 6. Car j'ay cuer teint et

vi-ai—re pa—ly, 7. Et si me voy de mort en a—ven—tu—re,

8. Se Diex et vous ne me pre—nez en cu—

-re.

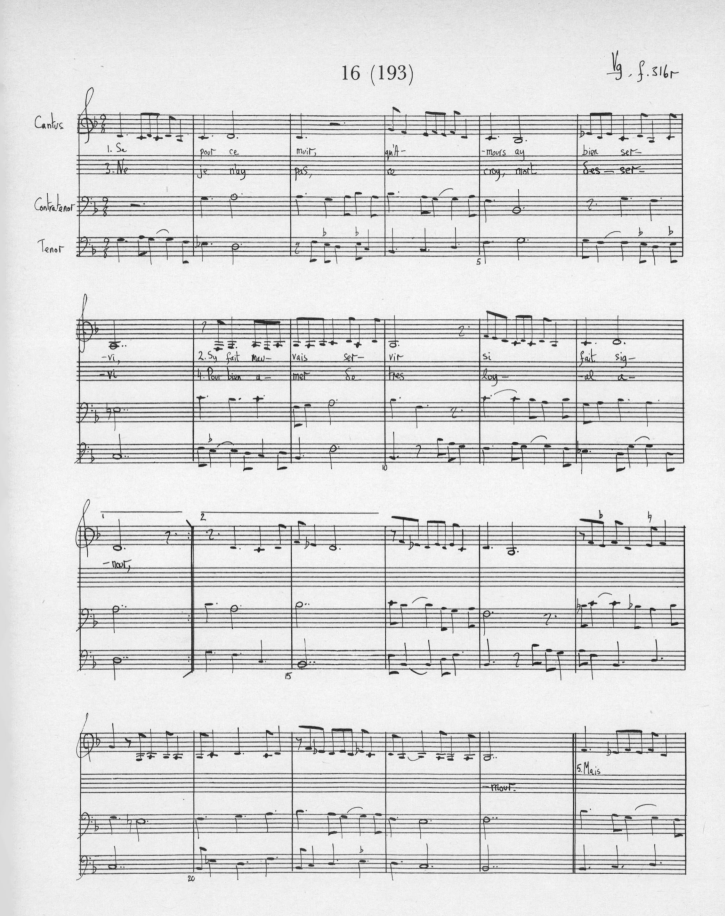

RONDEAUX
17 (219)

155

pre — miers   vi   ma da-
fleur des   fleurs   tous li

— me   bonne et bel — le,
mon — des l'à-pel — le.

156

18 (233)

A, f. 481r

157

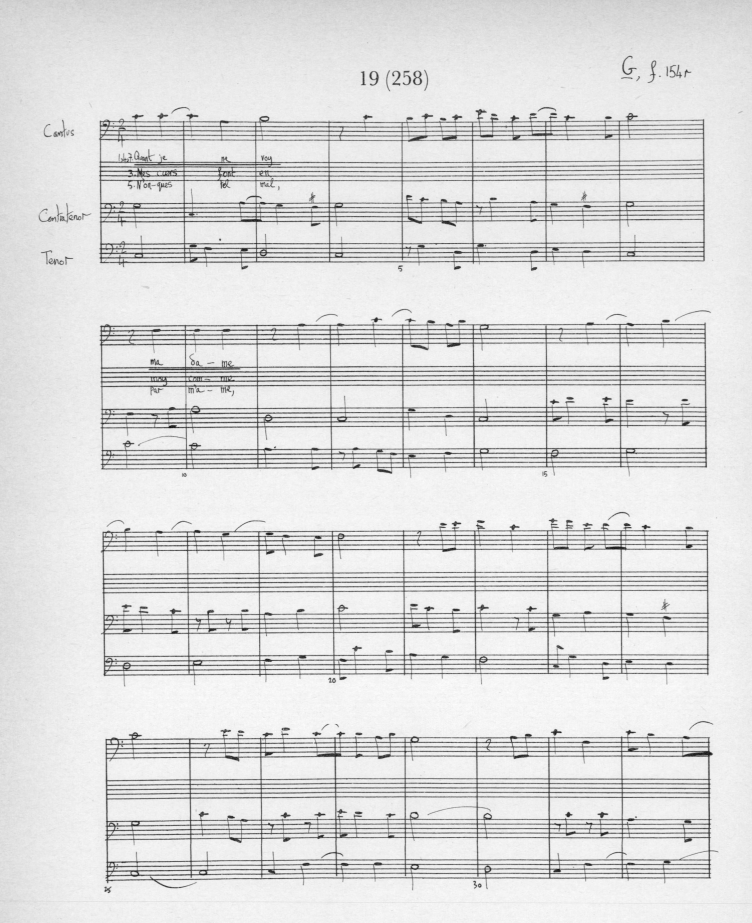

21 (264)

Vg, f. 317r

162

VIRELAI
22 (281)

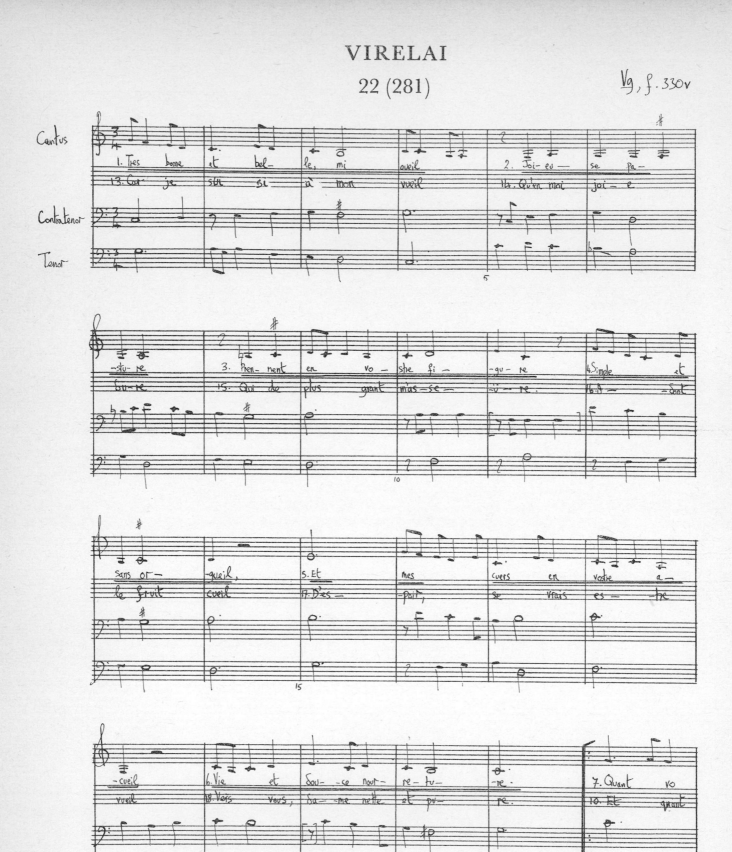

ma - nie - re me - ä - re,   8. Ras- sise   et   se _ ü _ re   9. Voy, d'on-
vo re = gar de_ ü _ re   11. Ki - ant   par   me _ su _ re   12. Vient   sent

treut   sui   en   l'es_   -cueil;   bien re-   cueil;
may,   tout

APPENDIX

A setting of Machaut's Ballade 'Biauté parfaite et bonté souvereinne' (No. 21) by Anthonello de Caserta. Anthonello de Caserta was a late fourteenth-century composer, probably of Southern Italian origin, who worked and composed in the advanced French 'Ars Subtilior' style to French texts in Avignon. He is known by nine such compositions, including this setting of a Machaut text, and all of them are contained in the manuscript Modena, Bibl. Estense, M 5.24 (*Mod*). A fruitful comparison may be made between the musical style of this setting and Machaut's own compositions; it is immediately clear that by the 1370s and 1380s a school of composition had developed which concentrated on exploring and exploiting infinite subtleties of rhythm and complex syncopation far exceeding the relatively simple attempts in this direction made by Machaut himself. For further information on the background and repertory of this school, see my article, 'The Post-Machaut Generation of Poet-Musicians', in *Nottingham Mediaeval Studies*, Vol. XII (1968), pp. 40-84.

The transcription here is based on the ms. Paris, Bibl. Nat., nouv. acq. fr., 6771 (*PR*), f.46v.

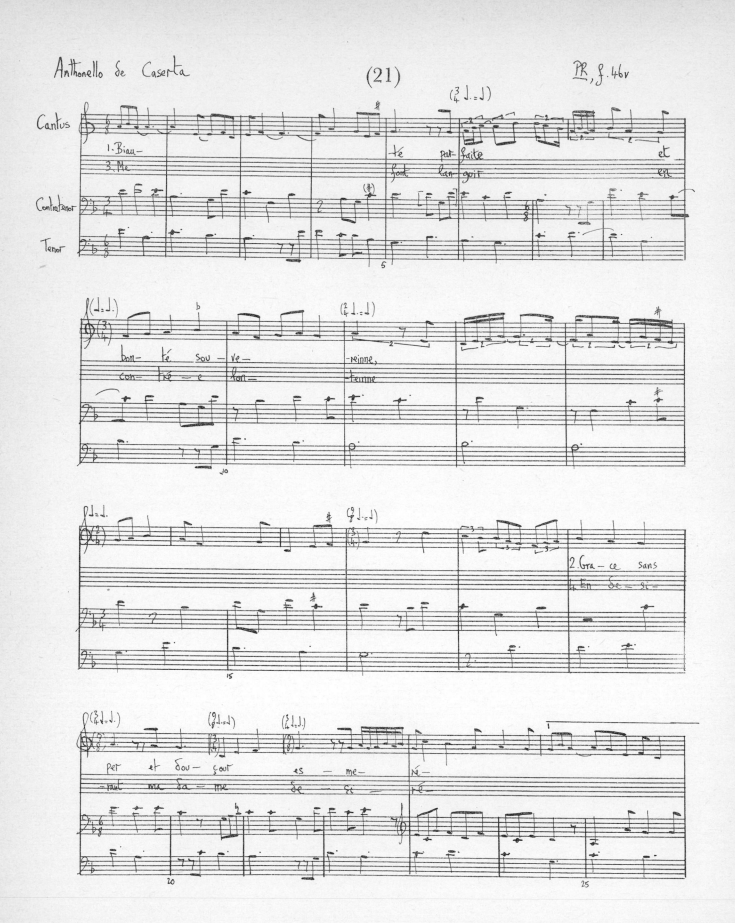

169

NOTES

No attempt is made here to establish an exhaustive list of minor variants; this has already been largely achieved by Chichmareff and the interrelationships of the principal manuscripts are clear to see. Any corrections made to the base manuscript in the edition are recorded here and a few particularly significant variants only are noted (for example cases in which stanzas are missing or whole lines different).

Any further information of special interest is also included, together with a mention of previous editions apart from that of Chichmareff, whose item numbers are already listed in the alphabetical index of first lines and manuscript sources.

1. Ed. Tarbé, *Les Poésies d'Agnès de Navarre-Champagne*, 33.
   Line 52, "Amant à cuer plus dur qu'un dyamant", is reminiscent of the Virelai set to music "Plus dure qu'un dyamant" (ed. Schrade, III, 187).
   44 ms.: dehussent.

2. Line 46, "Que mille fois miex morir ameroie", recalls the refrain of Ballade No. 22, "*Cent fois pour li miex morir ameroie*".

3. 4 *J*: pour faire cuer languir; *B*, Pen: cuer d'amant tenir.
   21 ms., Pen: mil.

4. 9 ms.: amé.

5. Ed. Wilkins, No. 20.
   Lines 23–24 cf. the Virelai No. 277, "Je ne me puis saouler". Instead of the rubric "l'envoy" *B* and *D* read "L'aucteur".

6. 17 ms.: san.

7. Line 31 cf. the Ballade No. 92, "Helas! pour quoy virent onques mi oueil".
   52–55 omitted in *Vg,B,C,D,H*.

8. Ed. Monod, No. 1; Tarbé, 172.
   Lines 16-17 contain a 'number anagram': 18, 5, 5, 1, 8, 9 give N E E A H J (I and J count as one letter) and this when rearranged gives J E H A N E.
   2 ms.: plaisant et belle. 5 ms.: doubt.
   In *J* this poem has the rubric "Ballade de bon espoir".

9. Ed. Tarbé, *Agnès de N.-C.*, 37. From the lady's view-point.
   14 ms.: *jour*. 15 ms.: donné.

10. This Ballade is present in *B* only, inserted among the Virelais notés, though it is without music itself. From the lady's view-point.

11. Ed. Tarbé, *Agnès de N.-C.*, 19. This Ballade is contained in *Le Voir Dit*, where it is coupled with No. 95 (see notes). It is the reply from the lady Péronne to Machaut's letter XXVII with which Ballade No. 95 was enclosed. Four lines of narrative explain that this answering Ballade was enclosed in the next letter, XXVIII, from Péronne to Machaut:

    Ceste balade que j'ay dite
    Estoit dedens la lettre escripte
    Qui s'ensieut, et me respondoit
    Ainsi comme respondre on doit.
    (Ed. P. Paris, 206.)

    In her letter XXVIII Péronne alludes to further Ballades that she had apparently been sent by Machaut, and makes further requests:

    J'ai eu les .iiii. balades que vous m'avés envoies, et en ay aprinse l'une, ainsi comme celle qui se fait fort de vous. Mais il me fait grant mal de vostre peine. Si vous pri, mon tres dous cuer, que vous ne prengniés pas tant de peine que vostre corps en vaille pis, car, par Dieu, il m'en feroit trop mal. Et il me souffiroit bien toutesfois que vous m'escrisiés, se vous m'envoiés une petite chanson ou aucun rondel; mais qu'il fust notés: car je n'en vueil nuls chanter que des vostres; et si, m'en aporte-l'en bien souvent; mais je ne vueil mettre paine à les apenre, car il m'est avis que tout ce que les autres font ne vault rien à regarder ce qui vient de vous. Si vous prie, mon tres-dous cuer, que vous m'envoiez mains, si les m'envoiez notés: et, s'il vous plaist, que vous m'envoiez le virelai que vous feïstes avant que vous m'eüssiés veue, qui s'appelle L'ueil qui est les droit archier (278) *ou* Plus belle que le biau jour (279), *car il me semblent tres bons. Et, mon dous cuer, vous m'avez escript que je vous faiz veiller grant partie des nuis et escrire grant partie des jours; et, par ma foy, aussi le me faictes vous, excepté ce que je n'escris mie tant que vous faictes.*

12. Ed. Tarbé, *Agnès de N.-C.*, 14. The refrain reappears as line 8 of Ballade No. 188.

13. Contained in *Le Voir Dit* (ed. P. Paris, pp. 25–27), where No. 13 and No. 162 (see notes) are linked together before letter III. A linking narrative in octosyllabic couplets tells us that the poet is unwell and unable to see his lady:

> Et je n'i puis venir, n'aler,
> Ne je ne puis à li parler.
> Je n'en ay que le souvenir
> Que Dous-Penser me fait venir;
> Tout par deffaulte de santé,
> Non pas de bonne volenté.

He sends his friend Henri with a message and the two Ballades:

> Mais si tost ne se partist mie,
> Qu'à ma douce dame jolie
> Ces .ij. balades n'envoiasse,
> Et que le chant ne li chantasse:
> Par quoy, de par moi, li deïst,
> Pour Dieu, qu'elle les apreïst.
> Car trop fort les amenderoit,
> Au cas qu'elle les chanteroit.

Of these two Ballades only 162 is in fact known in a musical setting. There was a two-month delay in news, which caused Machaut much anxiety and grief. The lines immediately preceding the two Ballades read:

> Si que je fis mon testament
> Et le commençay telement,
> Et à ma dame l'envoiay
> Par un varlet que je trouvay.

Péronne was swift to react; following the closing lines of Ballade 13 we read:

> Et quant elle vit mon message,
> Elle, com bonne, aperte et sage,
> Moult longuement ne musa mie,
> Ainsois fist comme bonne amie;
> Car en l'eure me volt rescrire
> Ces lettres que cy orrés lire:

and in letter III which follows, she thanks him for his "douces et amiables escriptures". She asks him to send more of his works and songs:

> *Je ne say les noms de vos livres, ne lesquels valent mieus; mais je vous pri tant comme je puis qu'il vous plaise à moi envoier des meilleurs et aussi de vos chansons, le plus souvent que vous porrés; car tant comme j'ay des vostres je ne quiers à chanter nulles autres.*

14. Ed. Monod, No. 5; Wilkins, No. 15; Ludwig, I, 20. Set to music among the Ballades notées.

The metrical structure of this Ballade could be seen as alternating lines of ten and seven syllables with internal rhymes within the decasyllables; however, most manuscript sources present the poem as printed here, with the longer lines broken into seven plus three syllables.

17. 6 ms.: te mal. 12 ms.: ne prier sa. 14 ms.: desoit.

19. 9 *E*: Sur toutes flours la veult mon cuer eslire.

20. From the lady's view-point.

21. This Ballade was set to music by Anthonello de Caserta later in the fourteenth century; see Appendix to Music Examples.

    10 *B,D*: grant peinne.

22. 5 *E*: Et mesmement mon povre cuer ne croit.

23. 8 ms.: feins.

24. 1 *J*: vous amer. 6 omitted in *J*. 7 *A*: estuet pour ta longue demeure.

25. 6 ms.: m'et vis. 9 ms.: que mon. 18 *E*: Mon povre cuer qui de mal tant soustient (inserted in margin). 23 ms.: li autre.

26. From the lady's view-point.
    2 ms.: doub.

27. From the lady's view-point.

29. Ed. Ludwig, I, 15. Set to music among the Ballades notées.
    3 ms.: je voie. 7 ms.: S'il avenoit espoir qui me nourrist en joie (part of 8 copied in error). 11 ms.: decevrer. 20 ms.: m'Amours; line omitted in *D*.

31. The same theme and refrain as No. 32.

32. The same theme and refrain as No. 31. The first line is also used as the refrain in No. 149.
    19 Westm: Et quant je vous aim.

33. The Rondeau No. 221 has the same opening line.

34. The refrain "*Se vostre douce chiere ment*" is found as line 15 in No. 188.

35. 7 *C*: omits "retraire"; *D*: Quant vous ne me voulés faire. *D* inverts stanzas 2 and 3.

36. 1 *C*: omits "humblement". 8 *A,G,M*: Si ne puis pas vivre einsi longuement.
    The third stanza is omitted in *C,Vg,B,D,E,J,K,H*. *G* omits the final refrain line.

37. Ed. Ludwig, I, 8. Set to music among the Ballades notées.

38. 21 ms.: omits "et".

39. Line 17 is also found as line 8 of No. 49.
    J omits stanza two.

42. Ed. Ludwig I, 45. Set to music among the Ballades notées, exceptionally as an unaccompanied melody.

44. 22 ms.: miex morir.

45. Ed. Ludwig, I, 25–26. Set to music among the Ballades notées. A further Ballade, also set to music, and based on this piece, was composed probably by one Magister Franciscus, "Dame qui fust si très bien assenée" (ed. N. Wilkins, *A fourteenth-century Repertory from the Codex Reina*, CMM 36, American Institute of Musicology, 1966, p. 6).
    19 ms.: contre moy.

46. The first line is very similar to that of a later Ballade by Philipoctus de Caserta, "De ma dolour ne puis trouver confort" (ed. W. Apel, *French Secular Music of the late fourteenth Century*, Cambridge, Mass., 1950, No. 60).
    2 ms., *B*: se conforte. 10 ms.: fort.

47. 9 ms.: de bonté.

49. Line 7 (refrain) of this Ballade is also line 20 of No. 188. Line 8 is also line 17 of No. 39. *J* has the rubric "Ballade de merci".

50. 15 ms.: Car y.

51. 17 *C,M,A,G*: Ainssi mes cuers vit pour vous. 20 *C,M,A,G*: desir mes cuers plus. 23 *D*: service agree.

53. 19 ms.: garis. 21 ms.: humblemen.

55. 1 *J*: toute soiés seüre.

57. 7 ms.: que qu'avenir. 15 *C,A,G,M*: Ains vueil adès vo.

58. A Ballade "à rimes reprises"; attributed to Deschamps by Raynaud (Vol. X of his edition of Deschamps *Œuvres*, p. LXIX).

59. 8 *K*: nul reconfort.

60. 4 ms.: viaire cler. 22 ms.: Pour nulle riens.

62. An unusual Ballade, apparently reflecting difficulties in which Machaut found himself in his declining years in

Rheims. The cynical tone is very similar to that adopted in so many personal poems by his disciple Eustache Deschamps.

63. Ed. Tarbé, 130; Wilkins, No. 13. Another personal poem, in humorous vein, on Machaut's gout; this too may well have served as inspiration to Deschamps, who mocks his own "fragility" in so many later Ballades.

64. Ed. Monod, No. 2.
    1 ms.: amour si fine. 14 ms.: ne scay.

66. 1 *D*: Doulz yex vers. 8 *G*: Douce biauté; *C,A,M*: Bonté, biauté. *E* omits stanza 3.

68. 11 ms.: Mais y.

69. Ed. Ludwig, I, 30–31. Set to music among the Ballades notées. The musical setting changes the first line to "Une vipere en cuer ma dame meint"; for the sake of uniformity the original word order has been maintained in the text printed in our musical example.
    4 Westm: plus agaitte. 11 ms.: Et celle. 14 Westm: regart prent deduit et deport. 19 ms.: tu fais.

70. 19 ms.: Si ne.

72. *K* preserves stanzas 2 and 3 only, stanza 1 being on the lost folio 5v. *J* omits line 22.

73. This is in Ballade form but was erroneously included among the *Complaintes* in *A* and *G*. Some confusion has taken place here, for the *Complainte* "Deus choses sont qui me font à martire" is left among the *Louange* collection in these manuscripts.

74. Towards the end of the fourteenth century a number of Ballades are found with similar openings (e.g. P. de Caserta "En remirant vo douce pourtraiture"). *C* confuses the order of the lines, which appear thus: 1, 2, 3, 5, 6, 7, 4.
    10 ms.: nul outrage. 15 *H*: pour ce amours.

75. Ed. Piaget, 288.
    5 ms.: Ne puelent.

76. Ed. Ludwig, I, 42–43. Set to music among the Ballades notées.
    4 Pen: De recevoir.

77. Ed. Piaget, 290–1. Contained in the *Voir Dit* (ed. P. Paris, 152). There is in the ms. Turin, L.IV.3, f.160r a Ballade with a similar opening: "Gent corps, faitiz, frisque, jolis et gay". The refrain "*Qu'autre de vous jamais ne quier amer*" is similar to that of Machaut's Ballade notée "De toutes flours" (ed. Schrade, III, 118–19): "*Autre après li ja mais avoir ne quier*".

    This is a Ballade composed for Péronne at the height of Machaut's happiness with her:

> Là demouray .vii. jours en route,
> A grant deduit, moy et ma route;
> Et dalès ma dame dinay,
> Où petit prins pain et vin ay;
> Qu'en li veoir me delitoie,
> Et de cela me saouloie.
> Car nous estions privéement,
> Si qu'il n'i avoit seulement
> Fors la belle, moy et sa suer
> Qui ne la laissast à nul fuer.
> Mais ma dame qui commande ha
> Seur moy, me dist et commanda
> Qu'aucune chose li deïsse,
> Ou que de nouvel la feïsse;
> Si fis cecy nouvellement
> A son tres-dous commandement.

BALADE

Gent corps, faitis, cointe, apert et joly. . . .

Straightway Péronne replied with a Rondeau, which opens with the refrain line of Machaut's Ballade 77:

> *Autre de vous jamais ne quier amer,*
> *Tres dous amis cui j'ay donné m'amour;*
>
> Car à mon gré je ne puis mieus trouver.
> *Autre de vous jamais ne quier amer*
>
> Et si say bien, sans le plus esprouver,
> Que vostre cuer fait en moy son demour.
>
> *Autre de vous jamais ne quier amer,*
> *Tres dous amis cui j'ay donné m'amour.*

78. *Vg* inverts lines 3 and 4. 7 ms.: secunde. 21 ms.: premiers.

81. 10 ms.: volenté quiere.

82. 1 *D*: gentil corps. 4 ms.: cuer sans corps. 13 ms.: d'un.

83. Ed. Piaget, 289 (with no attribution to Machaut).
    1 Westm, Neuchâtel: gentil corps. 8 Westm: le mont se devroit tenir. 10 Westm: amant Amours devront fuir. 33 *J*: Ne ja pour ce; Westm: Car pour ce mal ja je n'en penseray. 16 Westm: Sans varier mon propos nullement.

84. 4 omitted in *E* and *H*. 12 ms.: deusse.

85. 4 ms.: qu'alers. 16 ms.: annemi. 22 ms.: cuer iex.

86. The third stanza of this Ballade is mostly identical with the third stanza of No. 93 "Hé! mesdisans, com je vous doy haïr" (see Notes).

88. Comparable with Machaut's Ballade notée "De toutes flours" (ed. Schrade, III, 118–19).
    16 ms.: a Loyauté.

89. 20 omitted in *C*.

90. 7 ms.: congiet.

91. 9 *C,A,G,M*: mon cuer. 11 ms.: y pert.

92. A Ballade by Oton de Grandson opens in similar vein: "Pourquoi virent onques mes yeux" (Paris, B.N., f.fr.2201, No. XXVI, ed. Piaget, 277–8). Cf. also line 31 of Machaut's Chant Royal No. 7.
    5 Westm: vaulsist la prison, sans mentir. 6 Westm: Qu'amer dame où truis tant de contraire. *H* omits stanza 3. 16 Westm: departir et donner.
    Cf. also a later but similar Ballade with *envoi* in Pen, f.85v: "Pourquoy virent onques mes yeulx/Vostre beauté, belle sans per?".

93. Stanza 3 is mostly the same as the third stanza of Ballade No. 86 above. *E* has a different but corrupt third stanza, presumably an attempt on the part of the scribe to improve on this repetition:

> Car je l'aime et la vueil tant cherir
> Sur toutes autres, pour ce que debonnaire
> Au gentil cuer pour amant acqueri·
> Par doulz regart et par son doulz afaire
> Et si franche piteuse sanz meffaire
> Dedans son cuer; pour ce vous di de sy
> T. ([Très loyaument]?) l'emeray sanz nul sy,
> *Car autrement riens ne voulroie faire.*

94. Ed. Ludwig, I, 28; attributed by Raynaud to Deschamps (ed. *Œuvres*, X, p. LXV). Set to music among the Ballades notées. This poem contains the poet's advice to a lady on proper conduct in amorous affairs.
    7 ms.: amoureuse; Westm: fais en amer. 9 ms.: Large en. 10 Westm: point son fait. 21 Westm: à conquester. 23 Westm: Pour ce pense à ces poins, regarde.

95. Contained in the *Voir Dit* (ed. P. Paris, 204–5). In letter XXVII Machaut tells Péronne:

> *Je vous envoie une balade qui fu faite au bout du mois que je me parti de vous. Et puis je commençai vostre livre.*

The *Livre* is the *Livre du Voir Dit*, the gradually increasing body of correspondence and poems that had passed between the two. The Ballade in question, enclosed with the letter, is No. 95 "Hui a .j. mois que je me departi". It is followed immediately by a "reply" (headed LA DAME), the structurally contrasting Ballade No. 11 "Amis, si parfaitement" (see Notes).

8 ms.: fait.

96. Ed. Ludwig, I, 23–24. Set to music among the Ballades notées.

5 ms.: se que. 9 ms.: for vent. 14 ms.: bon cuer.

97. A Ballade in an unusually bitter mood, in which Machaut reproaches his lady.

3 ms.: Mises.

98. 16 ms.: trahi. 24 ms.: tai.

99. Ed. Monod, No. 4. This Ballade contains the acrostic ISEBELE in the first four lines.

100. Ed. Tarbé, *Agnès de N.-C.*, 13. Contained in the *Voir Dit* (ed. P. Paris, 187). Letter XXIV from Péronne to Machaut marvels at Machaut's laments and encloses Ballade No. 100:

> *Ne toute ma vie, vous ne me trouverés lasse de faire chose qui vous doie plaire. Si m'est avis que vous ne me devés point faire de dueil, ains devés estre en joie et en léesce. Et je vous prie que vous y soiez, se vous m'amés de riens. Et pour ce, je vous envoie ceste balade que j'ay puisie en la fontaine de larmes où mes cuers se baingne, quant je vous voy à tel meschief; car par Dieu je ne porroie ne verroie bien ne joie avoir, puis que je vous saroie en doleur et en tristesce. Et, pour ce, ay fait ceste balade, – de cuer plourant en corps malade.*
>
> *Vostre léal amie.*

7 omitted in *E*. 8 ms.: loyaux. 9 Pen: Car je voy. 11 ms.: qui loing.

102. Ed. Woledge, *Penguin Anthology*, 222–3.

104. 4 ms.: Einsoit. 17 ms.: dame de. 18 ms.: Sera . . . sans partir.

105. *H* gives the rubric "Balade recoupée".

106. 1 *D*: trop lonctemps.

108. 9 ms.: devisier. 14 ms.: ser. 18 *A*: gries dolours.

109. Another bitter poem this time in the form of a "cursing song", comparable in some ways to No. 63 on the gout.

1 *D*: Je maudi le temps.

110. Ed. Ludwig, I, 12–13. Set to music among the Ballades notées (with the *incipit* "Je ne cuit pas . . ."). From the lady's view-point.

19 ms.: te pasture.

111. Ed. Piaget, 294.

19 omitted in *B*.

112. Ed. Piaget, 292–3.

113. 3 ms.: Qui ne. 4 ms.: fos cuer. 8 ms.: à la. 10 ms.: me sont. 14 ms.: mon cue. 15 ms.: La se. 20 ms.: doleur me fait.

114. 11 *M*: Dedens mon plourer; ms.: plourer que avec. 16 ms.: que mieus. 17 ms.: qui qui est.

115. Ed. Tarbé, 60–61; Ludwig, I, 31. Set to music among the Ballades notées. The opening line is also the opening line of Machaut's *Dit de la Harpe*. Cf. also two Ballades by Froissart: "Je puis moult bien ma dame comparer" (ed.

Scheler, II, 386) and "Je puis moult bien comparer mon desir" in *La Prison amoureuse*, ll. 2090–2105. The mythological references in Machaut's Ballade remind one of parallel examples, for instance his double Ballade set to music but not contained in the *Louange*, "Quant Theseus/ Ne quier veoir" (ed. Wilkins, No. 17–18).

16 ms.: li prie.

117. 8 ms.: toutes. 17 ms.: se faire. 20 ms.: volz gentilz.

118. 2 omitted in *D*. 7 ms.: Du espoir. *E* omits stanza 3.

120. Ed. Tarbé, 61–62; Piaget, 297–8.

121. 5 ms.: je m'os. *H* omits stanzas 2 and 3 but erroneously inserts after line 8 (the opening line of stanza 2) ll. 23–27 of the Ballade "Pluseurs se sont repenti" (No. 163). Clearly, the fifteenth-century copyist of *H* had a model lacking a number of pages between line 9 of the Ballade "Las! j'ay failli" (Item No. 70 in *Vg*) and line 23 of the Ballade "Pluseurs se sont repenti" (Item No. 109 in *Vg*), for all the intervening poems are omitted. 20 ms.: Se poise.

123. 8 *D*: Car vraiement ainsi.

124. Ed. Monod, No. 13. Contained in the *Voir Dit* (ed. P. Paris, 93–94). This Ballade is said by Machaut to have been improvised for his lady Péronne's delight; it forms part of an idyllic exchange of songs between the couple, hand in hand among the orchard flowers:

> Lors me pria que je preïsse
> Matere en moy dont je feïsse
> Chose de bonne ramembrance;
> Si fis ainsi, en sa presence:
> BALADE
> Le bien de vous qui en biauté florist . . .

Péronne appreciated Machaut's effort:

> Quant j'eus ma balade finée,
> Ma douce dame desirée
> Dist: "c'est bien fait, se Dieus me gart".
> Adont, par son tres dous regart,
> Me commanda qu'elle l'eüst,
> Par quoy sa bouche la leüst.
> Car en cas qu'elle la liroit,
> Assez mieus l'en entenderoit.
> Et je le fis moult volentiers
> Et de cuer; mais, endementiers
> Que mes escrivains l'escrisoit,
> Ma douce dame la lisoit,
> Si qu'elle en sot une partie,
> Ains que de là fust departie.
> Là nous seïsmes coste à coste.

1 Pen: en beauté; ms.: qui est. 8 ms.: parles me maintient.

126. 1 ms., *B, A*: toute dolour.

127. Contained in the *Voir Dit* (ed. P. Paris, 100). This Ballade is comparable with No. 124 above in that it, too, was composed by Machaut for Péronne in an idyllic setting:

> Un jour delez li me séoie,
> Et moult parfondement musoie;
> Et la tres-belle s'en perçut.
> Oiez comme elle me deçut:
> Arrier se traist tout bellement,
> Et s'en ala isnellement
> Faire un moult joly chapelet
> Qui me sembla trop doucelet:

Car il estoit de nois muguettes,
De roses et de violettes.
Et quant elle l'ot trait à chief,
Mettre le vint dessus mon chief;
Et si me fist une ceinture
La plus belle qu'onques Nature
Feïst puis qu'elle fust créée,
Ne depuis qu'Eve fut fourmée.
Ce fu de ses deulz brasselés,
Lons et traitis, plus blans que lès,
Et parmi mon col les posa.
Et un petit se reposa;
Et me dist: "Mes amis tres dous,
Dites moy, à quoy pensez-vous?"
Je respondi: "Ma douce amour,
J'ay fait pour vous une clamour,
Laquele volentiers arés,
Et s'il vous plaist vous la sarés",
Lors dou ditter moult me pria
Et je li dis; ainsi y a.

    BALADE

Le plus grant bien qui me viegne d'amer. . . .

6 ms.: que de mi. 24 ms.: asse.

128. Ed. Monod, No. 3.
    1 ms.: Long.
129. Ed. Piaget, 299.
130. Machaut here warns ladies to avoid disloyal lovers.
    4 ms.: Qui; 22 ms.: cuer et.
131. 1 ms.: ce qui faut. 9 ms.: Don.
132. *A* omits line 4.
133. 19 ms.: qui sil. In *C* the third stanza is omitted, but later inserted in small lettering at the foot of the folio.
134. *C* inverts stanzas 2 and 3.
137. A practical poem, asking certain ladies to intercede on the poet's behalf with 'monseigneur de Loupy' (see Introduction, p. 13). The opening is similar to that of Péronne's first Rondeau addressed to Machaut in the *Voir Dit*, "Celle qui onques ne vous vit".
    15 ms.: vivray miex.
138. Ed. Ludwig, 1, 47–48. Attributed to Deschamps by Raynaud (*Œuvres*, x, p. LVII). Set to music among the Ballades notées.
139. 1 ms.: Morray dont. *D* omits stanza 3, probably through confusion between the opening of this stanza and the similar opening of the following Ballade, "Helas! dolent, ma rose est mise en mue" (No. 88). 16 Cf. No. 158, line 6.
140. 3 ms.: acuelle. 13 ms.: m'oullie.
141. Line 16 is very similar to line 11 of No. 121 above. 19 ms.: je n'ay. *C* omits stanza 3.
142. The refrain of this Ballade suggests that, exceptionally, the tone may be satirical. A similar Ballade is to be found among the Ballades notées, "Ne pensés pas, dame, que je recroie" (ed. Schrade, III, 81).
    J inverts lines 6 and 7. 22 ms.: l'angin.
143. Ed. Monod, No. 10; Woledge, *Penguin Anthology*, 221–2; Ludwig, 1, 38–39. Set to music among the Ballades notées. Also included in the *Voir Dit* (ed. P. Paris, 67).
    This Ballade was enclosed with Letter x from Machaut to Péronne:

    Mais, ainsois, fis cest balade
    De joli sentement et sade,

    Et en ces lettres l'encloÿ
    Dont ma dame moult s'esjoÿ.

Letter x further explains:

    Je vous envoie aussi une balade que je fis avant que je receusse vostre douce ymage; parce que je estoie un po bleciez en l'esperit, pour aucunes paroles que on m'avoit dites. Mais si tost que je vi vostre douce ymage, je fui garis et hors de merencolie.

Machaut goes on to say:

    Ma tres-souveraine dame, je vous eusse porté mon livre pour vous esbattre, où toutes les choses sont que je fis onques: mais il est en plus de .xx. pieces; car je l'ay fait faire pour aucun de mes seigneurs; si que je le fais noter, et pour ce il convient que il soit par pieces. Et quant il sera notés, je le vous porteray ou envoieray, s'il plaist à Dieu.

It is very probable that this is a direct reference to the manuscript *Vg*, used as the base manuscript in the present edition of the *Louange des Dames*.

    18 Pen: joye qui.
147. Stanza 3 is omitted in *Vg,B,D,E,J,K*.
148. This Ballade has a refrain identical with that of No. 155 below.
149. The refrain of this Ballade is also the first line of No. 32 above.
    10 Westm: beauté de grant doulçour. 18 Westm: amoureux penser.
150. This is apparently a political poem and could well be related to the siege of Rheims by the English from 4 December 1359 to 11 January 1360. One should stand up to one's enemies and trust in God rather than in false prophecies and Black Magic.
151. Ed. Ludwig, 1, 3. Set to music among the Ballades notées.
152. Ed. Tarbé, 63–64.
153. Ed. Monod, No. 11.
154. Ed. Tarbé, 56–57.
    14 ms.: met vis. 21 ms.: souverainne amour.
155. The refrain is identical with that of No. 148 above.
157. *A* omits stanza 2.
158. In *C* the third stanza is omitted, but later added in small lettering at the foot of the folio.
160. 7 ms.: se part.
162. Ed. Tarbé, 57–58; Ludwig, 1, 37–38. Attributed to Deschamps by Raynaud (*Œuvres*, x, p. LV). Set to music among the Ballades notées. Also included in the *Voir Dit* (ed. P. Paris, 25–26), where it is coupled with No. 13 above (see Notes). Letter IV from Machaut to Péronne enclosed four poems composed while he was ill in bed (see Notes to Nos. 212, 277, 278, 279). In this same letter Machaut refers to his anticipation of happiness and to songs he has composed, including No. 162:

    Et, sur ce, je ay fait une balade (212) laquelle je vous envoie enclose en ces presentes; et y feray le chant du plus tost que je pourray aveuc vos .ij. choses que vous m'avez envoïes. Je vous envoie aussi une balade (162) de mon piteus estat qui a esté; si vous en aprenez le chant, car il n'est pas fort, et si me plaist tres-bien la musique. Si verrez comme je prie aus dames qu'elles se vestent de noir, pour l'amour de moi. J'en feray une autre où je leur prieray que elles se vestent de blanc pour ce que vous m'avez gari; et vraiement, pour l'amour de vous seulement, elles seront toutes d'or-en-avant de moi servies et loées plus que onques mais.

No musical setting is in fact known of the Ballade No. 212 or of the two Rondeaux sent to Machaut by Péronne ("Celle qui onques ne vous vit" and "Pour vivre en joieuse vie"). The other Ballade referred to is No. 162, which Machaut calls his 'testament'. The companion Ballade urging ladies to don white seems never to have been committed to paper. In Letter v Péronne replies to Machaut and refers to the songs he has sent:

> *Et se vous prenés grant plaisir à veoir et à tenir ce que je vous ay envoié, je cuide certainement que je le pren plus grant à veoir ce que vous m'avez envoié; que, par ma foy, il ne fu jour, depuis que je les receus, que je ne les baisasse deuz ou trois fois, tout du moins. Et aussi vos .ii. balades (Nos. 13 and 162) et celle qui est notée (162) ay-je tant fait que je les saray par temps. Et pour tant que vous m'avez escript qu'elle est de vostre estat, lequel est amendé, la mercy N^{re} seigneur, j'en ay moult grant joie. Pour tant je mettray tele diligence à la bien aprenre que quant il plaira à Dieu que je vous voie, je la chanteray avec vous du mieus que je pourray; et aussi me plaist elle moult, pour tant que vous m'avez mandé que la musique vous plaist. Et certes je ne pren nul si grant plaisir à chanter, ne à oÿr nulles chansons ne nuls dis, comme je fais à ceus qui viennent de vous. . . .*

Line 5 finds an echo in Deschamps' Double Ballade on the death of Machaut, in which lines 23–24 of "Armes, Amours, Dames, Chevalerie" read:

> Vestés vous de noir, plourés tous, Champenois,
> *La mort Machaut le noble rethouryque.*
> (ed. Wilkins, No. 50–51).

In *Vg* and *D* the third stanza is omitted. In the margin of *Vg*, probably in the original hand, a message reads: "Vous trouverés le tierset en balades notées; on l'oublie cy"! In *B* the stanza is added in a later hand.

163. See Note to No. 121. *C,A,G,M* invert stanzas 2 and 3.
164. A Rondeau by Wenceslas de Bohème, in Froissart's *Meliador* (ed. A. Lognon, SATF, Paris, 1895–99, ii, 63), opens in similar vein but from the lady's view-point: "Plus c'onques mais, je voel amer".
165. The first line is the same as that of the Rondeau No. 250. *H* contains line 1 only, the last line of the *Louange* in this collection.
     21 *C,Vg,B,A,G,D,E*: Qu'onques.
166. In error *C* inserts a line between 4 and 5: "puis que plus ne puis avoir".
     17 *E*: Dame, comment que forment me destraingne.
167. Stanza 3 is omitted in *C,Vg,B,D,E*.
     24 *A*: de vous.
169. 8 ms.: quil me.
170. 2 ms.: Je n'os.
171. *D* omits stanza 3.
172. 2 *C,G*: Gentil dame; *A*: Douce dame. 7 ms.: ne mon.
174. Contained in the *Voir Dit* (ed. P. Paris, 51–52).
     Following Letter v from Péronne, Machaut falls into a fit of depression, comparing his lowly status with that of his lady:

> Car de ma dame à la hautesce
> Pensoie, et à ma petitesce.
> Et en mon cuer imaginoie
> Que riens encontre li n'estoie,
> Et que c'estoit grant cornardie
> De penser qu'elle fust m'amie.

This is the clue to Ballade No. 174, which is preceded by these lines:

> Si fis ceste balade cy,
> Ains que me partisse d'icy.
> Lors vint li vallés de Gascongne,
> Qui avoit bien fait sa besongne;
> Je li baillay ceste escripture,
> Si s'en ala grant aleüre.

At the same time, with Letter vi, he despatched a Rondeau noté, "Dame se vous n'avez aperceü" (ed. Schrade, iii, 156).

     7 ms.: sa grant.
175. 7 ms.: il vit. 10 ms.: retiens. 19 ms.: ne fas.
176. Ed. Wilkins, No. 14. A Ballade based on mediaeval colour symbolism. The lady speaks. Compare this with the *Remède de Fortune*, ll. 1888–1914.
     1 ms.: Qui de.
177. Ed. Piaget, 330.
     E and *H* invert stanzas 2 and 3. 14 ms.: sai.
178. 11 ms.: qui n'en. 13 ms.: mon soi. 14 ms.: et po.
180. Ed. Tarbé, *Agnès de N.-C.*, 21. From the lady's view-point.
     4 omitted in *J*. 9 ms.: sen folour.
181. There is no connection between this and the Ballade "Se Dieu me doint de vostre amour jouir" in Pen, f.26r.
182. Ed. Piaget, 332. *J* and *K* have the rubric 'Chanson desesperée'.
     B omits stanza 3.
183. 9 *A*: faire par tout.
184. *A* omits line 12.
185. 15 ms.: main douçour.
186. Ed. Piaget, 331.
     15 *E,H*: m'aroient de ma dolour gueri. 19 *A*: quier eschaper; *C*: n'en puis eschaper.
187. Ed. Woledge, *Penguin Anthology*, 224–5. Although this poem does not feature in the *Voir Dit*, it could well be understood as a poem from Machaut to Péronne expressing the hope that their relationship will be unchanged despite her marriage. P. Paris prints this Ballade in an Appendix to his edition of the *Voir Dit* (407–8) and compares it with the *Complainte* (almost an 'imperfect Ballade') "Deus choses sont qui me font à martire", which may be read as a perfect reply from the lady's side:

> Deus choses sont qui me font à martire
> Vivre et languir, dont mes cuers trop souspire.
> La premiere est que mes tres dous amis,
> Qui sa pensée et tout son cuer ha mis
> En moy servir et amer loyaument,
> Ne puet, ne vuet ou ne scet nullement
> Gehir à moy sa doleur et sa peinne,
> Ne que je suis sa dame souvereinne.
> Et se voy bien qu'il vit à grant dolour,
> Dont il ha taint son vis et sa coulour.
> Et vraiement moult volentiers querroie,
> A mon honneur, son bien, sa pais, sa joie.
>
> La seconde chose est qu'il n'affiert mie
> Que de ma bouche ou par samblant li die
> Que mes cuers est tous siens, où que je soie,
> Qu'en ce faisant contre m'onneur feroie.
> Et ja soit ce qu'en mon cuer grief mal porte
> Pour li amer, miex vorroie estre morte
> Que de bouche, par resgart ou par chiere

Li deïsse que sui s'amie chiere.
Ne qu'en mon cuer porte celéement
L'amour de li trop plus couvertement
Que li charbons n'art par dessous la cendre;
Et ne m'en puis ne sçay ne veil deffendre.

Si ne voy goute en moy n'en son affaire;
Car il nous faut et l'un et l'autre taire,
Et tout adès plus fort nous amerons
Que ja samblant ne chiere n'en ferons.
Et que porra ceste amour devenir,
Nous en lairons bonne Amour convenir,
Pité, Franchise et Douceur la courtoise,
Qui scevent bien que tele chose poise,
Qui sagement et tost y pourverront,
Quant en ce point pour amer nous verront.
C'est mes consaus. Je ne sçay qu'il fera;
Mais ja par moy ceste amour ne sarra,
Tant que pité ou Amour li dira.

188. This is an extremely interesting Ballade in that lines from it are used as refrain lines in the four Ballades following it in the manuscript sources, thus giving a series of five interconnected poems (in the order 188, 206, 12, 34, 49). Line 1 is the refrain of No. 206; Line 8 is the refrain of No. 12; Line 15 is the refrain of No. 34; Line 20 is the refrain of No. 49. There is a certain similarity between this structural technique and that of the *motet enté* and one especially wonders if these examples of Machaut's were the main inspiration to Froissart in his ingenious cross between Rondeau and Ballade of which he gives thirty-six examples in *Le Livre du Tresor amoureux* (see, for example, ed. Wilkins, Nos. 39 and 40).

189. Ed. Tarbé, 51.

190. Ed. Tarbé, *Agnès de N.-C.*, 16. From the lady's view-point.
12 ms.: et jemi.

191. 8 ms.: se vo grace n'avoie. 18 ms.: vauroie. 19–20 omitted in *C, D* and *Vg* (in which space is left); our edition of lines 18–20 is here based on *A*, f.202v; *B*: Car en ce monde avoir plaisence/Je ne porroie en verité; *E*: Que riens ja mais n'aroie plaisance/Ains vourroie morir par mon gré.

192. In *E* the scribe copied stanza 3 twice.

193. Ed. Tarbé, 55–56; Ludwig, 1, 44–45. Set to music among the Ballades notées. Also contained in the *Voir Dit* (ed. P. Paris, 309). The refrain is reminiscent of the 'colour Ballade' No. 176 and the opening of stanza 3 reminds one of Ballade No. 109. Machaut is in a moment of depression, away from his lady Péronne; he fears that she may have betrayed him:

Lors pour allegier ma dolour,
Qui taint et palit ma colour,
Je fis ceste balade-ci
A cuer taint et malade, si
Plein d'amoureuse maladie,
Que meure en est la melodie.

In Letter XLIII Péronne reproaches him for this outburst:

Et j'ay veu une balade en laquelle il a En lieu de bleu, dame, vous vestez vert, et si ne sçay pour qui le feïstes; se ce fu pour moy, vous avez tort. Car, foy que je doy à vous que j'aime de tout mon cuer, onques puis que vous meïstes et envelopastes mon cuer en fin azur, et l'enfermastes en tresor dont vous avez la clef, il ne fu changiez, ne ne sera toute ma vie.

196. Ed. Woledge, *Penguin Anthology*, 225–6. An unusual poem from the lady's view-point, in that in this case she is of lower social rank than her lover and pleads for his attentions in a most un-courtly way!

197. Ed. Tarbé, 62.
4 Westm: Qu'il fait en moy. 8 ms.: d'un. *K* left a blank space for 21–24 and these were filled in by a later hand.

198. *B* and *D* omit stanza 3. 18 ms.: au desplaisir.

200. In *K* only the first two lines have been preserved, at the foot of f.3v; folios 4 and 5 are lost. 8 ms.: porrai. *M* inverts stanzas 2 and 3.

202. *J* has the rubric "Balade de desconfort".

203. 14 ms.: vraiment. *E* omits stanza 3 in column two of the three columns on f.3v, but adds it in column three; 19 omitted in *A*.

204. 7 ms.: replent.

206. The refrain is the first line of No. 188 above (see Notes). *H* omits stanza 3. *C* omits 16. 16–21 are omitted in *Vg, B, D, E*.

207. Ed. Tarbé, 58.
M inverts stanzas 2 and 3. Stanza 3 is headed 'Guillaume' in *B, D, E, H*.

209. Ed. Tarbé, *Agnès de N.-C.*, 20. The refrain line is similar to that of the Ballade notée "De toutes flours" and also to that of No. 77 above (see Notes). The first part of line 23 "C'est uns drois fluns de douceur" is also line 13 of "Ne quier veoir", part of the double ballade set to music "Ne Quier veoir/Quant Theseus" (ed. Wilkins, No. 17–18, and see Notes to No. 115 above).
18 ms.: sas.

210. *Vg* omits stanza 3 but leaves space in the manuscript. *B, C, D* also omit this stanza.

211. 7 ms.: pensers.

212. Contained in the *Voir Dit* (ed. P. Paris, 36). This is one of a set of four poems, one Ballade and three Virelais (Nos. 212, 277, 278, 279) composed by Machaut while he was ill in bed; consequently he hopes that any imperfections will be excused! They were enclosed with Letter IV, to Péronne:

En ces .ij. mois que dit vous ay,
En ma maladie dictay,
Et en mon lit, ces .iiij. choses
Qui sont en ces lettres encloses,
Et sont, icy après, escriptes.
Et se faute y a ou redites,
Maladie m'escusera
Envers celui qui les lira.
Ce sont .iij. chansons baladées
Qui ne furent onques chantées.
Une balade y ha aussi
Qu'en joie fis et en soussi.
Je les tramis par le varlet
Qui vers ma dame s'en alet.

See also Notes to Nos. 162 and 13, 277, 278 and 279, 11 and 95.

213. Ed. Monod, No. 7.
1 *E*: Vostre gracieux.

214. Ed. Wilkins, No. 19. A 'ballade double' (see Introduction, p. 21).
2 is omitted in *Vg*, but inserted at the bottom of f.4v in another hand; omitted in *B, D, J, K, H*; *E*: Que j'aim de fin cuer entier; Pen: Que j'aim de cuer sans amer.

22 Pen: Ainsi elle. *B* omits stanza 6.

215. Ed. Tarbé, *Agnès de N.-C.*, 7.
217. Ed. Monod, No. 9. Copied twice in *A* and *M*.
218. Ed. Tarbé, 51.
219. Ed. Ludwig, I, 64–65. Set to music among the Rondeaux notés. Quoted by Deschamps in his *Art de Dictier* (ed. Raynaud, *Œuvres*, VII, 284).

    B f.309 is a misplaced folio of Rondeaux among the Ballades. The piece is not to be found in *Vg* among the musical settings (as is the case with the Rondeau "Ma fin est mon commencement" and the unset "Dame, qui veult vostre droit nom savoir", No. 225 below) and must presumably have been lost. See Notes to No. 225 below.
    6 ms.: fleurs des fleurs.

220. 1 *Vg,B*, Pen: desir, pooir.
221. Ed. Monod, No. 12. Ballade No. 33 above has the same first line.
222. Pen omits 4.
225. Ed. Tarbé, 173; Ludwig, I, 65; Schrade, III, 159. This Rondeau is found among the musical settings, but without music itself, presumably because its sole function is to give the key to the identity of the lady celebrated in the preceding Rondeau noté in the manuscript, No. 219 above. The anagram **Vis** (line 3) with **en bon gre** (line 5) gives BONNE GRISE or Bonne de Luxembourg (see Introduction, p. 4).
226. 2 ms.: suis.
227. 2 ms.: que en.
228. 2 ms.: molt.
229. Ed. Monod, No. 6.
230. Ed. Monod, No. 5.
231. Ed. Monod, No. 8.
    5 ms.: ad ce.
232. Ed. Tarbé, 51.
    2 ms.: deveront. 3. ms.: traites.
233. Ed. Tarbé, 54; Ludwig, I, 68. Set to music among the Rondeaux notés.
236. Ed. Tarbé, 52.
    10 ms.: depri.
237. *K* preserves the first line only, at the foot of f.8v; folios 9–20 are lost. *H* inserts 5 between 1 and 2 as well as maintaining this line in its proper place; the result is an erroneous nine-line Rondeau.
238. 5 ms.: samblant.
240. 2 ms.: paour.
241. 1 *E*: Le corps. 4 *Vg,B,D,E*: corps.
247. Ed. Wilkins, No. 22.
    D erroneously repeats lines 1 and 3 after 3. *E* omits 4.
248. 8 ms.: tans.
250. Ed. Tarbé, 54. This Rondeau has the same first line as the Ballade No. 165 above.
    7 ms.: Diex.
251. 1 ms.: soiez. 3 ms.: serais. 5 ms.: Denffan m'amour.
254. Machaut is here in an unusually trivial mood.
255. 1 *C*: j'aprochay.
257. Compare this with No. 258.
258. Ed. Ludwig, I, 69. Set to music among the Rondeaux notés. The text is a variant form of No. 257.
259. 3 ms.: Petites.
261. Ed. Chichmareff, II, 576; Ludwig, I, 67–68. Set to music among the Rondeaux notés but also included in the *Louange* by *M*.
262. 2 ms.: moul.

263. Ed. Tarbé, 53.
    4 ms.: omits "garder ce point".
264. Ed. Tarbé, 53; Ludwig, I, 54. Set to music among the Rondeaux notés. Also included in the *Voir Dit* (ed. P. Paris, 1 8). Machaut here takes his leave from Péronne (before Letter XI):

    Mais nonpourquant le partement
    De nous m'anuioit durement;
    Car tous mes cuers li demouroit
    Qui la servoit et aouroit.
    Si fis ce rondel en chemin,
    Et li tramis en parchemin.

Immediately following is an answering companion piece from Péronne:

LA DAME

Sans cuer de moy pas ne vous partirez
Ainsois arés le cuer de vostre amie

Quant en vous iert par tout où vous serez;
Sans cuer de moy pas ne vous partirez.

Certaine suis que bien le garderez
Et li vostres me sera compagnie.

Sans cuer de moy pas ne vous partirez
Ainsois arés le cuer de vostre amie.

265. *D* and *E* omit 4, 8 and 11, giving an acceptable eight-line Rondeau form. 11 is omitted in *G*.
267. Ed. Tarbé, 52–53.
268. Ed. Tarbé, 53–54.
270. Ed. Tarbé, 55. The refrain is the same as that of No. 271.
271. Ed. Tarbé, 52. The refrain is the same as that of No. 270.
274. Ed. Monod, No. 14.
275. Ed. Chichmareff, II, 610–11; Tarbé, *Agnès de N.-C.*, 26; Ludwig, I, 81 (first line only). Found among the musical Virelais, but with no setting. Also included in the *Voir Dit* (ed. P. Paris, 72–73); here it is the second of a collection of six songs and poems (one Ballade, one Rondeau, four Virelais) representing an exchange between Machaut and Péronne between Letters X and XI:

    Mais elle si bien l'entendi
    Qu'à chascun fait me respondi.

The Virelai No. 275 is headed "LA DAME" and purports to be Péronne's answer to Machaut's Ballade "De mon vrai cuer jamais ne partira" (ed. P. Paris, 71–72), though there seems to be no direct connection.
    Chichmareff seriously distorts the Virelai form in his edition, by omitting the essential returns of the refrain.
276. Ed. Chichmareff, II, 607–8; Ludwig, I, 80 (first line only). Found among the musical Virelais, but with no setting.
    47 ms.: Yyaue.
277. Ed. Chichmareff, II, 625–6; Ludwig, I, 89 (first line only). Included in the *Voir Dit* (ed. P. Paris, 39–41). One of the set of four poems composed by Machaut while he was ill in bed (Nos. 212, 277, 278, 279: see Notes to 212). See also Notes to 278 and 279.
    The theme of 'saouler' seems especially dear to Machaut; compare, for instance, line 23 of the Chant Royal No. 5, or the following passages from letters in the *Voir Dit*:

Et se je vous ecris trop longuement, si le me pardonnés, car l'abondance du cuer la bouche parole; ne je ne puis mon cuer saouler de penser à vous et de parler de vous à moi seul (Letter II).

Que seroit ce, se je pooie bien mes yeuls et mon cuer saouler de vous veoir (Letter IV).

59 ms.: Se.

278. Ed. Chichmareff, II, 626–8; Ludwig, I, 89 (first line only). Like Nos. 277 and 279, this poem is found among the musical Virelais in the manuscript sources, but without a setting. Also contained in the *Voir Dit* (ed. P. Paris, 37–38; see Notes to Nos. 212, 277, 279).

In Letter VII Péronne asks:

Et vous prie que, le plus tost que vous porrés, vous vueilliés faire le chant des chansons que vous m'avez envoïes; et par especial, L'oeil qui est le droit archier (278), et Plus belle que li biaus jours (279); et ces .ij. me vueilliés envoyer le plus tost que vous porrés. Et sur l'autre chanson baladée je en ay fait une autre; et s'il vous semble que elles se puissent chanter ensemble, si les y faites. Je n'en ay encores fait que une couple, car les vostres sont si bonnes que elles m'esbahissent toute: si vous pri que vous vueilliés amender ce qui y sera à amender.

No music appears to have been composed for any of these three Virelais: 277, 278, 279. The beginning of Péronne's companion piece to Machaut's Virelai "Je ne me puis saouler" (277) does not seem to have survived. No. 278 is mentioned again in Letter XXVIII and again in Letter XXXII, from Péronne to Machaut:

J'ay eü .i. rondel noté que vous m'avez envoié; mais je l'avoie autrefois eü et le sçay bien. Si vous prie que vous me vueilliez envoier des autres, et se vous avez nuls des virelaiz que vous feïstes avant que vous m'eüssiez veue, qui soient notez, si m'en vueilliez envoier, car je les ay en grant desir de savoir, et par especial L'ueil qui est le droit archier.

Machaut replies in Letter XXXIII:

Vous mandez que je vous envoie noté L'ueil etc. Plaise vous savoir que j'ay esté si enbensongnés de faire vostre livre et suis encores, et aussi des gens du Roy, et de monseigneur le duc de Bar qui a géu en ma maison, que je n'ay peu entendre à autre chose. Mais je vous envoieray et par certain messaige ce qui est fait de vostre livre et vostre rondel aussi. Mais je vous pry, si cher que vous m'amez, que vous ne monstrez le livre que à gens qui soient trop bien de vostre cuer; et se il y a aucune chose à corrigier, que vous y faites enseignes. Car il vous a pleu que je y mette tout nostre fait, si ne sçay se je y met ou trop ou po. . . .

279. Ed. Chichmareff, II, 628–9; Ludwig, I, 89 (first line only). Included in the *Voir Dit* (ed. P. Paris, 38–39; see Notes to Nos. 212, 277, 278).

280. Ed. Chichmareff, II, 608–9; Ludwig, I, 80 (first line only). Found among the musical Virelais but with no setting.

4 ms.: Et celle. 8 ms.: croistra.

281. Ed. Ludwig, I, 82–83. Set to music among the Virelais notés.

1 Pen: belle et bonne. 8 ms.: Rass.. 9 ms.: l'ascueil. 26 ms.: Qui. 46 ms.: selee. 53 ms.: Ce (this line was omitted and inserted at the side in a different ink).

282. "Dit notable." See Introduction, p. 23.